블랜디드 예배

'세대 융합과 예배 전쟁의 종결을 모색하다'

김승호 지음

블랜디드 예배

초판 1쇄   2019년 10월 20일
지 은 이   김승호
펴 낸 이   김현애
펴 낸 곳   예배와 설교 아카데미
주   소   서울특별시 광진구 광장로5길 11-4
전   화   02 - 457 - 9756
팩   스   02 - 457 - 1120
홈페이지   www.wpa.or.kr
등록번호   제18 - 19호(1998.12.3)

디 자 인   디자인집 02 - 521 - 1474
총 판 처   비전북
전   화   031 - 907 - 3927
팩   스   031 - 905 - 3927
I S B N   978-89-88675-77-9

값 13,000원

● 잘못 만들어진 책은 교환해 드립니다.

블랜디드 예배

'세대 융합과 예배 전쟁의 종결을 모색하다'

김승호 지음

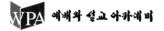
WPA 예배와 설교 아카데미

목 차

4부 블랜디드 예배 기획, 창의적 제안

머리말

변화의 조류

현대사회 교회와 영성이 흔들리고 있다. 레너드 스윗(Leonard Sweet)은 그의 책 *SoulTsunami*에서 그리스도인들은 포스트모더니즘의 새로운 조류에 따른 영적인 쓰나미를 겪게 된다고 했다. 이때 교회와 그리스도인은 어떠한 대응책을 마련해야 하는 것일까? 레너드 스윗은 여기에 대해 현대인들의 세 가지 반응을 예로 들었다. 첫째, 해일이 일어난다는 사실 자체를 부인(Denial)하거나 그러한 징후에 대해 전혀 눈치를 채지 못한 상태로 남아있는 것이다. 둘째, 영적인 기후를 눈으로 확인하고서 뼛속까지 느낀 나머지 신속히 대피(Out of Here)하는 반응이다. 참호를 파거나 방호벽을 쌓고 벙커에 쭈그리고 앉아 피해를 최대한 줄이는 것이다. 셋째, 영적인 해일에 맞서 돛을 올리고 항해(Hoist the sails)를 이어가는 것이다. 하나님과 함께 그 파도를 이용해 역으로 파도타기 놀이를 한다는 말이다.[1] 과연 우리 자신은 영적인 도전 앞에 어떠한 반응으로 서 있는가?

모름지기 포스트모던 문화의 주요 시간대는 미래요, 21세기의 중요한 변화는 미래를 향해 있다. 21세기 토착민들은 미래완료시제를 살아가며 미래를 알고 준비하고 붙잡는 법을 배우며 미래 속에서 살고 있다.[2] 반면에 많은 종교인들은 수구적이며 개혁교회마저도 '프로테스탄트'(protestant)를 무색케 할 만큼 개혁에 무관심하다. 그저 시대를 한탄하며 시대적 요구 앞에 현 상태나 이전 상태로 몸을 숨기며 이렇다 할 변화를 애써 부인하려 한다. 급변하는 시대급류에도 '변함없음'이 진정한 '개혁'이라며 항변하는 것일 수 있다.

사실 이 문제를 꺼내드는 것은 쉽지만은 않다. 적절한 이해를 위해서는 분명 교회와 문화 간의 난맥에 봉착하게 된다. 많은 신학자와 목회자들이 오랫동안 관심을 보였음에도 상이한 주장은 여전히 팽팽한 긴장을 유지하고 있다. 적절한 균형점을 찾기가 그만큼 어렵기 때문이다.

문화와의 균형

케빈 벤후저(Kevin J. Vanhoozer)는 "문화신학자는 문화를 배척하거나 포용하기에 앞서 반드시 문화를 이해해야 한다."[3]라고 말했다. 문화를 해석하는 법을 배워야 한다는 것이다. 이는 교회의 사명이 그것을 필요로 하고 있다는 연유에서다. 바로 기독교인의 문화적 문해력이 구원의 드라마 속에서 우리의 위치를 인식할 수 있게 하기 때문이다.[4] 모름지기 문화를 신학적으로 해석하는 일은 가장 높은 수준의 기술을 의지한다.[5]

미국문화의 중심도시 뉴욕 한복판에 위치한 리디머 장로교회 팀 켈러(Timothy Keller)는 그의 목회인생 30년의 목회론을 저술한 『센터처치』(Center Church)에서 복음 자체의 본질과 독특성을 타협하지 않으면서 문화의 번역과 적응을 통한 복음과의 소통, 사역의 건전한 상황화를 비중 있게 다뤘다. 그에게 문화에 적응하는 데 실패하거나 문화에 맞서지 못하는 상황화는 실패다. 상황화된 복음은 문화에 적응하고 연결되어 있으면서

그 문화에 맞서 도전하는 것이다.[6]

레너드 스윗은 문화와 교회 간의 균형에 대해 성육신적인 모델을 제시했다. 그의 주장대로 하나님은 변화하는 시대 한복판 문화적 상황 속으로 기꺼이 자신을 내어주셨다. 그분은 문화 속에 존재했으나 문화에 속하지 않았다. 이렇듯 교회는 세상 속에 있으면서 세상에 속하지 않는 존재이며 세상을 구원하되 궁극적으로 세상을 변화시키는 사명을 수행해야만 한다. 그러나 이러한 선교적인 사명을 정의하는 것은 교회 스스로가 아니라 하나님이시다. 이를 위해 하나님은 그리스도인의 내면을 변화시키신다. 우리 내면으로부터 일어나는 변화를 레너드 스윗은 "진정한 변형이자 끊임없는 변화요, 계속되는 성육신이다."[7]라고 했다. 그리고 이러한 변화는 바로 예배를 통해 이룬다고 했다. 예배를 통해 교회는 세상을 재창조하고 하나님의 형상으로 변화시킨다.

여기에서 우리는 예배의 중차대한 사명을 발견하고 '예배 갱신'의 필요성에 대한 무거운 책임 앞에 서게 된다. 포스트모던 문화 속에서 예배를 통해 복음을 어떻게 성육신할 수 있을지가 고민이다.

'예배 전쟁'

현대 교회는 포스트모던적 대안을 모색하는 과정에서 '예배 전쟁'(worship war)이라는 원치 않는 상황을 겪고 있다. 이러한 일은 다음의 몇 가지 이유에서 발생했다. 첫째, 포스트모더니즘에 대한 접근과 이해에서의 견해차다. 포스트모더니즘을 계몽주의의 연속으로 생각하느냐 혹은 단절로 생각하느냐에 따라 입장이 다르다. 일부 전통주의자들은 포스트모더니즘을 모더니즘의 연속으로 본다. 그들은 포스트모던의 의미를 상대주의로 받아들이고 진리도 도덕도 없다는 뜻으로 해석한다. 반면 이머징 교회 이머전트들은 포스트모더니즘을 계몽주의와의 단절로 이해한다. 계몽적 상대주의의 동의어가 아닌 계몽적 상대주의의 해결책이자 모더니즘의 대안으로 바라본다.[8] 둘째, 구도자를 위한 복음의 커뮤니케이션 방식에 따른 문화이해의 차이다. 시카고 윌로우크릭 교회(willow creek community church)를 비롯한 구도자 지향적인 교회는 비신자들[9]이 교회를 쉽게 찾을 수 있도록 하기 위해 그들의 필요를 적절히 해결해 주고 이를 통해 복음을 효율적으로 전하고자 하는 전략을 취한다. 따라서 비신자와 지역사회를 전략적으로 접촉하고자 마케팅 분류와 도구들을 사용하여 정보를 수집한다. "교회를 마케팅 하라."는 슬로건을 적극 수용하여 그들과 동화하려고 노력한다. 이 슬로건은 청중의 문화와 언어에 대한 연구와 노력을 기울이지 않으면 도태될 것이라며 지난 수십 년간 복음주의 교회에 깊은 영향을 미쳤다.[10] 이들 구도자 지향적인 교회는 기존의 전통적인 교회를 전통, 인물, 재정, 프로그램, 건물, 행사 등에 의해 움직이는 교회라고 비판한다. 그뿐만 아니라 지루하고 불친절하며 돈에 관심이 많다는 전통교회에 대한 비신자들의 불평을 불식시키고, 그 밖의 교회에 대해 느끼는 못마땅한 점들에 적극 대응하여 그들과 그들의 문화를 이해하고 기꺼이 적응하려고 매력적인 분위기를 만들어 낸다.[11] 하지만 이러한 구도자 지향적인 교회를 비판하는 이들은 오락적이고 고객만족의 실용주의와 소비자 지향적이며 예배가 아닌 쇼(show)에 불과할 뿐 대안문화로서의 역할이 될 수 없다는 평가를 내놓고 있다. 또한 주변 문화와의 차별성을 잃은 그 같은 교회들은 점점 실패하고 사라진 반면, 문화와의 차별성이 아주 뚜렷한 교회들은 부흥한다는 색다른 연구 결과도 내놓고 있다.[12] 이러한 평가자들은 이머징 교회에 대해서도 다르지 않다. 그들은 이머징 교회 역시 소비주의에 따른 또 다른 형태의 오락일 뿐이다. 상황화에 집중하느라 주변 문화처럼 되었고, 주변 문화와 다르게 살아가지 못하고 주변 세상과 무관한 자신만의 형식에 이르고 말았다고 평한다.[13]

이러한 양대 진영의 팽팽한 긴장과 첨예한 대립에 제3의 길을 제시하는 흐름도 존재한다. 캘리포니아 뉴포트 해변에 자리한 리디머 장로교회

(redeemer presbyterian church) 짐 벨처(Jim Belcher)는 제3의 길을 『깊이 있는 교회』(Deep Chruch)라는 책에서 소개했다. 그는 D. H. 윌리엄스가 『전통회복과 복음주의 갱신: 의심하는 프로테스탄트를 위한 첫걸음』에서 주장한 전통에 대한 색다른 해석과 접근에 동의했다. 즉, '전통'을 "… 모든 신자가 자신이 속한 전통을 초월해 고백하는 기독교의 근본 정체성"이라는 의미로 이해할 때 혼합주의를 피하고 주변 문화와 연결되는 예배를 가능케 할 수 있다고 한다. 이는 4-5세기의 살아있는 전통, 여러 대를 거쳐 전해진 전통, 토마스 오덴(Thomas Oden)의 고전적 전통을 견지할 때만이 복음을 상황화한 예배가 혼합주의에 빠지거나 경직되지 않을 거라는 의미를 포함하고 있다. 깊이 있는 교회의 제3의 길은 책임 있는 성경해석과 신학적 상상력과 영적 성장을 예배로 연결하고 성경과 전통과 문화의 균형을 추구한다. 이는 곧 이머징 교회와 같이 전통에 뿌리를 내리기 위한 노력으로 고대의식과 전통을 일부 채집해서 본래적인 의미 대신 새로운 의미를 형성하는 방식에 대한 거부를 뜻하며, 신앙형성시대를 살피지 않은 채 과거를 고스란히 받아들이는 전통의 방식, 주변문화와 동떨어진 방식, 혼합주의에 빠지는 방식 모두에 대한 거부를 의미한다.

이러한 제3의 길은 팀 켈러(Timothy Keller)의 다음의 견해와도 같이한다. "예배 전쟁의 해결책은 역사적 전통을 거부하는 것도, 떠받드는 것도 아니다. 우리의 여가와 현실을 모두 성경신학의 틀 안에서 진지하게 받아들이는 연합예배의 새로운 형식을 만들어내는 것이다."[14]

'예배 갱신'

로버트 웨버에 따르면 1950년대의 음악혁명, 1960년대의 히피운동 그 와중에도 1970년대까지 이어온 복음주의의 전통적인 예배 형식이 1970년대 예수운동(Jesus Movement, 60-70년대 미국 서부 해안에서 시작해 북미전역과 유럽으로 확산된 기독교 운동)으로 인해 음악을 중시하고 격식을 탈피한 예배를 소개한 후부터 교회가 조용할 날이 없었다.[15] '예배 전쟁'은 시작되었고, 언제 종결될지는 아무도 알 수 없다. 우리의 관심은 '전쟁'이 아니라 '갱신'이다. '전쟁'은 '갱신'의 불가피성을 일깨웠다. 현대 교회는 '예배 갱신'을 필연적으로 요구받고 있다. 개혁교회 전통은 본질상 개혁적이기에 '갱신'과 동질적이다. 마틴 루터(M. Luther)의 종교개혁의 의미는 현대 수구적인 태도를 일관하는 교회들에게 적절한 요구라 할 것이다. 바로 '성경으로 돌아가자'는 것과 '교회는 늘 새롭게 개혁되어야 한다'는 개혁의 의지를 가지고 16세기 마틴 루터에 이은 존 칼빈(J. Calvin)과 울리히 쯔빙글리(Ulrich Zwingli), 존 낙스(John Knox)와 같은 종교개혁자들은 예전의식과 제도에 신학을 반영하여 예전과 예배당 양식에까지 큰 변화를 일으켰다. 이는 매우 괄목할 만한 일이다. 하지만 이러한 변화를 종교개혁의 의의와 결부시켜 예배의 관점에서 되짚어볼 때 아쉬움이 남는다. 예배학자 조기연 교수는 "종교개혁자들의 개혁: 얻은 것과 잃은 것"[16]이라는 글에서 종교개혁의 예배 개혁에 대한 '공'과 '과'에 대한 지적을 친절히 안내하고 있다. 현대 교회는 종교개혁자들에게서 얻은 것으로 인하여 감사하되, 한편 잃은 것으로 인하여는 여전히 개혁의 과제가 남아있는 상태다.

짐 벨처의 제3의 길이 제시하고 있는 성경과 전통과 문화의 균형은 갱신을 위한 중요한 방향기이다. 그 같은 균형은 구체적인 실천과제를 요구하는데, 그 첫째가 성경적이고 전통적인 예배신학과 전통을 이해하는 것이다. 이것을 위해서는 초대교회와 고대 예배와 전통에 대한 연구가 필연적으로 요구된다. 그것을 통해 본래 예배가 무엇을 가졌고, 이제 무엇을 잃었는지를 찾게 해준다. 둘째, 복음과 문화에 대한 이원론의 극복이다. 이원론은 교회로부터 세상을 차단한다. 교회는 고립주의가 되고 세속 문화와의 괴리를 발생시킨다. 물론 우리는 주변 문화에 대한 비판적인 반문화자가 되어야 한다. 하지만 고립과 폐쇄를 자초할 위험을 늘 경계하고 문화 창조자로서의 자세를 유지하는 것이 매우 중요하다. 예술과 문화는 하나님의 선한 창조세계의 일부이며 예배의 표현양식이다. 셋째, 선교적 교회로서의 문화 참여에 대한 전망이다. 문화 참여의 길은 담장 밖 세상을 무시하지 않으면서 일반 은총을 통해 다른 사람과의 협력과 비신자와의 소통을 단절시키지 않을 뿐더러 그들을 예배와 연결할 수 있게 한다.[17] 진정한 선교적 교회는 문화에 대한 깊은 성찰과 아울러 문화에 적응하면서 동시에 창조적인 소통방법과 교회사역의 새로운 발견을 가져온다. 선교적인 교회는 한편 '성육신적'인 교회이다. 선교적인 교회는 지역사회에 성육신적으로 참여하게 되며 문화 참여와 문화변혁을 위한 상황화에 열려 있다.[18]

넷째, 세계 교회와의 교류와 협력에 의한 균형이다. 선교적 전망과 균형은 세계 교회와의 지속적인 대화와 교류와 협력이라는 가치 있는 노력을 지향한다. 교류는 편향적인 불균형을 바로잡아 줄 뿐 아니라 예배 갱신과 예배의 새로운 전망에 대한 기대를 높여준다.

예배 갱신에 관한 모든 중요한 노력에도 불구하고 빼놓을 수 없는 것은 개교회의 상황과 예배 환경의 공동체적 가치를 충분히 고려하는 것이다. 아무리 좋은 예배라 할지라도 예기치 못한 부작용은 개교회의 특수한 상황과 결부된다. 현대 교회가 처한 딜레마는 시대가 요청하고 예배 회중이 요구한다 할지라도 그 어떠한 변화가 예기치 못한 교회 공동체의 분열을 가져올 수 있음을 예의주시해야 한다. 예배 회중과의 충분한 커뮤니케이션이 이루어지지 않을 때 '예배 갱신'은 실패하고 더 큰 위험상황을 발생시킨다. 많은 현대 교회는 이러한 섣부른 변화로 인하여 내부적인 갈등을 겪고 있다. 특히 공동체가 세대간의 격차가 크고, 여러 세대가 함께 예배하는 예배 환경에서 세대적 공감과 교회 본질인 공동체의 하나됨이라는 양대 과제를 어떻게 하면 효과적으로 해결할 수 있을까 하는 점은 모든 교회의 일관된 고민이다.

현대사회는 급격한 기술발달과 세계화로 시간과 공간이 빠르게 압축되면서 변화가 가속화되고 있다. 사회학자들과 미래학자들은 지난 100년의 변화가 그 앞선 1만 년, 즉 인류역사의 변화만큼의 변화라고 분석한다. 그리고 앞으로 20년 동안 일어날 변화는 지난 100년의 변화 이상을 전망하고 있다. 결국 앞으로 20년 동안의 변화가 인류의 지난 역사의 변화에 준하며 이러한 사회현상을 염두에 둘 때 교회의 '예배 갱신'의 방법론적인 접근은 시급한 요구라 할 것이다. 이 책은 변화하는 시대, 그 속에서 제기되는 '예배 갱신'의 요청, 그로 인해 발생할 수 있는 문제에 대한 해결방안, 그리고 '예배 갱신'의 실제를 위한 '예배 기획'을 위한 지침을 그 목적에 두고 있다.

내용의 구성

이 책은 크게 다섯 부분으로 구성되어 있다. 1부는 예배 갱신을 위한 방법론적 토대에 속한다. 예배와 문화의 상관성에 관해 집중적으로 나눌 것이다. 예배와 문화의 상관성에서 우리는 기독교와 문화와의 상관관계 고전적 모델이라 할 수 있는 리차드 니버(H. Richard Niebuhr)의 이론을 살피게 된다. 이는 이후에 예배와 문화의 상관이론을 제시한 많은 학자들이 그의 이론에 빚을 지고 있기 때문이다. 물론 니버가 그의 이론에서 지지하는 '문화변혁' 이론이 오늘과 같은 다원화사회에서 적합한가에 대한 많은 의문들이 제기되고 있는 것이 사실이다. 하지만 그의 이론은 많은 파생이론을 이해하는 데 소중한 이론적 기초가 될 뿐만 아니라 궁극적으로 문화변혁적 기대와 그 방향성에 있어서만큼은 지속적으로 지지되어 오고 있다는 측면에서 매우 중요하다.

리차드 니버에 이어 그의 관계모델을 그대로 유지한 채 예배와 문화와의 관계모델을 설정한 제프리 웨인라이트(G. Wainwright)의 이론을 살펴볼 것이다. 제프리 웨인라이트는 리차드 니버를 그대로 답습하여 문화를 예배와의 관계로 살피고 리차드 니버의 지지모델인 변혁모델을 지지한다. 우리는 그의 이론에서 변혁모델이 예배에서 어떠한 내용으로 나타나는지에 대한 그의 주장을 듣게 될 것이다. 이러한 주장은 예배의 본질과 목적 설정에 중요한 기초가 된다.

리차드 니버의 모델에 영향을 받아 그리스도와 문화와의 관계를 선교적인 방향에서 연구한 또 다른 학자인 찰스 크래프트(Charls Kraft)는 역시 중요한 위치를 차지한다. 그는 리차드 니버의 변혁모델이 주장하는 그 방향에 대해 수용하면서도 일부를 변형하여 적용했다. 특히 문화변혁에 관한 보다 구체적인 방법론적인 기술을 선교학적인 커뮤니케이션의 관점에서 발전시켜 문화번역(culture translation)과 상황화에 대한 중요성을 제기했다. 그 점에서 그의 이러한 이론을 더 구체적으로 발전시켜 예배와 문화와의 관계로 제시한 앤스카 추풍코(Anscar J. Chupungco)와 연결시키는 것이 필요한 작업이 될 것이다. 그는 그의 이론에서 예배의 토착문화화(inculturation)를 주장하여 예배의 문화화, 문화의 예배화에 대한 연구 방법론을 제공한 인물이다. 이러한 토착문화화에 대한 구체적인 논의가 이뤄진 디칭햄 리포트(Ditchingham Report)를 앤스카 추풍코의 이론과 함께 살펴보는 것도 의미 있는 연결일 것이다.

예배와 문화의 상관성의 마지막 내용은 1996년에 루터교가 케냐에서 채택한 나이로비 선언문(Nairobi Statement)이다. 그 선언문은 예배와 문화의 앞에서 논의해 온 바에 대한 균형 잡힌 결정문으로 매우 가치가 있다. 세계 교회와의 대화와 교류와 협력을 지향하는 선언문은 토착문화화의 과정에서 고려되어야 할 다각적인 부분들에 관한 가치와 균형을 추구한다.

2부는 현대 예배가 안고 있는 문제의 실상이 무엇이며, 왜 예배 갱신이 필요한지에 관해 읽게 될 것이다. 먼저는 예배 갱신의 과정에서 논란의 배경이 되는 포스트모더니즘을 살핀다. 그리고 예배의 주체와 객체와의 커뮤니케이션에 의한 예배 행위는 커뮤니케이션의 기본적인 이해를 요구한다. 또한 현대예배에서 주요한 이슈로 거론되는 소비자중심주의에 대한 이해는 현대 예배 쟁점을 이해하는 데 매우 중요한 부분이다. 이 같은 내용들을 살피고 난 뒤 현대 예배에서 사실상 쟁점과 논란이 되고 있는 '예배 전쟁'으로 대표되는 '구도자 지향적인 교회'와 '이머징 교회'의 예배와 그 뜨거운 논쟁의 핵심을 다룰 것이다.

3부는 현대적인 예배로 발생하는 '예배 전쟁'에 대한 해결 방안에 대해 논의할 것이다. 그리고 이러한 '예배 전쟁'에 대한 해결과 새로운 대안으로 '예배 갱신'과 제3의 길로 '예배 융합'의 전망하는 로버트 웨버(Robert E. Webber)의 블랜디드 예배 이론을 중심으로 기술할 것이다. 그가 주창하는 예배와 문화와의 관계에 대한 이해에서 그의 예배신학적인 이론을 포스트모던적 상황에서 어떻게 성경적, 전통적, 문화적 균형을 완성해 가는지 고대-미래교회의 융합이라는 블랜디드 예배를 통해 확인할 수 있다.

4부는 '예배 기획'을 위한 장이다. 로버트 웨버가 제안한 블랜디드 예배의 이론과 실제를 토대로 개 교회에서 예배의 실제에 '예배 기획'을 적용해 볼 수 있도록 지침을 제공한다. 현대 교회에서 블랜디드 예배가 '예배 융합'과 현대 사회·문화적인 환경에서 '예배 갱신'을 위한 실제적인 대안이 될 수 있는 제안서라 할 수 있다. 기획의 제안은 블랜디드 예배의 적용을 위한 새로운 접근을 통해 예배의 성육신적 원리와 창의적 기획에 초점을 둘 것이다. 이를 통해 한국교회 상황에서 '예배 전쟁'이 아닌 '예배 갱신'으로 공동체의 하나됨과 현대 예배의 선교학적인 사명에 활력을 더하고자 기대하는 바다.

나가는 말에서는 제언으로 대신한다. 예배는 하나님과의 의사소통이자 회중과의 선교적 과제를 수행한다. 그 차원에서 전달자와 수용자 간의 의사소통은 매우 강조된다. 이를 통해 더욱 참여적인 블랜디드 예배의 기획에 필요한 대화의 중요성을 다시 한 번 강조하고자 한다.

1부

예배와 문화 그 적절한 균형을 향해

I. 리차드 니버의 문화변혁

리차드 니버는 그리스도와 문화의 상관관계를 연구한 대표적인 인물이다. 그는 역사 속에서 기독교가 처한 시대마다 다양한 상황이 존재했고 그때마다 기독교의 대응 역시 다양했음을 관계 유형을 통해 몇 가지로 나눠 밝혔다. 그는 각 유형이 주장하는 논리적 정당성을 대변하듯 하면서 각 유형의 한계를 지적하는 방식을 취했다. 이러한 그의 연구는 이후 수많은 학자들이 연구를 이어가는 데 중요한 토대가 되었다. 그의 방법론에서 착안하여 전공분야에 따라 선교학의 중요한 이슈로 발전시키는가 하면, 예배학에서는 예배와 문화 간의 관계이론으로 응용하기도 했다. 그가 이론을 전개하기에 앞서 그리스도와 문화를 각기 어떻게 정의하고 있는지 간단히 정리하고 그가 분류하는 다섯 가지 관계 유형을 차례로 살펴볼 것이다.

1. 그리스도와 문화의 정의(定義)

1) 그리스도[19]

니버에게 그리스도는 그가 그 된 그 자체로 그 존재와 본성이 하나님 되시는 증거를 나타내어 그리스도인에게 하나님이며, 또한 그들에게 새 생명으로 부활하게 하시는 분이다. 이러한 그리스도를 믿는 혹은 따르는 이들인 그리스도인들에게 기독교는 새 공동체이다. 그리고 기독교 공동체는 예수 그리스도를 그들 자신과 그들의 세계를 이해하는 열쇠로 알고, 그들이 추구하는 새 사회의 건설 역시 말씀과 성례전을 통한 그리스도의 은혜를 통해 이룬다.[20]

그리스도인의 경험 안에 그리스도의 역할은 각기 다르다. 그 결과 그리스도에 대한 기술은 각양각색이나 예수 그리스도는 그들의 권위이며, 이 권위를 다양한 모습으로 행사하는 분은 하나의 같은 그리스도이다.[21] 하지만 이 예수에게 있어서 궁극적으로 사랑할 만한 존재, 헌신할 만한 대상은 하나님 한 분뿐이다. 하나님밖에는 선한 이가 없고, 그에게만 감사할 것이며 그의 나라만을 구한다. 하나님과의 관련 없이는 아무 가치도 말하지 않는다. 인간의 가치 역시도 하나님과의 관계에 있어서의 하나님에 대한 가치이다.[22] 이렇듯 예수의 덕행 하나하나는 하나님과의 관계에서만 이해되며 그의 특이함과 영웅적인 모습, 그의 인격의 극단적인 것과 장엄함 등은 하나님에게 절대적 헌신과 일편단심 신뢰에 기인한다.[23]

각이한 문화를 가진 인간들은 예수 그리스도를 믿는 신앙에 들어올 때 하나님을 믿는 신앙을 가진다. 예수 그리스도를 믿고 그에게 복종하는 관계로 하나님과의 관계를 가질 뿐 아니라, 현세와 내세, 물질계와 정신계 등의 모든 세계를 창조하셨으나 그 모든 세계에 대하여는 온전히 타자이신 오직 한 분 하나님에게로 향하게 된다. 예수 그리스도는 하나님에 대한 온전한 신뢰로 말미암아 사람을 향한 하나님의 신실하심에도 신뢰를 가질 수 있었다. 이로써 하나님 아버지에 대한 아들의 관계는 '이중 운동'을 내포한다. 즉, 사람과 함께 하나님을 향하고 하나님과 함께 사람을 향한다. 현세로부터 타계로 향하고 타계로부터 현세를 향한다. 예수 그리스도는 단일한 인격의 온전한 사람으로서 하나님을 향하였으며, 그의 아버지와 온전히 합치된 하나님으로서 사람을 향하였다. 그는 하나님으로부터 사람에게, 사람으로부터 하나님에게로 계속적으로 교대하는 운동의 초점으로 존재하는 분이다. 따라서 그를 믿고 그의 하는 일에 충성한다는 것은 사람으로 하여금 세상으로부터 하나님께로 향하고, 하나님으로부터 세상으로 향하는 이중적인 운동을 내포한다. 그래서 언제나 하나님을 위하여 모든 것을 버리라는 도전과 함께 언제나 이 세상으로 나아가서 명령받은 모든 일을 가르치고 실행하라는 분부를 듣고 있는 것이다.[24]

2) 문화[25]

리차드 니버는 문화를 어떤 특수한 현상이 아닌 일반적인 것으로 정의한다. 그는 인간 활동의 전적인 과정과 그 활동의 전적인 결과로 규정한 야콥 부르크하르트(Jakob Burkhardt)의 문화에 대한 정의[26]를 기초에 두고 문화를 그리스도와의 관계 속에서 이해한 바를 다음과 같이 밝혔다.

> 문화란 인간이 자연적인 것 위에 억지로 뒤집어씌운 "인공적인, 제2의 환경"이다. 이것은 언어, 관습, 이념, 신념, 전통, 사회 조직, 전해 받은 공예품, 기술적 진전, 그리고 가치 등으로 구성된 것이다. 이 "사회적 유산", 곧 "독특한 실재"란 신약성경 기자들이 "세상"이라는 말 속에 흔히 포함시킨 것이어서 여러 가지 형식으로 표시되었지만, 여하튼 기독교 신자도 다른 사람들과 마찬가지로 이에 속해 있지 않을 수 없는 것이며, 지금 우리가 말하는 이른바 문화란 것이 곧 이것을 지칭하는 것이다.[27]

하지만 니버는 이러한 문화의 정의가 '희박한 형태'일 수밖에 없다는 그 한계를 인정한다. 문화의 본질에 대한 그의 이해는 문화의 특징들에 대한 보다 구체적인 진술에서 부연되고 있다. 그 특징을 네 가지 성격[28]으로 규정하여 다음과 같이 설명한다. 첫째, 문화가 가진 사회적인 성격이다. 문화는 사람들이 받고 또 물려주는 사회적 유산으로 문화와 사회적 실존은 뗄 수 없는 관계에 있다. 따라서 사회생활 속에서 이끌어낸 것도 그 속에 들어가는 것도 아닌 그 무엇도 문화의 한 부분으로 보지 않는다. 둘째, 문화는 인간의 성취이다. 자연과 문화는 강과 운하, 석영과 활촉, 고함지름과 언어로 각기 대비되는 그것이며, 문화는 인간의 마음과 손이 노력을 통해 고안하고 만들어 성취하여 유산으로 물려준 그것이다.[29] 언어, 교육, 전통, 신화, 과학, 예술, 철학, 정치, 법률, 의식, 신앙, 발명, 기술 등을 포함하는 인간이 만들고, 인간이 의도하는 세계는 문화의 세계이다. 셋째, 문화란 가치의 세계를 내포한다. 인간이 만든 것들은 고안자나 사용자의 마음에 있는 어떤 목적을 위한 것이다. 원시 미술에 의미와 표정을 형식, 음률, 색채 등으로 표시하거나, 옛 도자기에 어떠한 목적과 그 성취 방법이 나타난 것을 뜻한다. 따라서 과학과 철학, 기술과 교육 등에 관하여 비판할 때 그것은 작자의 의도한 가치와 우리가 느끼는 가치에 관련되어 있다. 문화는 이렇듯 심미적 목적, 사회적 조화, 선, 유용성 등의 목적을 가진다. 신을 예배하는 것과 이념이나 이상도 인간의 생활유지와 진보, 자기실현의 추구에 의해 결정된다. 물론 여기에는 인간 존재의 초월적 동기도 포함하고 있다 할 수 있으나, 인간의 실용주의적 경향을 부인할 수 없다. 그리고 그 가치들을 보존하고자 세대마다 "마음의 비석"에 새로이 다시 쓰는 보존의 노력도 두드러진다. 마지막으로 문화는 다원주의를 지향한다. 문화란 사람에게 좋은 것을 이루려는 특징을 가졌으니 많은 사람의 추구하는 가치도 많다. 관습적인 개념에 따라 다르고, 각기 복잡다단한 욕구를 가졌으며, 우리 사회가 추구하는 가치와 각양 제도의 활동에 의하여 획득하는 가치의 수도 많다. 그리고 그 많은 가치들 속에 하나님의 나라로서 예수 그리스도와 하나님, 복음, 교회, 영원한 생명 등이 자리하고 있다.

그리스도인은 그리스도의 권위 아래 살면서 문화의 권위 아래 살아간다. 우리는 자연에서 도피할 수 없는 것만큼 문화에서도 도피할 수 없다.[30] 따라서 그리스도인이 문화를 어떻게 이해하느냐의 문제는 실존에 관한 문제이다. 실존에 있어 문화를 분리하여 이해할 수 없듯이 그리스도인의 실존 역시 문화에 대한 이해와 분리할 수 없다. 하나님과 인간, 현세와 타계, 하나님과 세상에 대한 '이중 운동'으로 존재하는 그리스도는 그리스도인의 문화에 대한 이해에 준거의 틀이 된다.

2. 그리스도와 문화의 다섯 가지 관계유형

1) 문화에 대립하는 그리스도

그리스도와 문화의 대립을 강조하는 이 유형은 사회의 관습에 반대하는 입장을 취하고 '양자택일'을 강요한다. 그리스도인에 대한 그리스도의 전적인 권위는 단호히 긍정하고 문화에 대한 충성은 단호히 거부한다.[31] 특히 수도원주의나 16, 17세기 가톨릭과 프로테스탄트 쌍방에서 함께 일어난 메노나이트나 퀘이커파 등의 수다한 소종파들이 그들의 관습과 규례를 엄수하며 이 유형에 속한 특징을 보였다.[32] 또한 터툴리안(Tertullian)은 요한1서[33]에 나타난 초대교회 공동체와 당대 애독하던 반문화적인 서적들[34]과 같은 입장에서 문화를 배격하는 최선봉에 서 있었다. 터툴리안은 신자의 투쟁은 자연이 아니라 죄가 관영한 문화를 상대로 한다고 했다. 문학을 우상예찬과 관련시켰고, 철학과 예술에 대한 배격은 특히 더 강렬했다. 극장의 연기를 경박하고 잔인하게 여겼으며 가장 고상한 비극과 음악이라 할지라도 죄로 여겼다. 하지만 이러한 반대에도 불구하고 부인할 수 없는 사실은

교회도 때때로 문화에 의지하거나 가담하지 않을 수 없었다는 것이다.[35]

문화 배격적 입장의 또 다른 대표적인 인물은 레프 톨스토이(Lev Nikolayevich Tolstoy)이다. 그는 터툴리안보다 더 율법주의적인 입장이었다. 문화적 제도를 착잡한 과오의 기반 위에 서 있는 항쟁해야 할 악으로 여겼다. 그에게 국가와 기독교 신앙은 양립할 수 없었다. 심지어 교회마저도 그에게는 반기독교적 제도였다. 경제제도, 철학과 과학과 예술까지도 모두 허위에 근거하고 있는 유해한 것이었다. 예술가였던 그는 단지 감정의 진지한 표현과 교류를 위한 예술의 유용성만을 인정했다.[36]

2) 문화의 그리스도

문화의 그리스도 유형은 그리스도를 통하여 문화를 해석하고 문화를 통하여 그리스도를 이해하는 그리스도와 문화의 사이에 근본적인 일치를 주장한다. 교회와 세상, 사회법과 복음, 은혜의 작용과 인간의 노력, 구원의 윤리와 사회적 보존 혹은 진보의 윤리 간에 큰 긴장감이 없다.[37] 이러한 전통은 문화에 대한 적극적인 관심과 예수에 대한 기본적인 충성을 상호 결부시켰던 초대 이방인 기독교에서 주로 나타났다. 영지주의자들과 같은 극단적 경향도 여기에 속한다. 그리스도를 과학적·철학적 해석으로 당시의 문화에 기독교를 조화시키려 했다. 예수 그리스도를 영혼의 우주적 구원자로, 인간의 존재와 참된 지식의 회복자로 여긴다. 사회적 신념과 관습은 그리스도와의 관계에서 어떠한 긴박감도 존재하지 않았다. 하지만 이러한 시도는 결국 기독교를 문화 속에 동화시키거나 하나의 종교적, 철학적 체계로 만들어 버린다. 또한 가장 종교적이고 기독교적인 것만을 육성하고 그 밖의 저속해 보이는 것은 불문에 붙여 종교를 윤리와 분리시키고 신앙이 전 생활을 지배하지 못하게 하는 결과를 가져오게 된다.

이후 중세기 피터 아벨라르드(P. Abelardus) 사상에서는 기독교 문명의 발달로 이 같은 일이 더욱 격화되어 나타나게 되는데, 기독교를 실재에 관한 철학적 지식과 생활 개선의 윤리로 표시하거나 예수 그리스도를 위대한 도덕교사로 대치하며 그리스도와 문화 간 온갖 충돌의 여지를 다 제거했다. 심지어 그 긴장에 관해서조차 교회가 그리스도를 잘못 이해하여 생긴 것으로 판단했다.[38]

18세기 이후에는 존 로크(J. Locke), 고트프리트 라이프니츠(G. W. Leibnitz), 임마누엘 칸트(I. Kant), 토마스 제퍼슨(T. Jefferson) 등이 '문화의 그리스도'라는 주제 밑에서 이성을 합리적인 방법으로 사용하는 '기독교의 합리성'을 주장해 '이성'을 당시 최고 문화의 상징으로 여기는 운동이 일었다.

19세기의 프리드리히 쉴라이에르마허(F. E. Schleiermacher)는 가장 그리스도에게 적합하다고 생각되는 요소들을 문화에서 뽑아내어 그리스도와 조화 또는 일치시켰던 대표자이다. 이후 게오르그 빌헬름 프리드리히 헤겔(G. W. F. Hegel), 랠프 에머슨(R. W. Emerson), 알브레히트 리츨(A. Ritschl) 등에게서 종교가 인간의 종교로 됨에 따라 "문화의 그리스도"라는 주제가 여러 모양으로 다시 선포되었다. 절정에 달한 19세기 후반기 신학자인 리츨은 모든 문화는 그 출발점이 자연과의 충돌에 있고 그 목표는 인간적, 도덕적 존재자로서 승리에 있다고 주장했다.[39] 이러한 그리스도는 가치를 지향하는 인간의 온갖 노력과 열망의 최대 업적이며 정점이자 지도자로써 문명의 과정을 정당한 목표로 인도한다.[40] 리츨은 하나님 나라 이념 아래 그리스도에게 가장 알맞은 문화만을 통하여 그리스도를 해석함으로 기독교와 문화의 완전한 화해를 성취했다. 이러한 그의 이해는 20세기 월터 라우센부쉬(Walter Rauschenbusch)의 사회 복음운동에서도 동일한 해석으로 나타났다.[41]

3) 문화 위에 있는 그리스도

종합유형으로 불리는 이 유형은 그리스도와 문화 간 두 큰 원칙 사이에 위대한 차이점을 분명히 유지하면서도 어느 정도의 통일성 안에 결속되어 있다.[42] 이 유형의 견지에서 보면 조화를 지향하는 기독교는 그 간격을 충분히 진지하게 다루지 못하였고, 극단주의자들은 당초부터 극복할 의도조차 없었던 것으로 보인다.[43] 이 유형을 대표하는 클레멘트(Clement of Alexandria)는 예수의 날카로운 명령과 그것을 문화적으로 이해하는 자연의 주장 간에 조화를 이루려 했다. 그에게 스토아적 초연성과 기독교적 사랑은 분명 차이가 있으나 서로 반대되지 않는다. 또한 자기 수양의 방법으로 구원을 추구하는 것과 그리스도의 구원 행동에 응답하는 것은 동일한 행위라 할 수 없지만 온전히 상반되는 것도 아니다.[44] 그는 기독교인에게 자기 수양과 지적 훈련에 정진하기를 권한다. 이로써 그들 자신이나 그들의 문화나 지혜에 대하여 스스로 염려할 필요가 없는 생활에 이르도록 준비시킨다. 그에게 그리스도는 문화의 그리스도이면서 문화 위에 있는 그리스도이다. 그는 당대 헬라 철학을 세상 지혜라 하여 배격하기보다는 헬라인들이 부여받은 하나님의 선물로 보았다. 하나님께서 각 세대에게 문화를 주신 것은 주님의 말씀을 위한 훈련을 의도하신 것이니 문화를 사용하기를 권하신다는 것이다. 그가 문화에 대한 존중과 그리스도에 대한 충성을 결부시키려 함은 문화를 기독교화하려는 것보다는 기독교인을 문화적으로 만들려는 관심과 교회의 책임감에서였다.[45]

니버에게 토마스 아퀴나스(T. Aquinas)는 기독교 역사상 최대의 종합주의자로 대표된다. 그는 기독교의 모든 제도들에 대한 사회적 책임을 전적으로 수락했고 또 성취했다는 입장이다. 그의 사상 체계에서 보면, 철학과 신학, 국가와 교회, 세속 윤리와 기독교 윤리, 자연법과 신법, 그리스도와 문화 간에 혼동 없는 결합을 성취했으며, 그리스도와 문화 '둘 다' 긍정한다는 식의 해답을 주고는 있지만 그에게 그리스도는 문화를 훨씬 더 초월해 있다.[46] 그에게 인간의 사회생활 법칙은 복음서가 아닌 이성으로 발견되어야 하며 모든 이성적인 인간에게 식별될 수 있는 법으로서 한 자연법을 구성한다. 하지만 궁극에는 창조주이자 통치자인 하나님의 영원한 법에 근거하고 있다. 문화란 하나님이 주신 자연 안에서 하나님이 주신 이성의 노작에 의한 것이지만 인간에게는 이성적 법이 아닌 하나님으로 말미암아 계시된 부분적으로 자연법과 일치되지만 한편 그것을 초월한 신법이 존재한다.[47]

종합유형에서 그리스도는 문화적 열망을 성취시키고 진정한 사회 기구를 회복하였으나 문화에 대한 연속성과 산출도 공헌도 아닌 의미에서 불연속성을 동시에 가진다. 따라서 진정한 문화를 위해서는 모든 인간의 업적, 인간의 가치 탐구, 인간 사회 등에 인간의 상상과 노력으로 획득 불가능한 초월적인 위대한 도약이 필요하다.[48] 그리스도는 진실로 문화의 그리스도이지만 문화 위에 있는 그리스도이다.

4) 역설적인 관계를 가진 그리스도와 문화

그리스도와 문화의 역설적 관계유형에서는 양자의 이중적, 불가피적인 권위를 인정하면서 양자 간의 상반성도 긍정한다. 그리스도인들은 일생 서로 합의되지 않는 두 권위 모두에 복종할 수밖에 없다. 하나님에 대한 복종이 사회 제도에 대한 복종을 전제로 사회에의 충성을 요구하나 그 사회의 심판자요 문화에 대립하는 그리스도에 대한 복종을 동시에 요청하니 서로 상반되는 두 세계의 시민 노릇을 동시에 해야만 한다.[49]

이러한 이원론자들은 인간 문화 자체가 무신론적이라 선언하는 극단론자들과 입장을 같이하지만 자신이 속해 있는 문화를 도저히 벗어날 수 없다는 점에서는 입장이 다르다. 하나님께서는 그 문화 안에서, 또 그 문화로 말미암아 그를 붙들어 주신다. 하나님은 은혜로 죄악 중에 있는 세상을 붙드신다. 만일 그렇지 않다면 세상은 존속할 수 없다. 이러한 상황 속에서 이원론자는 인간 편에서 하나님을 만나지만 그가 들은 하나님의 말씀은 인간 너머 저편에서 오는 것으로 설명되기 때문에 '역설'이라는 언어로 표현한다.[50]

이 유형에 속하는 바울(St. Paul)의 입장에 따르면, 그리스도 안에 있는 하나님과의 만남은 문화적 제도와 특징과 모든 인간의 업적을 이중적인 의미에서 상대화시켰다. 즉, 그것들은 모두 죄 아래 놓여 있으나 주님의 은혜가 거룩한 침입을 통해 이루시는 사건에도 열려 있다. 따라서 문화 안의 어떠한 위치에서든 모든 인간의 활동과 지위가 무엇이든, 그들 모두는 그리스도의 구속에 종속되어 있다.[51] 바울은 그리스도와 문화의 문제에 대하여 종합론적인 방향으로 움직이는 것 같으나 문화의 심판자 또는 구원자로서의 그리스도에게로부터 기독교적 문화로 나아간다. 즉, 문화생활 그 자체 내의 어떤 적극적인 가치를 인정하고 문화 자체의 가능성을 가지고 비록 불완전하나마 행복을 성취할 수 있다고 본다. 하지만 기독교 사회의 제도나 법은 가만히 두면 인간을 멸망으로 이끄는 죄악의 세력을 그저 방지하는 정도이지 적극적인 선을 획득하는 것이 아닌 그 자체로서는 덕행 없는 것에 불과하다. 그러한 점에서 바울은 이원론자이다.[52]

마틴 루터 역시 이 유형의 가장 뚜렷한 대표자이다. 그는 사랑으로 역사하는 믿음, 이웃 사랑에 범사를 견디라고 주장하지만, 한편으로는 "누구든지 할 수만 있거든 찔러라, 때려라, 죽여라."라며 영주들을 격려하기도 했다. 또한 일시적인 삶과 영적인 삶, 외부적인 것과 내적인 것, 육신과 영혼, 그리스도의 통치 영역과 인간의 문화나 업적으로서 세상 그 양자를 구별은 하였으나 분리시키지는 않았다.[53] 부연하면 그리스도 안에 있는 생활과 문화 안에 있는 생활을 상호 밀접하게 관련시켜 이해한다. 그러나 그리스도의 법의 강력한 명령권은 자기 이익에 대해서만큼은 한 치도 허용하지 않았다. 인간의 자연적 지혜와 문화는 궁극적인 믿음에의 길을 제공할 수는 없다. 그러나 하나님의 일을 위한 도구로 기회를 제공한다는 의미에서는 찬사를 받을 수 있다. 이런 점에서 보아 그리스도와 문화에 대한 루터의 입장은 행위의 '본질'(What)과 '방법'(How)에 대한 이원론이라 하겠다.[54] 시간과 영원, 진노와 자비, 문화와 그리스도 등의 사이에 끼여 살아가는 삶이란 비극과 희열을 함께 가지고 있는 것이며, 이 세상을 떠날 때까지는 이 딜레마를 해결할 길이 없다.[55]

5) 문화의 변혁자 그리스도

그리스도와 문화의 관계에 대한 개변주의자(conversionist)의 해결방법이다. 인간의 본성은 타락하고 비틀어져 있는데 그것이 문화로 나타나고 문화로 전승된다. 그러하기에 그리스도와 모든 인간적 제도와 관습과는 상호 대립한다. 하지만 그 대립이 대립유형에서와 같이 그리스도인을 세계에서 분리시키려는 것도, 초역사적 구원을 바라고 참으라는 것도 아니다.[56] 적극적인 의미에서 문화변혁의 주체가 될 것을 요구한다. 그리스도는 각자가 속한 문화와 사회 안에 있는 인간을 개변시키는 분이기 때문이다.

개변주의자들의 이해는 이원론자와 비슷하지만 구별되는 점은 이원론자보다도 문화를 대하는 태도가 더 적극적이고 희망적이다. 개변주의자는 인간의 근본적인 타락을 주장하는 교리에 찬동한다. 그러나 그 타락은 창조와는 구별된다. 인간은 그가 창조될 때 그에게 주어진 사랑으로 사랑하나 타락으로 잘못 사랑하고 잘못된 질서 속에서 사랑한다. 창조주께서 그에게 주신 사랑으로 선을 욕망하나 선하지 못한 선을 추구한다. 자기 욕심의 강압 때문에 사물의 본성을 거슬러 그의 조직화 행동 자체 안에서 그 조직을 붕괴시킨다. 그의 문화는 부패를 향한 질서라기보다는 전적으로 부패된 질서이다. 따라서 이들에게 문화의 문제는 결국 개변의 문제이다.

개변주의자에게 있어서 역사는 하나님의 능력의 행위와 인간의 응답에 관한 이야기이다. 그들은 창조의 보존이나 최후의 속량에 대한 준비보다 현재의 갱신에 대한 하나님의 가능성에 더 많은 관심이 있다. 최후의 원수인 죽음의 멸망의 때를 기대하는 바울과는 달리 "다 이루었다."고 하는 십자가상에서의 요한의 이해에 가깝다. 그들은 그리스도 안에서 하나님을 만나는 현재가 곧 역사라는 견해를 가진다. 그들은 창조와 문화의 세계가 종국에 이르는 종말에 대한 기대보다는 만물을 자신에게 이끌어 변화시키는 그리스도의 능력에 더욱 민감하다. 하나님의 영광 안에 있고 하나님의 영광을 향하여 있는 변화된 인간의 삶, 인간으로서는 불가능하나 하나님에게는 가능한 그것이야말로 인간 문화에 가능한 본질로 생각한다.[57]

사도 요한의 역사관은 역사 안에 있는 시간적 차원, 즉 과거와 미래가 영원과 시간과의 관계에 다분히 종속되어 있다는 입장이다. 요한은 주로 그리스도의 재림 교리를 보혜사의 강림에 대한 교리로 대치시켰다. 그는 그리스도와 함께 있기 위하여 이 육을 떠난다는 생각을 성령 안에서 그리스도와 함께하는 현재 생활이라는 사상으로 대치시켰다. 요한의 흥미는 이 세상에서 인간생활의 정신적 변화를 지향하는 데 있었다.[58]

어거스틴(St. Augustinus)은 그리스도로 말미암는 문화적 변형을 주장한 신학자였다. 그는 로마 제국을 가이사 중심적 공동체에서 중세기 기독교 왕국으로 개혁시킨 사람이다. 그에게 그리스도는 문화변혁자이다. 그리스도는 인간 생활의 방향을 전환시키며 다시 생기를 불어넣어 거듭나게 하는 갱신을 위해 오셨다. 그러나 그는 그리스도 안에서 선포되고 약속된 종말론적 가능성을 희망하기보다 실제적으로 그것을 기대하지는 않았다. 그 사회는 택함 받은 개인들과 천사들이 저주받은 무리와의 영원한 평행선을 이루며 살고 있는 사회였던 것이다.[59]

복음이 현재의 모든 생활에 침투되게 하려는 의도가 루터보다 강했던 존 칼빈 역시 개변주의적 이념이 뚜렷한 사람이다. 그가 강조했던 직업관, 국가관, 인간성에 대한 휴머니즘적 견해, 육체의 부활교리, 하나님의 주권의 현실성은 인류의 본성과 문화를 변혁시켜 하나님의 나라가 되게 할 수 있다는 사상을 고취시켰다. 칼빈주의는 그리스도에 의한 변혁과 약속 실현에 관한 종말론적 희망에 영향을 받고 있다는 것이 특징이었다.[60]

6) 종합적인 이해

이상의 니버의 다섯 가지 유형론은 모든 학자들에게 전폭적인 지지를 받고 있는 것은 아니다. 일부 학자들은 그의 이론에 비판적이다. 트리니티 복음신학교 데이비드 칼슨(D. A. Calson)은 니버가 주장하는 그리스도와 문화의 관계 가능성들에 대한 어떠한 이해 요소들은 그리스도의 존재에 관한 반성경적 이해로 형성된 것들이기 때문에 폐기되어야 한다고 주장한다. 그리고 문화에 관한 설정 역시도 가변적이라고 비판한다. 그리스도와 문화의 관계에 대한 이야기라기보다는, 문화 안에서 서로 경쟁하는 두 가지 권위의 관계 이야기라는 지적이다.[61]

노트르담 대학교의 조지 마스덴(G. Marsden)은 니버의 유형론이 오늘 우리가 살고 있는 시대에는 적합하지 않을 뿐 아니라, 우리의 상황에 대한 정확한 판단에 방해가 되는 책이라는 스텐리 하우어와스(S. Hauerwas)와 윌리엄 윌리몬(William H. Willimon)의 의견과 뜻을 같이했다. 또한 그의 유형론이 역사적인 근거가 희박하며 모두 '이상적' 형태라고 비판했다. 게다가 하나의 범주가 한 사례에만 고정적으로 대표한다는 그 점은 결정적인 오류라는 지적이다. 그러나 니버의 유형론이 시대적 한계성을 지니고는 있으나 문화에 대한 우리의 삶의 태도를 숙고하게 하는 점에서 그것의 효용에 대해서만큼은 전적으로 부정하지는 않았다.[62] 조지 마스덴의 이러한 주장에 대해 제임스 거스탑슨(James M. Gustafson)은 그가 니버의 의도를 이해하지 못한 해석이라고 반박했고, 니버의 유형론을 분류학으로 오해해서는 안 된다고 지적했다.[63]

니버를 연구한 임성빈은 변혁적인 문화관을 선호하는 니버의 주장을 지지하며 그가 다른 유형들에 대한 각각의 장점들을 지적하고 있음도 간과해서는 안 될 것이라 했다. 게다가 문화를 대하는 기독교적인 관점의 정체성은 분명해야 하나, 기독교적 문화관에 대한 이러저러해야 한다는 식의 공식화가 자칫 율법주의적 배타적 문화관을 확산시킴으로써 교회를 사회로부터 게토화시킬 수 있다는 우려를 밝혔다.[64] 성석환은 그의 박사학위 논문에서 니버의 삼위일체 신학과 "변혁적 문화관"에 대한 기술에서 그의 이론을 해석학적으로 이해할 필요성을 제기했다. 특히 니버의 삼위일체 신학은 "철저한 유일신론", "책임적 자아", "교회의 책임" 등을 전체적으로 조망하여 이해되어야 "변혁적 문화관"에 대한 신학적 근거가 보다 명확해진다고 했다. 하지만 그 역시도 니버의 "철저한 유일신론"이 개인주의적이며 상대주의적 경향으로 인해 구체적인 윤리적 결단의 기준을 제공하지 못한다는 임성빈의 비판에 대해서는 존 하워드 요더(J. H. Yoder)와 그의 지지자들이 공히 지적한 부분이라며 니버의 이론의 약점으로 평가했다.[65]

니버의 그리스도와 문화의 상관성의 연구는 이후 다양한 영역에서 지대한 영향을 미친 것으로 확인된다. 이후에 니버의 관계유형을 예배와의 관계 속에서 해석하려 했던 제프리 웨인라이트, 선교적 전망에서 이해하고자 했던 찰스 크래프트와 그에게 영향을 받아 예배 토착문화화(inculturation of liturgy)에 신학적인 기여를 한 앤스카 추풍코에게까지 그 모든 것이 니버의 영향력 아래 있다 할 것이다. 그것은 다음 장에서 차례로 그 내용을 살피는 과정에서 쉽게 확인할 수 있다. 그 각각의 연구는 이 책에서 다루고자 하는 '예배 갱신'의 방법론적 토대에 매우 중요한 이정표로서 예배와 문화의 불가분리 현실 속에서 '예배 갱신'에 대한 깊은 고민의 활로를 열어줄 것이다.

II. 제프리 웨인라이트의 문화변혁

세계교회협의회 신앙과 직제위원회 위원으로 활동하고 리마문서(BEM) 편찬의 편집장으로 활동했던 제프리 웨인라이트는 그리스도와 문화에 대한 리차드 니버의 다섯 가지 유형을 예배와 문화 간의 관계유형에 적용하는 데 주저함이 없다.

1. 문화에 대립하는 그리스도

그가 말하는 리차드 니버의 다섯 가지 유형 중의 첫 번째 유형인 문화에 대립하는 그리스도(Christ against culture)는 초기 박해받던 교회의 지배적인 입장이다. 그들은 다른 종교를 전적으로 거절하고, 세상에 대해서도 부정적이다. 이것은 하나님의 왕국을 직접적으로 거스르는 가치가 지배하는 사회에 적합한 입장이다. 여기에는 예수님 당시 갈릴리인들이 속했고, 콘스탄틴(Constantine) 황제의 회심 이후에는 문화에 가해진 새로운 도전을 저항하여 떠났던 수도원적인 삶, 중세 예배의 왜곡에 맞서 저항했던 종교개혁과 이후 소수의 청교도, 독립교회, 침례교, 퀘이커교도, 그리고 오순절 예배의 부상 등이 이 유형의 모습이었다는 분석이다. 하지만 한편 이 유형을 두 가지 면에서 지적할 수 있는데, 그중 하나는 문화에 대한 거부가 자칫 인간의 삶의 범주에서 일어나는 구원의 징후를 놓칠 수 있다는 것이며, 다른 하나는 거룩을 위해 부름 받은 교회가 여전히 세상에 남아있다는 것을 무시하려는 미묘한 유혹에 노출될 수 있다는 것이다.[66]

2. 문화의 그리스도

제프리 웨인라이트는 앞서 언급한 "문화에 대립하는 그리스도"의 극단적인 반대 편에 "문화의 그리스도"(Christ of culture)가 서 있다고 했다. 여기에 대해 그는 "만일 '문화에 대립하는 그리스도'가 기독교에 대한 마니교도의 유혹이라면, 그 정반대의 위험은 그리스도를 문화적 영웅으로 축소시키는 것이다."[67]라고 말했다. 문화 속에서 카멜레온이 되어버린 그리스도는 최적화된 문화를 비판할 수 없게 된다. 이러한 "문화의 그리스도"의 특징은 역사 속에서 다양한 사례로 나타났다. 콘스탄틴 황제가 사도들의 동급으로 묘사되거나, 정치적·경제적 전례의 합법화가 된 황제의 대관식을 들 수 있다. 뿐만 아니라 로마 황제의 회심으로 유럽의 교회는 법관의 의복을 예배 안으로 들여왔고, 빵과 포도주는 물론이고 한 사람의 시민인 주교에게까지도 빛, 향, 열광적 환호에 의해 추앙되었다. 샤를마뉴(Charlemagne) 황제는 서유럽의 프랑크족의 교회예전을 개정할 수 있었고 영국 교회의 예배는 최근까지도 의회 결정을 따라야 했다.[68]

그 밖에도 고대 예전에서는 여행자들을 위한 기도가 시행되었고, 제2 바티칸공의회 이전 로마예식에는 소방관, 철도원, 항공승무원들을 위한 축복이 포함되어 있었으며, 주교는 단지 군사적 목적에 의해 개발된 핵잠수함을 위해서 축복하기도 했다. 칼 바르트(K. Barth)와 바르멘(Barmen) 선언의 지적대로 독일의 상황은 또 다른 "문화의 그리스도"의 실례이다. 히틀러는 세례와 견진을 받았고, 세례와 견진이 수세기 동안 서방사회의 출생과 성인식으로 기능했다. 당시 상황에 대해 제프리 웨인라이트는 하나님의 통치가 회심의 표식으로 위조되고 하나님 나라가 더럽혀지고 그리스도인은 기독교적 검증을 포기해 버렸다고 개탄했다.[69] 결국 이같이 문화 안에서 신앙의 구현이 떠밀리게 되는 현상이 암시하는 것은 교회가 특별한 시대와 사회의 영적 흐름과 과도하게 결탁되면 결국 죄에 눈이 멀게 되는 위험을 초래하게 된다는 것이다.[70]

3. 문화 위에 있는 그리스도

제프리 웨인라이트는 "문화 위에 있는 그리스도"를 문화에 반대하는 것
도 문화에 흡수되는 것도 아니라는 니버의 '종합유형'과 견해를 같이한
다. 알렉산드리아의 클레멘트와 토마스 아퀴나스에게서 발견되는 이 유
형이 말하는 것은 은혜가 인간의 문화를 파괴하는 것이 아니라 그 문화
를 더 높은 데까지 끌어올림으로써 완전에 이르도록 한다는 것이다. 즉,
인간의 문화인 예술적 작품을 기독교 예배로 승화시키는 것이다. 그렇기
에 문화 안에서의 최선은 복음을 준비하는 것이다. 실례로 조각가 기젤베
르투스(Giselbertus)는 오탕(Autun)의 성당 서쪽 정면을 조각했고, 이탈리
아 화가 치마부에(Cimabue)와 독일의 화가 마티아스 그뤼네발트(Matthias
Grünewald)와 그리스 출신 스페인 화가 엘 그레코(El Greco)는 제단화를
그렸고, 이탈리아 교회음악 작곡가 조반니 피에르루이지 다 팔레스트리
나(Giovanni pierluigi da Palestrina)와 독일의 작곡가 요한 제바스티안 바
흐(Johann Sebastian Bach)는 예배를 위한 음악을 썼다. '고등 문화'(high
culture)의 실례로는 서방 나라의 토착 민속음악이 다소 예배음악으로 취
해졌고, 미국 흑인은 재즈의 활용이 사회적으로 폭넓은 평가를 얻기 전이
었음에도 서방문화에서 그것들을 예배 속에 받아들였다. 겸손과 온유가
높임을 받기 시작했고, 억압받는 소수의 반문화적 어원이던 것이 더 방대
하게 예배의 도구가 되었다.[71]

그리스도와 문화의 종합유형의 매력은 문화의 범주에 선을 위한 하나
님의 현재적인 역사가 존재함을 인식 가능하게 했다는 것이다. 반면에 위
험요소도 존재한다. 문화의 일시적인 특성은 곧 잊히게 될 것이다. 그리고
상대적인 것이 절대적인 것이 되거나 무한이 유한에 축소될 수도 있다. 하
지만 종합유형의 지지자들은 문화적인 가치가 복음의 영역으로 통합되는
과정에서 어떻게든 정화될 수 있다는 측면을 강조한다.[72]

4. 역설적인 관계를 가진 그리스도와 문화

제프리 웨인라이트의 네 번째 유형은 첫 번째 유형의 문화에 대립하는 그리스도만큼 극단적이지는 않지만, 문화로부터 벗어나는 것이 불가능하다는 점에서 세 번째 종합유형보다는 문화에 좀 더 비관적인 입장인 데다가 다섯 번째 유형과는 어떠한 해결책도 없다는 차이가 있다. 이러한 '이원론적' 견해에 따르면 인간문화는 전적으로 죄 아래 속해 있고, 문화의 체계는 금이 가고 뒤틀려 있다. 그러나 루터의 주장대로 세상나라가 비록 하나님의 다른 방식에 의해 다스려지고 있지만, 하나님의 나라와 세상 나라 모두 하나님의 통제 하에 있음은 분명하다.[73]

만일 문화의 산물인 예술품들이 기독교에 의해 세속적인 영역으로 강등된다면 그것들은 스스로를 경쟁상대(rival religion)라고 주장하고 나설 것이다. 사회학자 로버트 보콕(R. Bocock)은 세속적인 예술과 오락의 발전이 과학의 성장보다 교회에 훨씬 더 큰 영향을 미칠 것이라며 역사 속의 기독교가 인간의 몸동작에 대한 감각과 아름다움에 대한 가치를 부정적으로 평가한 것을 비난했다. 그도 그럴 것이 우리는 적어도 중세의 희극이 예배의 도구로 발전했다는 것을 알아야 한다. 하지만 로버트 보콕의 비난대로 인간은 자신의 소명에 실패하여 비인간화되고, 자연적 종교는 현대 연극과 영화에 보복을 행한 결과 창조자를 대신해 피조물을 신봉하는 포르노물과 같은 결과물을 생산하게 되었다. 이렇듯 교회의 예배가 설득력 있는 연극의 모델을 제공하지 못한 것도, 현대 스포츠의 맹목적이면서 살인적인 특징으로 나타나는 시민종교의 퇴화된 형태들의 등장도 교회의 책임이 아니라 할 수 없다.[74] 제프리 웨인라이트는 기독교 예배와 동시대적인 문화적 형태 간에 결별을 자극하는 이러한 '이원론적' 견해는 매일의 삶을 재개하고 알려야 할 예식의 실천적이고 윤리적인 파급효과를 필히 약화시키는 결과를 낳는다고 하였다. 그 점에서 다음 다섯 번째 모델의 신학적 이해와 행동유형을 요구하게 된다고 역설했다.

5. 문화의 변혁자 그리스도

다섯 번째 유형이 "문화의 변혁자로서 그리스도"를 제프리 웨인라이트는
양측의 약점을 없애고 강점을 포함한 중간적 위치를 점한 형태라 했다. 이
유형은 창조와 성육신의 긍정적인 교리에 의존하면서 인간의 급진적 타락
에 대해서는 거부한다. 타락은 선의 왜곡이지 본능적인 악이 아니다. 따라
서 회심과 거듭남이 중요하다. 역사 속에서 적어도 인간의 삶과 문화의 변
혁을 "죄에 대하여는 죽고 하나님께 대하여는 사는 것"의 반복으로 보고
이러한 죽음과 부활이라는 모형이 성육신한 그리스도에 의해 드러났다.
그런 의미에서 변혁주의자의 견해에 대한 원시 예전적 모델은 신자의 세례
예식이다. 그리고 속죄의 두 번째 모델은 죄와 꾸준히 싸우되, 그것을 거룩
으로 나아가는 진정한 성장의 발판으로 삼는 세례의 재적용에서 찾는다.[75]
제프리 웨인라이트는 현대 서방에서 하나님의 통치로 향하는 문화적 변
혁의 극단적인 어려움으로 세속화와 비기독교화를 꼽았다. 최근 서방세계
에서 세속화와 비기독교화가 시대적 흐름으로 거론됨에 따라 교회가 그리
스도와의 관계에서 충분한 평가가 이루어지지 못하고 있다. 그 결과 비록
교회의 다른 많은 인간적인 업적에도 불구하고 교회의 본질적인 가치는
전적인 쇠퇴를 겪게 됨을 부인할 수 없다.[76] 이러한 시점에서 변혁주의자들
의 입장이 교회를 위해 어떠한 도움을 제공할 수 있겠는가 묻는 것이 중요
하다. 엄중한 차원에서 교회론은 헌신된 교회 공동체가 세상을 향해 기독
론적 형식에 준한 확고한 증인을 양산하는 것에 있음을 인식하는 데 있다.
변혁주의자의 입장에서 교회는 문화의 현장을 위해 존재하는 교회(the
Church for a place: '문화의 그리스도')와 문화의 현장에 존재하는 교회(the

Church of a place: '종합유형'), 문화의 현장 안에 존재하는 교회(the Church in a place: '문화에 대립하는 그리스도'와 '이원론적 견해')와는 구별된다. 구원을 위한 증인을 세우는 교회의 의무란 교회가 신학적으로 교회 안과 밖 양쪽 모두에 속해서는 충족시킬 수 없음을 의미한다. 하지만 현대 서방교회에서는 다원주의사회 내 많은 수 가운데 하나라는 그 자체의 중립적인 관점을 고집하려 든다. 교회가 기독교 메시지를 거절하거나 무시하려는 사람의 자유만큼은 확실히 존중해야 하겠지만, 교회는 단연코 하나님께 대하여 충실히 감당해야 할 선포의 선교적 사명을 어길 수는 없다.[77] 죄에 대한 인간의 자유와 남용은 그리스도인 개개인은 물론이고 문화적 차원에서도 퇴보를 가져오는 반면, 교회는 하나님의 자비를 통해 갱신된 회개와 고백의 실천을 가능하게 했다. 그분의 은혜 안에서 하나님은 계속해서 하나님의 구원의 현존하심과 구원의 목적을 증거를 통해 나타내실 것이다.[78]

제프리 웨인라이트의 변혁적 모델에 대한 적극적인 의지는 니버와 같은 입장에 있다. 하지만 그 구체적인 방법론적인 제안에는 커뮤니케이션의 장애와 한계를 극복할 선교적 전망을 요구받는다. 다음에 살펴보게 될 찰스 크래프트의 관계유형에는 이러한 방법적 함의에 대한 의문의 실마리를 함께 해결해 줄 수 있으리라 기대한다.

III. 찰스 크래프트의 문화변혁

찰스 크래프트는 그리스도와 문화 사이의 상호관계의 고전적인 준거기준이 된 리차드 니버의 견해에 자신이 상당 부분 신세를 졌다는 입장을 밝힌 바 있다. 그는 리차드 니버의 입장을 다시 크게 세 가지 입장으로 나눠 문화에 대립하는 그리스도(Christ against culture)와 문화 속의 그리스도(Christ in culture), 문화를 초월하시는 그리스도(Christ above culture)로 분류했다.[79] 하지만 거기에 그치지 않고 그는 이러한 토대를 유지하면서 문화를 초월하는 그리스도에 대한 관점을 더 발전시켰다. 즉, 문화를 초월하시되 사용하시는 하나님에 관한 논의를 통해 그리스도의 성육신적인 논의를 보다 구체적으로 발전시켜 문화의 역할을 더 깊게 참여시킨다.

1. 문화에 대립하시는 하나님

이러한 입장은 '세상'과 문화를 동일시하며 인간의 문화를 사탄의 세력 아래 두고 하나님께서 인간의 문화에 대해 적대적인 자세를 취하고 계신다는 해석이다. 따라서 악한 세상으로부터 성결을 추구하는 방법은 '세상'(the world)을 거부하고 세상으로부터 물리적으로 분리를 강조했던 초대 기독교가 로마 제국에 대해 취했던 적대적인 입장이다. 이러한 입장은 수도원 제도를 발전시켰고, 근자에 와서는 근본주의적인 성향에 의해 지지를 얻게 되었다.[80]

하지만 찰스 크래프트는 여기에 대한 심각한 오류 세 가지를 지적했다. 첫째, '문화'라는 개념을 성경에서 '세상'을 의미하는 헬라어 '코스모스'에 대한 부정적 용례에 한정시킨 것은 옳지 않다는 것이다. 그리고 하나님께 대한 충성의 서약에는 하나님을 위해 문화를 사용한다는 의미를 포함하고 있다는 것이다. 둘째, 문화를 단지 외면적인 것으로만 간주하여 자신이 문화로부터 벗어나는 것이 가능하다는 주장은 문화인류학적인 관점에서 불가능하다는 것이다. 셋째, 사탄이 문화를 자신의 목적을 위해 사용한다는 근거에 의해 문화를 악한 것으로 간주한다는 입장에 대한 비판이다. 로마서 14장 14절을 근거로 어떤 것을 거부하거나 긍정하는 것은 특정 문화 요소를 사용하는 용도에 달려 있는 것이지 문화 요소 그 자체에 달려 있는 것이 아니라는 말이다.[81] 정리하면, 문화를 거부하는 사람일지라도 누구나 문화의 상당부분을 수용한 상태에 있다. 부인할 수 없이 그 안에서 무의식적일지라도 문화를 따라 살아가고 있다. 문화를 하나님과의 대립으로 보는 그들은 스스로를 문화를 통해 사탄의 목적에 따라 사용됨을 규정하는 것이다.

2. 문화 속의 하나님

1) 하나님을 문화적 영웅으로 간주하려는 입장

소위 문화인류학자들 대부분이 지지하고 있는 입장이다. 인간 편에서 하나님을 자신들의 삶의 방식을 신성시하려는 열망의 표현으로 간주한다. 이들은 사람들이 인간의 형상을 따라 하나님을 창조하였기에 사람들은 실제로 존재하는 누군가에게가 아니라 인간이 창조한 일종의 개념을 향하여 경배하는 것이라 주장한다.[82] 이들은 각각의 문화에서 살아가기 위해 초인간적 재가를 원하는 사람들의 열망에 의해서 조물주를 빚어냈다고 여긴다. 문화적 제약을 받는 인식에 대해서만 생각하면, 그리스도인까지도 인식적인 차원에서 자기들이 믿고 있는 믿음에 따라 하나님의 개념을 '창조한다'는 주장이다. 이들에게 신적 존재는 서로 다른 문화권에 속한 사람들 간에 차이가 있으며, 이러한 차이는 이들 문화에 존재하는 세계관의 차이와 긴밀히 관련되어 있다.[83]

2) 하나님을 문화 속에 포함 혹은 문화를 지지하는 분으로 보는 입장

상당수의 유대인들에게서 볼 수 있는 입장이다. 하나님께서 오직 유대인 문화와만 관계 맺고 계시는 존재로 이해하거나 혹은 하나님께서 배타적으로 오직 자신들과만 관계를 맺고 있다고 믿는 다른 수많은 부족들이 여기에 속한다. 이들이 이해하는 하나님은 또 다른 유형의 문화와는 대립하는 존재이다. 또한 하나님은 하나님이 창조하시고 발전시키거나 혹은 이를 승인하신 특정 문화나 하부 문화를 두고 기독교인이 되기 원하는 사람은 누구라도 그 문화로 개종해야 한다고 규정하시는 분이다. 이들은 '기독교 문화' 또는 '성경적 문화'라는 용어를 특정 문화 형태를 절대화하는 형식으로 사용한다. 이러한 입장은 기독교인과 비기독교인 사이에 주목할 만한 문화적 차이가 존재한다는 것을 올바로 직시하고 있긴 하지만, 기독교적인 기능과 의미 전달을 위해 특정 문화 형식들을 사용하는 행위와 그 문화 전체를 '기독교적'이라고 지칭하는 행위 사이에 있는 차이를 올바로 구분하지는 못하고 있다. 가령, 기독교에 대립되는 문화형식인 노예 제도까지도 기독교 정신으로 활용된 경우가 그 실례라 할 수 있다. 독재정권이나 구약성경의 전쟁, 순교와 같은 죽음, 세속주의 등도 문화형식이 아닌 기능과 용례에 그 특성이 있음을 놓치게 되면 마찬가지의 경우에 속할 수 있다. 심지어 기독교적인 자비나 교회 조직, 복음전도와 같은 문화형식도 비기독교적인 방식으로 이용될 수 있다.[84]

이렇듯 이러한 입장의 한계는 특정 문화의 기독교적 성향 여부를 문화형식만으로 파악할 뿐 그 문화형식을 사용하는 사람들의 동기와 해석을 통해 나타난 기능과 의미를 보지 못한다는 점이다. 그럼에도 불구하고 한 가지 귀중한 통찰은 다른 문화형식들과 비교하여 보면 기독교적인 목적을 위하여 쓰일 가능성이 높은 특정 문화형식들이 분명히 따로 있다는 것을 통해 문화형식을 바꿀 수 있는 기회를 포착할 수 있다는 것이다.[85]

3. 문화를 초월하시는 하나님

1) 하나님은 문화를 초월하여 무관심한 존재

이 견해는 소위 하나님께서 문화를 초월하시거나 문화 밖에 존재하셔서 사람들의 문제에 더 이상 관여하시지 않는다는 이신론(理神論)으로 대변된다. 서구사회의 대중적인 사고방식이자 아프리카의 여러 문화권에 널리 퍼져 있는 관점이다. 어떤 아프리카의 관점에서는 하나님을 과거 한때 인간의 삶에 매우 가까이 존재하셨지만 인간의 악행으로 하나님께서 소원해지고 나서 멀리 떠나버리신 것으로 이해한다. 그럼에도 불구하고 사람들에 대해 전적으로 악의를 품고 계시는 것은 아니다. 이 견해는 인간과 상호작용하시는 하나님에 관한 성경의 묘사들과는 전혀 타협할 수 없는 입장이다.[86]

2) 문화를 초월하시는 존재-리차드 니버의 세 가지 입장

하나님을 문화를 초월하신 존재로 이해하는 또 다른 입장은 니버의 철학적 신학적 조망을 통해서 논의된 세 가지 유형에서 소개된 '중심의 교회'(Church of the Center)로 명명했던 입장이다. 그리스도와 문화의 두 원리 사이에 있는 차이점을 분명히 유지하면서도 이를 어떤 통일성 안에서 서로 결속시켜 보려고 애쓰는 세 가지 입장-종합적인 입장, 이원론적 입장, 개종주의자 입장-이다.[87] 여기에 대한 내용은 니버의 관계유형과 일치된 부분으로 찰스 크래프트는 간단한 정리에 그치는 정도에서 제시했다.

(1) '종합적인' 입장

순교자 저스틴(Justin Martyr)과 알렉산드리아의 클레멘트, 토마스 아퀴나스와 그의 추종자들의 주장에 지지하는 입장이다. 그리스도인들은 그리스도와 문화 양측이 제기하는 요구들을 심각하게 받아들일 의무가 있고, 양자가 각각의 고유한 영역 속에서 주장하는 권위를 인정해야 한다고 주장한다. 종합주의자들에게 역사는 인간의 영혼과 하나님의 궁극적인 합일을 준비하는 일련의 준비기간이다. 따라서 토마스 아퀴나스는 있는 그대로의 세상을 거부하면서 교회를 지상에 참된 문화를 가져오는 하나님의 도구로 이해한다. 하지만 이러한 현상이 심화되면 교회가 주도하는 문화를 절대화하게 되고, 무한을 유한으로 축소시키면서, 무한의 기독교적 역동성도 소멸시키게 된다는 지적이 따르게 된다.[88]

(2) '이원론적' 입장

로저 윌리엄스(Roger Williams)와 마틴 루터 등이 주장하는 입장이다. 하나님과 인간들 사이를 기본적인 충돌과 갈등관계로 보는 이 유형은 인간의 노력에 내포된 사악함을 매우 철저히 평가한다. 모든 인간의 행위 속에 부패와 타락이 자리하고 있어 이 세상의 모든 것은 다 모순 속에 빠져 있다. 유일한 해결책은 현재의 세상이 그리스도에 의한 다른 세상으로 대치될 미래에 놓여 있다. 따라서 그리스도인들은 두 영역 속에서 살고 있는 양서류에 비유된다.[89]

(3) '개종주의자' 입장

어거스틴과 존 칼빈, 존 웨슬리(John Wesley)의 입장이다. 이들은 이원론자들보다 인간의 죄에 대해 더 민감하다. 죄가 하나님의 심판 아래 놓여 있으나 문화가 하나님의 주권적인 통치 아래 놓여 있어 그리스도인들은 주님에 대한 순종으로 문화적인 사역을 감당해야 할 책임이 있다고 주장한다. 따라서 이원론자보다 문화에 대해 더 희망적이다. 문화는 본질적으로 악하지 않기에 하나님의 활동무대로 문화의 개종 가능성에 열려 있고 그리스도로 말미암아 궁극적인 승리를 기대한다.[90]

4. 문화를 초월하시되 사용하시는 하나님

　찰스 크래프트는 니버가 말한 문화초월적 하나님의 입장이 당대 문화이론의 한계상황에서 제시되었다는 측면을 언급하고 그 공을 치하한다. 하지만 과거의 견해들이 갖고 있는 한계를 극복하기 위한 돌파구는 필요하다는 입장이다. 이 견해에서 하나님은 인간의 문화를 초월하시며 밖에 타자로 존재하시지만 인간과의 상호작용을 위해 그 문화를 수단으로 사용하신다. 문화 그 자체의 본질은 사람들이 다양한 기능과 의미를 전달하기 위해 사용하는 문화형식들로 이루어진 수단으로 중립적이다. 그리고 하나님과 인간의 상호작용과 관련해서도 중립적이다.[91] 이는 인격적 존재에 의한 사용에 그 여지가 있다는 것을 의미한다.

　그러나 인간의 죄로 인한 부패는 인간이 활용하는 문화형식과 패턴과 그 과정 모두를 죄와 그 영향 아래 놓이게 했다. 그 결과 문화구조는 인간의 죄악과 그 영향 아래 왜곡되어 순수한 동기에 의해 활용되는 문화는 없게 되었다. 하지만 인간의 구원은 문화를 사용하는 방식을 바꾼다. 그리스도인들은 과거 죄 아래 있을 때와는 달리 새로운 주인을 위한 새로운 충성심을 통해 문화를 사용하는 방식의 변화를 가져오고, 문화구조의 변화를 초래하고 그것이 광범위한 영역으로 확대되어 새로운 문화구조를 만들어낸다. 바로 하나님과의 관계를 맺은 결과에 의해 '변혁'(transformation)이 일어나게 된다.[92] 찰스 크래프트의 문화변혁은 문화를 초월하시되 문화를 사용하시는 하나님에 의한 변혁이다.

　하나님은 분명 문화 밖에 거하시고 자유로이 문화에 얽매이지 않으시고 자유로이 초월하기도 하신다. 하지만 인간과 상호작용하시는 활동무대로 문화적 환경을 선택하신다. 이때 인간의 문화에 관계하시는 하나님은 인간에게 존재하는 유한성과 상대성, 무한을 왜곡시킬 가능성 모두를 사용하신다. 하나님은 자기계시적인 성육신의 수단에 불완전한 문화를 거부하지 않으시고 특별계시의 도구에도 문화를 사용하신다. 심지어 인간과의 상호 작용을 위해 인간의 문화적 제약 속에 자신을 제한시키는 것까지도 기꺼이 수용하시는 방식으로 '변혁'을 이루신다.[93]

찰스 크래프트는 이 같은 문화변혁에 관해 보다 구체적인 설명과정에서 커뮤니케이션에서의 '역동적 등가(dynamic equivalent)의 문화번역(transculturations)'의 중요한 역할에 대해 자세히 설명한다. 여기서 역동적 등가 번역이란 언어와 문화의 구조가 정확하게 일치하지 않는 상황에서 원의미를 원형 그대로 정확하게 번역할 수 없어 "원어 메시지에 가장 자연스러운 등가 번역"을 하는 것을 뜻한다. 그것은 "형식의 대응보다는 반응의 등가를 지향"한다.[94] '문화번역'은 원래의 의도가 완전히 전달될 수 없을지라도 문화적 배경들에 대한 설명, 현 상황에 대한 적용 등 오늘날의 문화적 정황 가운데서 커뮤니케이션을 위한 문화적인 도구들을 통해 등가적인 사건으로 재창조하는 작업이다.[95] 어떤 증언이 사건을 모호하게 전달하거나 또는 청자들이 모호하게 알아듣게 될 때 그 증언은 증언으로서의 가치가 없다. 따라서 어떤 의역이든지 간에 대상 언어와 문화의 필요에 따라 내용을 등가적으로 이해할 수 있고 영향력이 있도록 정당하게 '번역'해야 한다. 이를 위해서는 "이 개념이 수신자들에게 쉽게 이해되고 아울러 원문의 독자나 청자들에 의해서 경험된 것과 동일한 영향력을 전달하기 위하여 수신자 언어가 요구하는 것은 무엇인가?"를 질문해야 한다. 동일한 언어권 내의 사람들 사이에서도 완벽한 커뮤니케이션이 이루어지지 않는다는 사실에 기초할 때, 원문의 문자적 형식을 단순히 보존하려고만 하지 않고 내용을 전달하는 데에 중점을 둔 수신자의 준거기준 안에서 메시지의 재인격화(repersonalization)가 이루어져야 한다.[96]

그리스도인은 한 쪽에는 하나님, 다른 한 쪽에는 인간이 연결되어 있는 '전선'에서 '하나님의 전류'를 삶으로 전달해야 할 메시지의 대사로 부름받은 '전선'이라 할 수 있다.[97] 여기에서 커뮤니케이션은 적절한 메시지 전달의 필수요소다. 효과적인 메시지의 커뮤니케이션을·위해서는 신뢰할 만한 증언과 좋은 번역이 우선한다.[98] '변혁'은 역동적 등가의 문화번역에 의한 메시지가 효과적인 커뮤니케이션을 위해 역동적인 등가가 이뤄지는 과정에서 일어나는 하나의 사건이다. 교회가 역동적 등가를 적용하게 될 때, 참된 기독교적 의미가 전달되고 1세기 교회가 사회에 끼친 복음의 영향력이 토착적인 문화형식으로 표현 가능해진다.[99]

결국 기독교인인 변혁으로의 변화는 문화 내부로부터의 변화이며, 사회 내부자에 의한 세계관의 변화로 시작되기에 근본적인 사고의 변화를 수반한다.[100] 그 변화의 과정에서 기독교적 변혁으로 인도하는 기본적인 씨앗은 구원자와 주님이 되시는 그리스도에 대한 신뢰이다. 이 과정에서 모든 인간 사회는 세계관 차원에서 시작하게 되고 문화변혁으로 퍼져 나가는 급격한 변화들을 경험하게 된다. 변혁의 최우선과제는 사람들의 변혁이지만, 문화구조가 변혁되어 문화관례와 관습들이 변혁되는 궁극적인 목표를 향한다.[101]

IV. 앤스카 추풍코와 디칭햄 리포트의 토착문화화

'역동적인 등가 문화번역'을 통한 변혁의 과제를 예배와 연결시킨 학자는 가톨릭 예배 신학자 앤스카 추풍코이다. 앤스카 추풍코는 예배의 상황화(contextualization) 혹은 토착문화화(inculturation of liturgy)를 주창하는 대표적인 학자로 로마 가톨릭뿐 아니라 타교단에도 많이 알려진 대표적인 예배 신학자이다. 그는 예배와 문화의 관계에 대한 논의를 넘어 예배 자체를 문화의 반영과 표현 방식으로 받아들이는 원리와 방법을 제시했다.

1994년에 영국 디칭햄에서 열린 세계교회협의회에서 채택된 디칭햄 리포트는 기독교의 일치를 위한 연구에서 예배의 역할에 관한 첫 번째 연구 프로그램의 보고서이다. 그 보고서에는 토착문화화에 대한 중점적인 내용을 다루고 있으며, 토착문화화에 대한 기본적인 원리와 기준에 대한 논의를 확인할 수 있다.

1. 앤스카 추풍코의 토착문화화

앤스카 추풍코가 제시한 방법은 찰스 크래프트의 문화의 방법과 일치한다. 그는 찰스 크래프트의 문화인류학의 상황화를 예배에 적용하여 문화와 관련한 예배 신학을 발전시켰다. '예배와 문화'가 아니라 '문화로서의 예배'라는 이해를 통해 예배에서 문화의 의미와 역할의 중요성을 강조하였다.[102]

1) 세 가지 유형

앤스카 추풍코는 예배와 문화에 대한 세 가지 유형을 제시했다. 첫째 유형을 '합의'(accomodation)라 표현했다. 이 유형은 반드시 문화적인 적응을 동반하지는 않는다. 예배모임에서 그 상황하에 행해진 경축적 요소들만을 말한다. 둘째와 셋째 유형은 문화 적응 유형에 속한다. 먼저, 문화 적응의 한 유형은 '문화융합'(acculturation)이다. 로마교회의 예배를 변화의 대상으로 보고 문화의 변용에 의해 예배의 특별한 변화와 변형을 가져오는 것이다. 문화 적응의 다른 한 유형은 '토착문화화'이다. 기독교 이전의 의식을 기독교적 신앙의 조명하에 재해석을 통해 의미 변환의 변혁을 가져오는 것이다.[103]

앤스카 추풍코에게 문화는 사람들의 사고와 언어 유형, 가치와 신념, 의식과 전통, 문학과 예술의 총합이다. 그리고 문화의 저변에 있는 근원은 사람들의 특별한 기질이거나, 혹은 그들의 잠재의식 속에 존재하는 것을 정확히 표현하기 위해 현실에 반응하는 자발적 반응 방식이다. 그것은 일정한 양식에 따라서 언어로 표현되고 의식과 전통으로 표현된 사상 속에 존재한다.[104] 그는 이러한 문화의 이해를 문화 적응의 중요한 기초로 보았다.

앤스카 추풍코는 문화와 예배와의 관계에서 문화 적응 유형에 속하는 두 번째 유형의 '문화융합'과 세 번째 유형의 '토착문화화'를 중요하게 다루면서 그 개념적 차이를 설명하고 있다.

2) 문화융합

예배의 '문화융합'은 의미적으로 본래 똑같은 특성을 가지고 있는 문화적 요소들을 예배 속에 받아들이게 되어 그 요소들이 새롭게 기독교적인 의미를 얻게 하는 것이다. 여기에는 예배의 의미를 표현하기 위한 고유의 성질을 필수적으로 소유하고 있어야만 한다. 이러한 호환 가능한 문화요소가 정화의 과정을 거쳐 재해석되고 성경적 표상을 부여받게 된다. 이를 위해서 먼저 고려해야 할 요소가 예배 속에 있는 형식적인 요소와 신학적인 요소이다. 그 두 가지 요소에서 하나나 둘 모두를 변화시켜 다른 민족의 기질에 맞추어야 한다.

말하자면, 문화융합의 형식적 요소에서 로마식 기도문들을 각 민족의 사고방식과 언어형태에 맞게 고쳐 지성이 아닌 감정에 보다 호소할 수 있다. 기도문의 내용은 보존하되 동의어나 관용적 표현, 속담, 격언 등을 활용하여 사람들에게 효과적으로 전달할 수 있다. 로마예배의 형식적인 요소가 지닌 실용적이고 실리적인 요소에 상징적인 의미를 부여하는 것도 가능하다. 중보의 가치를 중시하는 문화전통에 알맞도록 성찬 기도문을 제외하고는 기도를 성부에게가 아닌 그리스도께 직접 하는 형식도 한 예가 될 수 있다.[105]

또한 문화융합에서는 역동적 번역과 역동적 등가의 적용이 가능하다. 역동적 번역의 경우, 전례서의 본래 특성을 그 민족의 특성으로 바꾸어 단순한 관용적 표현 그 이상의 자신들이 가지고 있는 민족의 관점과 특성을 더욱 강조하는 결과를 가져올 수 있다. 또한 역동적인 등가의 경우, 로마예배의 예절적인 요소에 더 나은 설명을 위해서 거의 등가의 예절과 전통을 받아들이는 것이다. 좀 더 설명하자면, 먼저 로마전례의 예절에 담긴 신학적인 의미를 살피고 그와 똑같은 의미를 표현하는 예절과 전통을 찾아내 역동적인 등가를 추진하는 것이다. 혹은 로마예절은 그대로 남겨둔 채 의미에 대한 설명을 보충할 수 있는 새로운 문화요소를 더하는 방식도 가능하다.[106] 앤스카 추풍코는 이러한 역동적인 등가의 기능이 로마전례의 예전적이고 신학적인 발전을 위한 촉매제가 될 수 있다고 보았다 .

3) 토착문화화

앤스카 추풍코는 우선 문화융합과 토착문화화의 차이를 다음과 같이 설명했다. "문화융합이 새로운 문화요소들을 수용하여 로마전례의 특성을 변화 또는 수정하는 것이라면, 토착문화화는 문화 속에 기독교적 메시지가 들어감으로써 문화 안에 어떠한 변화를 만들어 내는 것이다."[107] 토착문화화는 기독교가 들어오기 이전의 예식에다 기독교적인 의미를 부여하는 방법이다. 이는 기독교 이전 예식들이 신앙에 귀의하는 회개의 형식을 띤다. 성경적 실례로는 세례식과 성찬예식이 여기에 속한다. 기독교가 생기기 이전부터 행해지는 하나의 예절을 예수님 당시 자신의 신비와 연결시켜 재해석한 경우다. 또한 초기 기독교 세례식에는 없었던 도유나 구마 예식도 후대에 그 의미가 근본적인 변화과정을 거쳐 기독교적 신비로 재해석 한 것이다. 이렇듯 예배의 토착문화화란 교회가 어떤 문화의 외형적인 표현형식은 그대로 보존하되 그 의미는 완전히 바뀌어 교회가 그 문화 속으로 철저하게 파고들어가는 것이다. 이러한 토착문화화가 적절히 행해진다면 모든 문화를 기독교화할 수 있는 이상적인 수단이 될 수 있을 것이다. 하지만 그것은 문화융합을 통해 다양한 문화요소들이 점진적으로 기독교화하는 장기적인 과정을 통해 이룰 수 있는 방법이다.[108] 그렇지 않을 때 자칫 성사에 대한 종교적인 오해와 충격을 불러일으키고, 신학적으로 빈약한 토착문화화의 위험[109]을 초래할 수 있다.

2. 디칭햄 리포트의 토착문화화[110]

1994년에 영국 디칭햄에서 열린 WCC(세계교회협의회)에서 채택한 디칭햄 리포트는 앞에서 앤스카 추풍코에 의해 진행되어 온 토착문화화에 대한 구체적인 채택 보고서이다. 본 리포트는 세계교회가 공식적인 기구회의를 통한 공적인 결정문이라는 점에 의의가 있다.

1) 토착문화화의 전제

(1) 창조적인 활동

토착문화화는 문화의 통합만을 위한 것이 아니다. 그것은 전해 받은 예전적 전통과 교회의 실제적인 번역의 모든 것을 설명할 수 있는 창조적인 활동의 한 형태이다. 그것은 신앙의 본질에 있어서 교회의 하나됨으로 향하게 하며 복음의 도구로서 섬긴다. 지역 교회가 각기 가지고 있는 문화적 다양성은 결국 다양성의 창조적인 공유를 통한 전체 코이노니아의 풍요로움을 가능하게 한다. 곧 지역 교회의 예배가 교회의 일치와 보편성을 반영하면서 동시에 토착문화화를 통해 예배 안에서 그들 사이의 더 가까운 문화적 유사성을 발생시킴으로써 지역교회의 코이노니아를 강화시켜 준다.[111]

(2) 역동적 등가

토착문화화는 역동적 등가에 관한 특별한 주의가 필요하다. 왜냐하면 그것이 통일성의 보존에 편향적인 특징을 가졌기 때문이다. 역동적 등가란 동등한 의미와 가치를 지닌 지역문화 요소로 예배의 구성요소를 재구현함을 뜻한다. 토착문화화는 이러한 방식으로 전통이라는 통일성 안에서 다양한 문화적 표현들을 이끌어간다.[112] 여기에는 문화에 대한 특정한 관찰이 요구된다. 왜냐하면 하나님은 문화에서 발견될 수 있으며, 그분은 그리스도가 모든 문화에서 발견되기를 기다리시고, 그런 연유로 교회는 문화를 복음화하여 그리스도의 현존을 완전히 나타낼 것을 요청받았기 때문이다.[113]

2) 토착문화화의 예배 원리들

예전적 토착문화화는 기독교 예배의 본질로부터 나타나는 기본적 원리들에 따라 작용한다. 아래의 내용은 그 원리들을 대표한다.

- 그것은 본질과 방향성에 있어서 삼위일체론적이다.
- 성경적인 토대를 두고 있다. 이런 이유로 성경은 예배의 언어, 상징, 그리고 기도들의 필수불가결한 하나의 원천이다.
- 대제사장이신 그리스도와 그의 백성인 교회 행동이 지닌 동시성이다.
- 성령의 능력 안에서의 송영 행위(doxological action)이다.
- 예수 그리스도의 신비의 '아남네시스'이다. 그것은 그의 죽으심과 부활, 성령의 보내심과 그분의 다시 오심에 초점을 맞춘 신비이다.
- 하나님의 은혜의 부르심에 신앙으로 응답하는 제사장적인 백성들의 회집이다. 그 모임을 통해 하나이고 거룩하며 범기독교적이고 사도적인 교회가 제시되고 상징화된다.
- 하나님이 선포된 말씀 속에 나타나고, 그리스도인의 기도의 다른 형태로만이 아니라 예배 안에 참여한 회중 속에서도 나타난다는 영광스러운 사건이다.
- 기억, 성찬, 기대이다. 그 예식이 표현하는 바는 미래의 영광에 대한

희망이자, 천국의 이미지로 지상의 도성을 건축하는 사역에의 헌신을 말한다.[114]

토착문화화의 과정에서 중요한 것은 교회의 예전적 전통에 내재한 그 원칙들을 진지하게 고려하는 것이다. 예를 들어 세례는 보통 공적인 예배 동안 집행되고, 성찬은 매주일에 행해진다는 등을 말한다.

3) 토착문화화의 기준[115]

(1) 신학적 기준

신학적 기준은 성경적이고 사도적인 전통의 렉스 오란디(lex orandi)에 기초한다. 이 전통이 말하는 바는 성령의 능력으로 읽고 설교하는 하나님의 말씀, 아버지와 아들과 성령의 이름으로 행하는 물세례, 우리를 위해 죽으시고 부활하신 그리스도를 기념하는 "떡을 뗌"의 예식으로서 성찬, 믿는 자들과 그의 사역자들의 공동체, 그리고 성찬으로부터 흐르는 사회적 관심이 포함되어 있다. 이러한 신학적 기준은 그리스도의 성육신의 신비에 뿌리를 두고 있으며, 바로 그 성육신은 예전적 토착문화화의 모델이다. 세상 속에 살아있는 현존이라 할 수 있는 그분의 죽음과 부활의 신비 속에 예전적 토착문화화의 궁극적 목표가 존재한다.

(2) 예전적 기준

예전적 기준은 교회가 전적으로 혹은 부분적으로 받아들인 예전의 형태를 구성하는 요소들에 토대를 두고 있다. 이러한 요소는 세례, 성찬, 말씀으로 섬김, 아침·저녁으로 드리는 기도를 일컬으며 여기에 대한 자세한 내용은 다음과 같다.

- 전통으로부터 흘러나온 세례의 기본적인 예전적 구성요소는 말씀선

포, 성령의 탄원, 악을 금함, 거룩한 삼위일체에 대한 신앙고백, 그리고 아버지와 아들과 성령의 이름으로 받은 물의 사용이다.

- 성찬에서 흔히 하는 예전적 구성요소는 말씀읽기와 설교, 거룩한 공교회와 세상을 위한 중재, 마지막 만찬에서 우리 주님의 행동과 일치하여 예식 속에서 하나님에 의해 사용할 떡과 잔을 취하고, 하나님께 창조와 구속에 대해 축사하기, 떡을 뗌, 그리고 떡과 잔을 나눔이다. 전통은 제도의 말씀들을 암송하는 것과 성찬기도에서 성령의 탄원, 주기도 암송이 포함된다. 그리고 성찬을 위한 떡과 잔을 사용하는 것에 관한 질문은 하나의 민감한 사안으로 말씀과 역사와 신학과 문화의 조명 안에서 면밀한 검토를 필요로 한다.
- 전통으로부터 흘러나온 말씀 사역의 기본적 구성요소는 성경읽기, 설교 혹은 말씀 해석, 교회와 세상을 위한 중보기도이다.

이러한 구성요소들은 토착문화화를 통해 보존되고 전도되어야 할 예전적 전통의 한 부분이다. 하지만 역사는 우리에게 다음과 같은 사실을 말해 준다. 수많은 예전적 구성요소들은 지역문화와의 접촉을 통해서 시간이 경과함에 따라 발전한다. 기독교 예배의 기본적 구성요소를 존중하는 예전적 발전과정은 심지어 오늘날에도 여전히 진행 중인 상태를 유지하고 있다. 예배는 텍스트와 의례만을 포함할 뿐 아니라 음악, 예전적 공간, 시간의 주기를 포함하며 이 모든 것들은 예전의 기준과 지역문화의 필요조건에 따라 형성되어야 한다.

(3) 문화적 기준

문화적 기준은 문화의 구성요소에 기초한다. 그것들은 가족, 환대, 리더십과 같은 인간의 가치이자 사람들의 언어, 의식, 예술의 양식이며, 그리고 통과의례, 축제 등과 같은 제도들이다. 예배는 대화형식을 취하기에 그런 이유로 면밀히 검토되어야 한다. 예전 속에 통합하기 위한 문화적 요소들은 타고난 특징을 보유하고 있어 기독교 예배의 의미와 목적을 표현한다. 왜냐하면 교회들은 모든 문화에서 정직하고 고귀하고 아름다운 것을 존중해야 하지만, 예전에 필수적으로 적합한 그 문화의 모든 것이 좋은 것은 아니다. 더욱이 문화적 요소들이 기독교 예배와 아무런 관련이 없는 이질적인 실체(bodies)이거나 그저 교환수단(tokens)으로 남게 되어서는 안 된다. 인지해야 할 것은 문화적 구성요소가 죄로 인해 오염되기 때문에 비판적인 평가가 요구된다. 평가는 기독교 예배 속에 통합된 문화적 구성요소의 수집과 변혁의 모든 것을 전제한다. 평가를 통해 때로는 복음에 극적으로 반대되는 문화적 구성물을 제거하는 것을 수반할 수도 있다. 그런 의미에서 평가는 기독교 예배가 반문화적 차원을 가졌다는 것을 의미할 수 있다.

4) 토착문화화의 검증

전례적 토착문화화의 작업에 충실히 관여하기 위해서 다음의 연구과제들이 존재한다. 먼저, 우리는 전해 받은 전통과 우리가 속한 교회의 실제적인 활용, 그리고 어떻게 그것들이 다른 교회들의 기독교적 코이노니아와 관련되는지를 검증할 필요가 있다. 둘째, 우리는 그것의 역할과 방법과 함께 토착문화화의 본질을 탐색해야 한다. 셋째, 우리는 우리가 속한 지역적 문화들을 그것들이 지닌 가치, 양식, 제도와 함께 연구할 필요가 있다. 넷째, 어떻게 그것들이 심사숙고와 평가를 거쳐 기독교 예배 속으로 적절히 통합될 수 있는지에 관해서도 연구가 필요하다.[116]

교회는 본질상 예배하는 공동체이다. 교회는 피조물과 그의 백성에게 베푸신 하나님의 여러 가지 선물들로 인해 하나님을 찬양하고 하나님께 감사하기 위해 존재한다. 그리고 다른 사람들을 이 예배의 범주 안으로 초대하기 위해 존재한다. 교회의 예배는 요한계시록 5장 12-13절의 종말적 예배를 예시한다.[117]

"큰 음성으로 이르되 죽임을 당하신 어린 양은 능력과 부와 지혜와 힘과 존귀와 영광과 찬송을 받으시기에 합당하도다 하더라 내가 또 들으니 하늘 위에와 땅 위에와 땅 아래와 바다 위에와 또 그 가운데 모든 피조물이 이르되 보좌에 앉으신 이와 어린 양에게 찬송과 존귀와 영광과 권능을 세세토록 돌릴지어다 하니"(계 5:12-13).

　교회, 교회의 본성, 목적, 사명에 대한 모든 성찰은 예배의 실제에서 다뤄져야 한다. 왜냐하면 예배 속에서 교회는 교회의 생명의 가장 깊은 근원을 경험하고 표현하기 때문이다. 예배에서 교회는 전체이면서 하나가 된다.[118] 이렇듯 예배의 검증된 토착문화화는 예배가 추상적이고 관념적인 동떨어진 세계로 남지 않고 문화적 존재의 전인격적인 참여를 통해 예배의 모든 것이 되어 주님의 몸 된 우주적인 교회의 하나됨으로 나아가게 함이 그 목적이다.

　우리는 이제 예배와 문화의 관계유형에 대한 연구의 최종적인 단계에 와 있다. 기독교의 선교적 전망과 문화변혁의 역할을 수행하기 위한 마지막 단계는 예배와 문화의 관계유형의 종합적인 관점에 필요한 방법론이다. 이 부분에 관해서 우리는 1996년 나이로비 선언문의 안내를 필요로 한다.

V. 루터교 나이로비 선언문의 관계유형

　나이로비 선언문은 1996년 1월 캐냐 나이로비에서 열린 예배와 문화에 대한 루터 세계 연합 연구팀의 세 번째 국제협의에 따른 것으로 1993년 10월에 스위스의 가르티그니(Cartigny)에서 열린 협의의 "예배와 문화에 관한 가르티그니의 선언문: 성서적, 역사적 토대들"을 토대로 하고 있다. 여기서 기독교 예배는 네 가지 방식-문화초월적(transcultural), 상황적(contextual), 반문화적(countercultural), 문화교류적(cross-cultural)-으로 문화와 역동적인 관계를 소개한다.[119] 이 선언문에 나타난 예배와 문화와의 관계는 특정 어느 하나를 선택하려는 것이 아니다. 예배와 문화와의 관계에 나타난 개별문화의 특징들에 대한 설명이며 그 모든 것이 통합적인 균형을 유지해야 할 필요성에 대한 선언이다.[120]

1. 문화초월적 예배[121]

우선 우리가 예배하는 부활하신 그리스도는 모든 문화를 초월한다. 부활의 신비 안에 기독교 예배의 문화초월적 본질이 있다. 그리스도의 죽음과 부활에 관한 성례전인 세례와 성찬이 그러하고, 많은 언어로 번역된 하나의 성경, 그리스도의 죽음과 부활에 관한 성경적 설교 등이 전 세계에 공유된 문화초월적 요소에 속한다. 주일예배 예전의 기본적인 형태와 성찬 예전이 여러 문화권에 공유되고 있다. 예배 회중의 모임, 하나님의 말씀의 선포, 교회와 세상의 필요를 위한 탄원, 성찬성례전, 선교를 위한 세상 속으로의 파송이 그것이다. 주일에 행해지는 성찬의 형식은 문화에 따라 다양하게 표현될 수 있으나 그것의 의미와 기본구조는 전 세계가 공유하는 바다. 그리고 그리스도의 탄생, 죽음, 부활, 성령을 보내시고 세례가 행해지는 위대한 이야기들은 초대교회로부터 문화초월적 핵심으로 사순절, 부활절, 오순절, 그리고 성탄절, 주현절과 같은 교회력으로 표현되어 있다.[122]

문화초월적 요소에는 기독교 예전의 몇 가지 구체적인 요소들을 포함한다. 가령 성경봉독, 에큐메니칼 신조와 우리의 아버지(our Father)라는 고백, 성삼위의 이름으로 행해지는 물세례 등이 그렇다. 이렇게 공유된 예전구조와 지역 회중 예배 안에 공유된 예전적 요소와 회중의 공유된 행동과 그 회중 안에 존재하는 다양한 리더십의 공유된 조항 등은 시간과 공간, 문화와 고백을 뛰어넘어 기독교의 하나 됨의 표현으로 사용되고 있다. 이러한 문화초월적 에큐메니칼 요소들이 명확한 중심성을 갖고 각 회중 안에서 행해지는 것은 기독교의 하나 됨을 감각적으로 새롭게 한다. 그리고 그것은 모든 교회들이 진정한 상황화를 이루기 위한 확실한 근거를 제공해 준다.[123]

2. 상황적 예배[124]

우리가 예배하는 예수는 독특한 문화에서 출생했다. 성육신의 신비는 기독교 예배의 상황화를 위한 모형이다. 하나님은 세계의 지역문화 속에서 만나시고 그리하실 수 있다. 주어진 문화의 가치와 양식은 그것이 복음의 가치에 부합하는지에 따라서 기독교 예배의 의미와 목적을 표현하는 데 쓰일 수 있다. 상황화는 교회의 세계 선교를 위해 필수적인 일이자 복음이 다양한 지역문화 안에 보다 깊이 뿌리를 내릴 수 있게 한다.[125]

다양한 상황화의 방법들 가운데 역동적 등가라는 것이 특히 유용하다. 지역문화의 어떠한 요소를 기독교 예배의 구성요소로 재표현한다는 것은 동일한 의미와 가치와 기능을 가진다는 것을 말한다. 역동적 등가는 단순히 해석의 차원을 훨씬 넘어선다. 그것은 예배와 지역문화의 두 요소 모두의 근본적인 의미를 이해하는 것을 포함하며 예배의 의미와 행동을 지역문화의 언어로 부호화하여 바꾸어 표현할 수 있게 한다는 것을 뜻한다.[126]

여기에는 일련의 절차가 따르게 된다. 먼저, 예전적 행위는 신학과 역사, 기본요소들, 문화적 배경에 관해 검증되어야 한다. 둘째, 역동적 등가에 속할 수 있는 그 예전행위의 요소는 어떠한 편견 없이 결정되어야 한다. 셋째, 문화의 구성요소를 복음과 예전적 행위에 정확한 방식으로 바꾸어 표현할 수 있으려면 연구가 이뤄져야 한다. 넷째, 사람들이 변화로 인해 얻을

영적이고 목회적인 유익이 고려되어야 한다.[127]

지역교회들은 또한 창조적인 동화의 방법을 고려해야 한다. 지역문화의 적절한 구성요소를 예전적 요소에 더하여 본래의 핵심을 더 풍부하게 하는 것이다. 물과 말씀으로 씻는 세례의 요소에, 고대 신비종교에서 행했던 신도들에게 흰 의복과 촛불을 나눠주는 문화적 관행을 결합함으로써 예식이 좀 더 정교해진 경우가 그것을 말해 준다. 역동적 등가와는 달리 창조적인 동화는 문화적으로 그것을 재현하는 것이 아니라 지역문화로부터 새로운 요소를 가미함으로써 예전적 행위를 더 풍요롭게 하는 것을 의미한다.[128]

상황화에서는 기독교와 지역문화 양측 모두의 근본적 가치와 의미가 존중되어야 한다. 역동적 등가와 창조적인 동화를 위한 중요한 기준에는 수용된 예전적 전통이 우주적인 교회의 예배 전통과의 일치를 보존할 수 있는 것이어야 한다. 문화의 차원에서 모든 것이 기독교 예배와 통합될 수 있는 것이 아니라 단지 예전적 요소와 같은 성질의 요소만이 가능하다. 지역문화로부터 빌려온 요소는 항상 성경적으로 활용 가능한지의 평가와 정화의 과정을 거쳐야만 한다.[129]

3. 반문화적 예배

예수 그리스도는 모든 사람과 문화를 변혁하기 위해서 오셨다. 그분은 우리를 향해 세상을 따르지 말고 세상을 변화시키라고 부르셨다. 예수 그리스도의 죽음과 영원한 생명에 이르는 신비는 변혁의 모델이다. 기독교 예배의 반문화적 본질에 비춰볼 때 세계 모든 문화의 구성요소는 죄로 가득하고 비인간적이며 복음의 가치와 모순된다. 복음의 관점에서 그것들은 비판과 변혁의 대상이다. 기독교 신앙과 예배의 상황화는 필연적으로 세상문화에 속해 있는 한 모든 억압과 사회적 불의에 대한 도전을 요구한다.

가령, 자기 자신과 지역의 어떤 집단을 우상화하려다 더 많은 차원의 인성을 희생한다거나 지구상의 가난한 사람들을 돌보지 않고 부를 획득하고자 중심을 차지하려는 등의 문화적 양태의 변혁을 말한다. 기독교 예배에서 반문화적인 도구들은 전 세계에 만연한 문화적 양식과는 다른 변혁적 행동을 자발적으로 행하는 것이다. 이러한 변혁은 기독교 역사에서 상실된 감각을 회복하는 것이거나 다른 문화의 지혜로부터도 발생된다.[130]

4. 문화교류적 예배

예수는 모든 사람의 구원자가 되시기 위해 오셨다. 그분은 지구상의 문화의 보고들을 하나님의 나라로 들이기를 환영한다. 세례는 하나 된 교회가 존재할 수 있게 했고, 세례에 신앙적으로 반응하며 산다는 것은 교회의 하나 됨을 보다 공고히 해 주었다. 예배의 요소들 가운데 찬송과 예술 행위, 그 밖의 요소들을 공유하는 것은 전체 교회를 부요하게 하는 것이며 교회의 성도간의 교제를 강화하는 것이다. 이러한 공유가 교회의 일치와 세례의 하나 됨의 증거이자 문화교류적이고 에큐메니칼적인 모습이다. 문화교류적 공유는 모든 교회에 가능하지만, 특별히 다문화적 회중의 교회에는 반드시 필요하다. 음악과 예술, 건축, 몸짓과 자세, 그 밖의 다른 문화적 요소들이 세계 다른 곳에 있는 교회들에 의해 공유되어 사용될 때 배려가 요구되며 이로써 이해와 존중이 가능해진다. 물론 여기에는 상황화를 위한 기준 역시 고려되어야 할 것이다.[131]

5. 종합적인 이해

나이로비 선언문은 예배와 문화의 관계적 교류에서 나타나는 다양한 특징을 각기 분류해 놓은 것에 가깝다. 각각의 유형들은 각기 분리된 형태의 독립적 성격을 의미한다기보다는 예배의 문화화 혹은 문화의 예배화에 내포된 예배가 지향해야 할 문화에 대한 특징들이다. 문화와 관련하여 예배는 매우 복합적이다. 여기에는 그리스도의 초월성에 기초한 문화초월적 예배 요소가 포함되어 있는가 하면, 상황적 예배 요소의 특징도 포함하고 있다. 그런가 하면 문화적 기능이 지닌 죄의 속성과 인간의 죄인 됨으로 말미암는 문화의 세속화를 경계하는 반문화적 특징들, 타문화권의 예배와의 예배 문화 교류를 통한 에큐메니칼적인 교류 확대와 우주적 교회의 하나 됨, 더 나아가 예배의 문화선교적 전망에 이르기까지의 특징은 상호공존을 통해 예배 갱신과 문화변혁을 목적으로 하고 있다. 따라서 나이로비 선언문에 나타난 네 가지 유형은 궁극적으로 공간적으로는 예배의 문화초월적 본질에 기초한 지역문화적 상황화를 위한 지속적인 재해석을 요구하며 범세계적인 에큐메니칼적인 예배 문화 교류를 통한 커뮤니케이션적인 토대에서 하나 됨의 구현을 이루려는 데 있다. 그리고 시간적으로는 예배의 불변하는 시대초월적인 본질을 토대로 변화하는 시대문화와의 가능한 의사소통의 의미공유와 고대-미래의 예배 융합의 세대통합적인 교회의 하나 됨을 지향한다. 나이로비 선언문은 문화로서의 예배에 대한 창의적이고 커뮤니케이션적이며 에큐메니칼적이고 선교적 변혁의 소중한 방법론적 지침이다.

VI. 예배와 문화의 상관성 연구에 대한 종합적인 평가

팀 켈러는 그리스도인은 "문화적 역동성을 무시하거나 집단들 사이의 문화 차이에 무감각하지 않고, 문화에 대한 감수성을 갖기 원한다."라고 말했다. 이를 위해서 그 태도에 있어서 "너무 승리주의적이거나 또는 너무 은둔주의적이거나 독자적인 문화 그룹이 되기를 추구하는 것을 피하며, 문화에 잘 접목되기를 바란다."라고 했다.[132]

예배와 문화의 상관성에 대한 연구는 그리스도인이 문화를 어떠한 관점에서 바라보고 접근할지를, 예배는 문화와 어떠한 관계를 형성해야 할지를 말해 준다. 그것은 교회가 문화에 어떠한 본질적 기능을 할 것인지와 문화가 교회에 어떠한 변화를 가져올 수 있는지에 관한 실질적인 관심과 관련되어 있다. 교회와는 다른 가치를 지향하는 문화추구의 현실세계와 타문화권에 대한 복음선교는 지극히 커뮤니케이션적이다. 이러한 커뮤니케이션의 모델은 성육신하신 예수 그리스도라 할 것이다. 그리고 예수 그리스도의 성육신적 구속사건은 철저히 문화변혁적이다. 앞에서 제기한 상관관계 모델이 궁극적으로 지향하는 것 역시 '변혁'에 있다는 것이 일치된 입장이다. 그 표현과 주장이 담고 있는 내용의 핵심은 분명한 차이를 보이고 있으나 문화변혁적 추구라는 일관된 지지에는 이견이 없다. 리차드 니버가 교회를 그리스도의 문화변혁적인 삶의 주체로 말했다면, 리차드 니버의 방법론을 그대로 예배에 적용한 제프리 웨인라이트는 예배에서의 세례예식과 그 의미의 재적용을 통해 죽음과 부활의 증인으로서의 삶을 통한 문화변혁적 사명을 주장했다. 찰스 크래프트는 문화초월적인 하나님은 인간과의 상호작용을 위해 문화를 사용하시되 그리스도인들을 통해 관계하시는 하나님은 그 관계로 문화변혁이 일어나게 된다고 주장했다. 곧 사람들의 변혁이 문화의 변혁을 목표한다는 것이다. 앤스카 추풍코는 찰스 크래프트의 상황화를 예배에 적용해 예배에서의 문화의 의미와 역할을 강조하며 토착문화화의 이론을 전개했다. 이러한 문화 속에 기독교적 메시지가 들어가 문화의 커뮤니케이션적인 기능, 재해석, 가치의 전환과 같은 어떠한 변혁의 목적을 실현한다. 디칭햄 리포트는 이러한 토착문화화의 예전적인 연구 보고서로서 예배 속에 통합된 문화적 구성요소에 대한 수집과 변혁을 통해 문화적 복음화를 위한 논의의 결과물이다. 나이로비 선언문은 예배가 가지는 기독교 고유의 문화초월적 본질을 구성하고 있고, 또한 지역문화의 요소를 예배 요소로 상황화할 때 그 예배의 상황화는 필연적인 문화변혁적 특징을 갖는다. 그리고 모든 예배 요소는 시간과 공간을 초월하여 상호간에 문화적인 교류를 형성한다. 그러한 특징들이 예배 요소에 균형 있게 반영되어 나타나는 결과는 문화변혁적이다.

2부
현대적 예배, 시대적 대안인가, 혼란인가?

'현대적 예배'의 동향

이제 우리는 현대적인 문화와 예배에 대한 좀 더 실질적인 내용을 관심 있게 들여다보아야 할 자리에 서 있다. 우리가 살아가는 현실세계의 문화와 예배의 현장으로 자리를 옮겨 우리의 이야기를 좀 더 나누도록 하자. 오늘 현대인들은 교단의 표식이나 교리, 지명도에 의해 교회를 선택하기보다는 예배의 형태에 의해 교회를 선택하는 경향이 강하다. 장로교인일지라도 박수치며 손을 들고 찬양하는 것을 좋아한다. 자신들의 교리를 넘어 새로운 예배 형태를 추구하고 자신의 이전의 전통을 포기하기도 한다. 엘머 타운즈(Elmer Towns)는 이러한 변화의 요인이 교회가 문화에 주는 영향보다 오히려 문화가 교회에 미치는 영향 때문이라고 했으며, 개인적인 경험보다 사회적 신뢰가 영향을 더 크게 미쳤기 때문이라고 했다.[133] 현대의 많은 사람들에게 더 이상 전통적으로 전해져 왔던 예배 방식은 교회를 선택하는 중요한 요소가 아니다. 루터교 교인이었던 어느 부부가 열정적인 찬양예배 형식을 좋아하게 되면서 이전의 루터교회를 떠나 오순절교회로 옮겼다. '삶의 방식'이라 할 수 있는 문화와 '하나님을 예배하는 방식'이 현대인의 교회 선택에 반영된 것이다.[134] 현대인들에게서 나타나는 이러한 현상과 특징은 결국 예배를 새롭게 이해하도록 한다.

현대 사회·문화가 '현대적'이라는 수식어가 붙는 예배와 어떠한 관계를 맺고 있으며, 그 속에서 문화가 예배에, 다시 예배가 문화에 상호 어떠한 영향을 미칠 수 있는가? 이 장에서 살피게 될 내용은 현대 사회·문화적인 요소와 현대적 교회의 예배 요소에 대한 것이다.

I. 현대 사회·문화적 이해

1. 포스트모더니즘

1) 모더니즘에서 포스트모더니즘으로

우리 사회를 대표할 수 있는 표현을 꼽자면 단연코 포스트모더니즘을 빼놓을 수 없다. 그래서 문화에 대한 이야기를 포스트모더니즘에서 시작하려 한다. '포스트모던'이라는 용어는 1930년대의 역사적인 변화를 설명하기 위해 사용되었는데, 예술 영역의 확고한 발전을 명명하려는 목적에서 스페인 작가 페테리코 오니스(Federico de Onis)에 의해 처음 표현되었다. 이후 건축 용어로 사용되었다가 학문적 영역에서 사용되더니 결과적으로는 광범위한 문화적 현상을 나타내는 용어로 자리를 잡았다.[135] 포스트모더니즘은 모더니즘을 넘어서 새로운 탐구를 의미하는 용어로 모던시대의 사고방식에 대한 거부로 나타나지만 그 시작은 모더니티의 토양에서 비롯되었다. 모더니티는 르네상스시대가 그 출현 무대라 할 수 있다. 즉, 인간을 모든 실재하는 진리의 중심에 올려놓던 시기였다. 이를 토대로 계몽주의가 한층 더 인간의 자아를 세상의 중심에 올려놓게 되었고, 르네 데카르트(René Descartes), 아이작 뉴턴(Isaac Newton)이 모던체계를 위한 철학적·과학적 기초를 놓았고 위르겐 하버마스(Jürgen Habermas)는 '계몽주의 프로젝트'의 표상 아래 인간의 지적 탐구에 활기를 불어넣었다.[136] 이러한 계몽주의는 혁명의 산물이었다. 철학과 과학의 혁명에 있어서 '이성'은 단순한 인간 능력 이상을 의미했다. 인간의 정신은 세계의 본질적인 구조와 전 우주의 기초적인 질서를 알 수 있을 뿐만 아니라 진리의 중재인으로서의 계시를 대신하기까지 했다.[137] 심지어 계몽주의적 관점은 지식을 객관화하고 지식의 발견을 선의 척도로 보았다. 그렇게 계몽주의는 낙관적인 전망으로 향하게 되는데, 계몽주의의 낙관론에 관하여 스탠리 그랜츠(Stanley J. Grenz)는 다음과 같이 말했다.

> 계몽주의의 낙관론은 이성에 초점을 맞춤과 함께 인간의 자유를 아주 중요한 요소로 고양시킨다. 인간의 자율성을 박탈하거나 이성보다 외부의 권위에 기초를 둔 것처럼 보이는 모든 신념 체계는 의심의 도마 위에 오르게 되어 있다. 계몽주의 프로젝트는 자유라는 개념을 널리 개인적인 차원에서 이해한다. 사실 모던시대의 이상은 자율적 자아를 널리 옹호한다. 뿐만 아니라 어떠한 전통이나 공동체가 규정하고 속박하는 것을 벗어나 스스로 결정하는 주체성을 옹호한다.[138]

하지만 포스트모더니즘은 이러한 계몽주의의 프로젝트를 거부한다. 그것이 세워온 모든 기초적 확신을 거부한다. 이러한 움직임은 문학적 이론의 해체를 구축하는 것으로 시작하여 포스트모던 철학자들[139]에 의해 그 적용을 확대해 갔다. 모더니즘의 철학적 가정을 거부하고, 모던시대 이성적 발견에 강조점을 둔 기술과학의 이상도 거부한다.[140] "모든 것은 다르

다." 이것이 그들의 중심적 문구다. 이러한 그들의 관점은 계몽주의 프로
젝트에서 추구했던 'universe'라는 단어에서 'uni'(단일)를 제거한다. 이를
통해 객관적 실재에 대한 통일된 이해의 탐구를 내던지고 세상 어디에도
중심은 없으며 오직 다른 입장과 관점만 있을 뿐이다.[141]

2) 포스트모더니즘의 특징

포스트모더니즘은 모더니즘과는 결별을 선언한다. 모더니즘의 가치와 포
스트모더니즘의 가치기준의 대립적 경향을 두고 이합 하쌴(Ihab Hassan)은
아래와 같이 그 특징을 대조했다.[142]

표 1) 모더니즘과 포스트모더니즘의 비교

모더니즘	포스트모더니즘
명확성	운동과 우연
위계질서	무정부상태적 혼란
로고스(언어의 내재적 의미)	말과 의미 거부, 침묵
예술의 완성된 작품의 객관과 자체적 의미	예술의 과정과 수행에 초점
창조·통합·일치	파괴·해체·대립
선택과 영역	조화와 상관성
현존	부존재
깊이	표면
격식	비격식

포스트모더니즘의 대표적 특징은 모더니즘에 대한 거부이다. 포스트모
던시대는 단일의 보편적인 세계관의 붕괴를 낳는다. 새롭게 대두되는 세대
는 이전 세대가 가졌던 확신도, 인간의 독창력에 대한 신뢰도 없다. 우리는
세계 안에 있고, 세계는 우리가 사용하는 개념에 의해서 해석되고 구축된
다지만, 이 세계를 객관적으로 파악할 수 있는 유리한 고지를 확보하고 있

지도 않을 뿐더러, 우리의 표현 자체가 객관성과 보편성을 갖지 못한다.[143] 이제 모더니즘의 우상과도 같았던 이성과 인간의 지성보다 감성과 직관에 더 높은 권위가 부여되면서 비이성적인 방식에 대한 선호, 정신적인 것과 직관적인 것의 통합, 자아 중심적 개인보다는 자신 너머와 연결을 짓는 총체성의 특징 등이 포스트모던의 두드러진 현상이다.[144]

이 같은 총체성의 특징은 자연계는 물론이고 인간 공동체의 중요성과 인간 존재의 사회적 차원의 중요성에 강한 인식을 심어준다. 여기에 종교적이고 영적인 면이 작용하면서 계몽주의의 보편적 진리추구와는 다른, 즉 개인이 속한 공동체 혹은 그들이 지지하는 공동체의 상황 안에서만 이해되는 진리 추구의 지역적 속성으로 나타난다.[145] 그 결과 지구상의 많은 하부세계의 공동체로 인하여 서로 다른 많은 진리가 불가피하게 존재하게 된다. 이러한 진리의 다원성은 포스트모던 의식에 급진적 상대주의와 다원론[146]의 특성을 수반한다. 따라서 믿음은 상대적일 수밖에 없다. 절대 진리는 없다. "나는 옳고 당신은 틀렸다."는 주장은 이제 존재하지 않는다.

포스트모던 사상가인 장 프랑스와 리요타르(Jean-Francois Lyorard)는 "'포스트모던적'이라는 것은 메타이야기에 대한 불신이다"[147]라고 단언했다. 내러티브의 종말에 이어 과학적 담론에 있어서도 종말을 고하고 있다고도 주장했다. 2차 세계대전 이후 과학적 진보라는 거대한 내러티브는 실천적 가치를 지닌 규범적 진술에 그 신뢰성을 상실하게 되고, 더 이상 정당화할 수 없기에 이른바 과학에 대한 의존은 약화될 수밖에 없다. 그러니 각각의 특성화된 분야들은 보편적 과학 '메타언어'에 의지하지 않고 작업을 수행하게 된다.[148] 이제 과학은 객관적인 방식이 아닌 역동적인 역사적 현상과 같은 새로운 방식에 의한 변환에 직면하여 세상을 전혀 다르게 바라볼 뿐만 아니라 전혀 다른 세상에 반응하게 되었다.[149] 토마스 쿤(Thomas S. Kuhn)은 이를 '패러다임 전환'(paradigm shifts)이라 했다. 이제 우리는 언어를 통해서 세계를 창조하고 세계가 만들어내는 언어만큼이나 다른 세계가 존재하는 포스트모더니티의 다원적 세계에 살고 있다. 실재에 대한 설명은 객관적인 진리가 아닌 유용한 구성일 뿐이다.

3) 포스트모더니즘의 문화적 현상

'다원론'은 포스트모던 문화적 표현의 가장 중심을 차지하는 특징이다. 포스트모던 예술가들은 그러한 다원론에 따른 서로 다른 출처의 서로 모순된 스타일을 정교하게 병치하거나 과거의 전통적인 것과 어떤 전통의 것을 선택적으로 혼합하는 등의 두 차원의 의미를 제공하는 이중적 기호 체계를 사용하여 작품을 구성한다. 이들의 폭넓게 사용된 병치 기법 중의 하나가 콜라주 기법이다. 이러한 포스트모던 작품들의 취지는 단지 별다른 취향이 없는 무미건조와는 다르다. 모더니티의 이데올로기에 대한 붕괴며 그 특정한 측면에 대한 거부이자 모더니즘의 산물인 합리성을 버리고 그 자리에 다양한 양식의 문화를 대체하여 스타일의 병치를 이룬 현대 문화 표현의 광범위한 영역의 확장이다.[150]

이러한 특징은 다양한 영역에서 나타나는데, 먼저 포스트모던 건축은 1970년대까지 가장 우위를 차지하면서 건물들 간의 절대적 일치를 설계에 반영해야 한다던 모던 건축에 대해 반기를 들고 '가치의 다면성'을 추구했다. 본질적인 것이 아니거나 불필요한 것들에 대해 경멸하던 모던주의자들과는 반대로 장식물을 배치할 공간이 주어진다거나 과거와의 단절을 시도하는 모던적 기술과는 달리 역사적 스타일과 기술을 부활시킨다. 또한 건축학적 성취에 모던의식의 이성과 논리, 힘을 제하고 테크닉이 아닌 유용성, 상징성, 독창성, 예술적 차원을 강조한다.[151] 포스트모던 건축의 이러한 특징은 모던적 단일한 가치 대신에 다양한 가치와 의미에 대한 추구를 의미한다.[152]

포스트모던 예술가들 역시 모더니즘이 추구하는 '순수성'보다는 '혼합성'을 선택하며 이질성과 다양성을 '병렬'이라는 포스트모던 기법과 결합하는 등의 '가치의 다면성'을 받아들인다. 또한 개별 작품의 양식의 통전성에 대한 강조로 새롭게 무엇인가를 창조하는 '창작'을 공격하던 모더니즘에 도전한다. 특히 포스트모던 연극은 모더니즘에 대한 거부가 가장 강한 예술 영역이다. 모던주의 운동이 예술작품을 시대를 초월하는 영원한 이상의 표현으로 보았다면, 포스트모던 사조는 공연이 근원적인 불변의 진리라는 메시지를 거부한다. 대신 일시적인 것을 중요시하고 삶을 무대에서 들려지는 이야기와 연결지어 구상한다. 따라서 연기자와 관객 사이의 구별을 넘어서고 청중을 연극 안으로 끌어들여 연극의 세계를 직접 경험할 수 있는 방식을 취했다.[153]

속임수를 통해 장면이 구성되고 존재하지 않는 세계에 대한 환상을 심어주는 영화제작 기술은 포스트모던 사조와 유사하다. 포스트모던 영화제작자들은 시간과 공간을 무너뜨리는 것을 즐기고 가상과 공상의 것을 현실의 것과 함께 다룬다. 이것은 포스트모던 사회가 진실과 허구가 융합된 영화 같은 세상임을 의미한다. 영화의 내용이 현실과는 괴리가 있음에도 불구하고 관객들은 영화 내용이 담고 있는 사고방식에 의식화되어 간다. 반면에 그 배후에 있는 정신에 대해서는 신뢰하지 않는다.[154]

포스트모던시대를 산다는 것은 다양한 이미지의 병렬에 의해서 만들어진 세상에서 산다는 것을 의미한다. 이러한 영상들의 콜라주로 현실과 가상, 진실과 허구, 중요한 것과 그렇지 않은 것 사이의 경계를 흐리게 할 뿐만 아니라 이러한 서로의 모순을 병치시켜 공간과 시간의 구분을 지워버리며, 과거와 현재, 먼 곳과 가까운 곳 이 모든 것을 '현재'로 통합한다. 포스트모던 문화는 창작예술의 시대였던 근대와는 달리 장식과 해체와 대립에 관심을 가지며 깊이보다는 표층에, 형태보다 반형태에 관심을 두고, 문화와 예술, 삶 전체에까지 전혀 다른 세계관과 기초 위에 변형시키려 한다.[155]

이러한 포스트모던 사조를 보급하는 데 보다 더 효과적인 매체는 텔레비전이다. 광고제작자들은 서로 다른 다양한 스타일을 콜라주하거나 융합하는 방법으로 포스트모더니즘의 출구를 모색해야 한다는 사실을 받아들인다. 포스트모더니즘 광고는 다양한 기준만을 만들어낼 뿐, 연결성의 원칙과는 상관없이 다양화와 혼합화에 의해 여러 편의 광고 사이에 몇몇의 중심적인 가치만을 삽입하여 하나의 연관성을 제공하는 경향을 취했다. 따라서 사실주의 원칙은 의미가 없으며 비현실적인 상황의 활용으로 시청자들의 호기심을 자극한다. 과거에는 이율배반적이라 치부되었던 도덕성, 그리고 그와 상반된 행동들이 거침없이 결합되면서 선악의 경계는 점점 낮아지고 다양한 행동양식과 스타일의 공존을 양산하며 광고는 대중화된 시대의 우등생으로 등극[156]하여 사람들의 기회의 방향키를 손에 쥐었다.

2. 소비자중심주의

1) 소비문화

제임스 파렐(James Farrell)은 현대적인 슬로건을 "나는 소비한다. 그러므로 나는 존재한다: 데카르트 대신에 신용카드"라고 말했다. 그는 쇼핑몰들이 상업적 유토피아주의라 불리는 것에 대한 가치와 이상을 상징하는 것으로 미국인들의 개인주의와 선택의 가치를 부추긴다고 했다.[157] 현대인들에게 소비라고 하는 것은 자본주의 사회에서 '삶' 그 자체이다. 하루라도 물건을 사지 않고, 샀던 물건을 쓰지 않고 살아갈 수 없기 때문이다. 역사적으로 이처럼 소비가 중요하게 다루어지고 특별한 관심영역이 되었던 시기는 없었다. 근대 경제학의 아버지라 불리는 아담 스미스(Adam Smith)가 '소비'를 경제행위의 최종목표라고 천명했던 당대에도 경제행위는 곧 '생산'이라는 등식이 존재했고, 현재에도 '생산'의 중요성은 여전하다. 그럼에도 불구하고 현대사회는 '소비'라는 행위가 중요한 개념으로 떠올랐고, 또한 소비자사회(consumer society), 대중소비사회(mass consumption society), 소비자문화(consumer culture)라는 다양한 용어로 표현되고 있다. 그리고 이러한 단어들은 '소비'를 단순한 경제적 행위만이 아닌 그 이상의 의미를 가지게 한다.[158]

소비는 경제적 행위일 뿐만 아니라 경제 당사자 간의 거래관계를 비롯한 그 밖의 사회적 관계 및 자신의 정체성 등의 심리적, 사회적, 문화적 측면을 지닌 행위라는 점에서 사회 총체적인 문화이다. 소비는 그 특성상 문화적인 특성을 갖고 있으며 문화형성의 주된 구성요인이 되어 소비문화를 형성한다. 즉, 다시 말해서 소비재를 생산하는 디자인이나 생산체계가 전적으로 문화적 소산이며 소비자가 시간, 관심, 소득을 사용해서 얻게 되는 소비재는 문화적인 의미를 갖는다. 현대사회 안에서 이러한 소비문화는 개인과 집단의 의식과 행동방식을 규정하며 소위 라이프 스타일을 구성하고 인간의 정체성과 인간관계, 사회관계의 형성에 관여한다.[159]

그렇다면 이러한 소비문화는 어떻게 형성되었는가? 마이크 페더스톤 (Mike Featherstone)은 여기에 대한 주요한 관점 세 가지[160]를 제시한다.

첫째, 소비문화는 자본주의 상품생산의 팽창에 따른 것이라는 견해이다. 소비사회의 주요 전달매체는 광고이다. 광고는 오랫동안 억압되었던 개인의 욕망과 재화와 연결시킬 뿐 아니라 소비욕구를 부추겨 소비재화의 구매와 연결한다.[161] 또한 사용개념이나 재화의 의미를 무색하게 하고 상품에 연상되는 감정, 욕망을 불러낼 수 있는 새로운 이미지나 기호들을 중요한 것으로 생각하게 한다.[162] 이러한 현상은 이데올로기적 조정능력에 의해 사회구성원을 유혹하는 결과를 가져와 건전한 사회관계의 대안을 봉쇄하게 될 수도 있다.

둘째, 보다 엄격한 사회학적 견해로 제로섬(zero sum game)이라는 사회적으로 구조화된 접근과 연관시켜 상품에서 파생한 만족이 차별화를 일으켜 사회적 지위와 연대를 유지하고 이를 위해 상품을 사용하게 된다는 견해이다. 소비를 사회적 행위라고 보는 견해들은 소비행위를 타인과 '구별

지으려는' 욕구와 이를 '모방하려는' 욕구로 이해한다.[163]

  셋째, 소비의 정서적 즐거움과 관련한 문제로, 소비문화가 주는 꿈과 욕망이 직접적인 신체적 흥분과 심리적 즐거움으로 일반화되어 소비문화를 발전시켰다는 견해이다. 물론 사회의 불안정과 압박감에 탈출을 위한 능동적이며 의식적인 행동에서 비롯되었다는 더글라스 켈너(Douglas Kellner)의 주장도 같은 맥락에서 이해할 수 있다.[164] 여기에 대해 광고의 담론은 소비를 더 이상 낭비나 고갈이 아닌 미(美)적 가치를 이미지화한다. 하지만 이러한 이미지들은 가상현실을 통해 실제와 상상의 경계를 흐리게 하며 가상의 현실이 현실을 대신하여 소비되는 결과를 불러오게 된다. 하지만 이러한 주장은 광고와 소비주의를 연구한 제임스 트위첼(James B. Twitchell)의 반대 입장에 직면한다. 그는 광고가 사람들의 욕망을 만들어낸다는 주장을 반박하며, 광고가 인간의 욕망을 창조하는 것이 아니라 욕망을 표출하는 채널일 뿐이라고 말한다. 욕망은 인간의 본성이며, 소비의 끊임없는 과정을 토대로 사람들이 탐닉하는 것은 물질이 아니라, 소비를 통해 어떠한 의미를 찾고자 하는 욕구라는 것이다.[165]

  존 크래머(John Clammer) 역시 "쇼핑은 단지 물건의 획득이 아니라 정체성의 구매라"[166] 했고, 장 보드리야르(Jean Baudrillard)는 소비자는 단순히 상품이 아닌 상품이 지니는 '기호가치'를 소비한다며 소비라는 일차적 수준이 기호체계로 재조직된다고 말했다.[167] 소비문화는 자본주의가 고도로 발달된 사회, 경제적 풍요로움이 전제된 문화에서 형성되지만 물질 위주의 생활의 정점에 도달하면 그 물질은 분화하여 물질이 가지는 다른 상징과 의미로 소비자에게 던져져 탈 물질현상이 나타난다.[168] 그렇게 탈 물질화하는 기호로서의 상품지배를 강조하는 소비문화를 장 보드리야르는 "모든 가치가 초월적 가치가 되는, 예술이 실재에 도전하는 포스트모던 문화이며, 깊이 없는 문화"라 했다.[169]

2) 소비문화와 종교

현대사회에서 소비문화는 종교에 중요한 영향을 미치고 있다. 『프로테스탄트 윤리』(*Protestant Ethic*)에서 표현한 "세속적인 시장에 성큼성큼 걸어 들어와 수도원의 문을 닫아 버린" 종교에 대한 은유는 현대사회에서의 종교가 다른 의미복합체와 함께 소비시장에서 중요성을 차지하는 것으로 변형되었다는 것을 의미한다. 우리는 이러한 소비시장에서 개인의 감각과 행복, 삶의 궁극적인 의미를 개인이 마음대로 선택하고 결정할 수 있게 되었다.[170] 마이크 페더스톤은 현대 서구사회에서 종교가 또 다른 소비문화 생활양식처럼 시장에서 구매될 수 있는 사적인 여가행위라면, 종교의 변화경향이 미치는 영향에 관해 다음과 같은 질문이 요구된다고 제안했다.

> 종교는 다른 소비상품이나 경험과 유사한가? 종교는 다른 소일거리와 유사한 감정적 기분전환을 제공해 주는 하나의 삶의 방식, 의미복합체로 제시되는가? 소비문화의 볼거리 같은 소일거리가 신성한 향기를 띠고 있는가? 궁극적인 의미, 습관적이고 일상적인 실천과 개인이 관계된 힘의 균형에 있어 신념의 문제는 얼마나 중요한가? 종교적, 사이비종교적, 비종교적 의미복합체는 각각 어떤 효과적인 실천적 지식을 제공하는가? 의미와 신념의 문제는 특정 사회집단과 계급-특히 지식인-과 관계가 있는가? 특정 유형의 종교적, 사이비종교적 의미복합체에 대한 '선택'은 집단에 따라 상이한 기호와 생활양식의 세계와 어떤 관계가 있는가?[171]

소비문화는 속성상 쾌락의 추구, 표현적인 생활양식의 발전, 자아도취적이고 이기적인 인성발전 때문에 종교적 입장에서는 매우 파괴적으로 제시된다. 소비주의는 종교, 특히 청교도가 가르쳤던 금욕, 근면, 예지, 절약정신 등과 직접 대비되는 정신적 빈곤, 쾌락적 이기주의를 낳는다. 특히

1920년대 말경 광고 산업은 기독교윤리를 대신한 새로운 소비윤리가 순간을 위한 삶, 쾌락주의, 자기표현, 육체의 아름다움, 이교도주의, 사회 의무로부터 자유, 이국적인 정서, 스타일의 발전, 삶의 양식화를 야기했다.[172]

델 드샹(Dell deChant)은 소비주의가 하나의 우주적인 종교에 속한다고 했다.[173] 델 드샹은 종교를 크게 우주적인 종교와 초월적인 종교로 분류한다. 고대의 우주적인 종교가 자연과의 관계를 통해 얻게 되는 내러티브라면, 소비주의는 경제와의 관계 속에서 얻게 되는 물질적인 성공과 번영에 대한 내러티브라는 것이다. 따라서 종교적인 의식에 신성한 영역과 인간의 영역을 연결해 주는 제사장, 사제, 무당의 역할이 필요하듯이 소비주의라는 종교에서 이러한 역할을 감당하는 이들은 어떤 상품을 소비하면서 경제와의 관계를 맺어야 하는지, 세상에서의 성공과 번영을 누리는 삶이 어떤 것인지를 보여준다.[174] 그러한 역할을 광고가 담당하게 되며, 광고를 통해 소비주의 의식이 인간에 내면화되어 삶에서의 선택과 결정을 이끌게 된다.

3) 소비자중심주의

소비사회는 우리와 우리의 행동을 만들어간다는 의미에서 구성체계이자, 우리의 정체성과 우리가 사는 세상이 어떤지를 알려주는 정보의 체계이다. 우리는 삶의 모든 측면에서 소비사회의 영향력을 감지할 수 있다. 우리가 생각하고 느끼는 방식, 사랑하고 기도하는 방식, 적을 평가하는 방식, 배우자나 자녀들과 관계를 맺는 방식에 영향을 미친다. 사랑을 획득하고 쟁취하고 얻고 증명해야 하는 가정, 오직 생산과 계량화된 점수와 경쟁을 부추기는 순위에 따라서 가치의 등급을 매기는 교육현장, 교인 수를 따지고 광고업계의 방식으로 교인들을 끌어 모으려 하는 종교계, 소수의 승자에게만 일자리를 주고 쓸모가 없으면 소모품 취급하는 노동계에 이르기까지 모든 영역이 결국 시장 논리에 의해 지배받고 있다.[175]

현대사회 시장의 패러다임에서 시장 논리의 주체는 이제 과거 공급자 중심에서 소비자 중심으로 변화하였다. 소비자중심주의(consumerism)는 초기 소비자 권익 침해를 입법으로 보호하기 위해 소비자 단체를 결성하고 기업에 대항하는 움직임으로 나타나 기업의 횡포와 잘못된 생산, 마케팅, 강매 등에 대한 항거로 발전하여 1960년대 이후 소비자의 주권을 확립하려는 움직임으로 나타났다.[176] 시장은 이미 너무 많은 기업들에 의해 출시된 제품들과 서비스로 포화상태에 이르렀으며 기업의 과열경쟁에서 생존하기 위해 소비자 중심적인 패러다임으로 변화할 수밖에 없는 상황에 놓여 있다. 여기에 거시경제의 위축과 소비자 지향적인 규제환경이라는 경영환경의 변화도 그 맥락적 조건으로 나타난다. 현대사회는 소비자 중심의 사회이다. 현대 소비자학적 시각에서 기업 경쟁력의 원천은 소비자이다.[177] 소비자 권익이 실현되고 소비자가 권력을 갖고 소비자 주권이 강조되는 소비자 위주로 움직이는 시장 경제의 시대이다. 사업자는 상품을 고민할 때 소비자 위주로 고민하고 결정한다. 끊임없이 소비자가 무엇을 원하고 불만족에 대해서는 어떻게 개선할지를 탐색하고 반영한다.[178] 이제 기업은 소비자 중심적인 경영활동을 수행하지 않고는 생존에 위협을 받는다. 경제 상황의 불황은 이를 더욱 가중시킨다. 제품 간의 경쟁이 치열해지고 대체 폭이 커지기 때문에 결국 기업은 소비자에게 어떤 가치를 제공할 수 있느냐에 집중해야 하므로 소비자중심경영은 불가피한 상황이다.[179] 황진주, 여정성은 이러한 소비자중심경영에 대한 개념을 다음과 같이 정의했다.

> "소비자중심경영의 개념은 기업의 지속 가능 이윤창출을 위해 소비자에 대한 윤리를 준수하며 소비자의 욕구와 요구를 파악하고, 소비자참여를 통해 소비자가 원하는 제품·서비스를 개발하고 마케팅전략을 수립·실행하여 소비자와 긍정적 관계를 유지하면서 소비자 입장에서 소비자 문제를 해결하여 소비자에게 혜택을 제공하고 궁극적으로 소비자 복지와 생활의 질 향상을 목적으로 하는 경영활동"이라고

정의할 수 있다.[180]

이러한 소비자중심경영을 통해 이제 소비자들은 제품에 대해 수동적으로 받아들이는 입장을 벗어나 자신의 주장을 적극 표현하는 존재로 바뀌었다. 그뿐만 아니라 제품의 품질이나 가격, 기업에 대한 평가에 대한 적극적인 주체로 등극하게 되었다. 이러한 상황은 사람들의 가슴에 끊임없는 불만족을 만들어내고 이를 조장하고 이상화한다. 때로는 끊임없는 욕망의 분출구로 작용하면서 가치를 조작, 왜곡, 변형하는 사회적 부작용으로 발전하기도 한다.

4) 소비자중심주의와 기독교 신앙

소비주의와 소비자중심주의는 인간의 영혼에도 어김없이 작용한다. 사람들은 소비와 소유, 테크놀로지를 통한 유토피아를 약속받지만 닐 포스트만(Neil Postman)이 말한 쇼 비즈니스, 오락성, 깍꼭(peek-a-boo)문화에 다름 아니며, 심지어 예배의 구매자로 자신의 선택권을 가지고 자기만족과 즐거움을 추구하는 데까지 나아가게 된다.[181] 오락성에 길들여진 소비주의시대로 바뀌어가는 이러한 불가피한 현실 속에서 인스턴트 오락화는 이성적인 것을 시대착오적이고 편협하고 불필요한 것으로 보이게 한다.[182]

빌 맥키번(Bill McKibben)은 소비문화를 대표하는 텔레비전의 우상숭배적 실상을 연구 분석했다. 그는 텔레비전을 성장문화의 본질적 지주(anchor)이자 우리의 끝없는 도덕적 스승이라 평했다. 2,400시간 분량의 비디오테이프를 1년에 걸쳐 분석하며 스스로에게 물었다. "만일 이것이 당신의 주된 정보의 출처라면 세계는 어떻게 되겠는가?" 수많은 게임 쇼와 토크 쇼와 시트콤과 광고들을 연구 분석한 후 얻어낸 핵심은 바로 이것이다. "당신은 세상에서 가장 중요하다. 당신의 당면한 욕망이야말로 중요한 모든 것이다. 당신 마음대로 하라. 이 버드와이저는 당신을 위한 것이다."[183] 우리는 이러한 유혹에 매순간 끌려간다.

이렇듯 소비주의는 역설적이게도 모든 삶의 주체가 되는 인간 자아의 상실을 가져왔다. 개인의 잃어버린 자아는 상호성과 관계의 해체를 반향한다. 포스트모던 사상가들이 말하는 해체된 인간의 자아는 인격이 사라진 소비주의적 생활방식에 대한 철학적 표현이기도 하다.[184] 그렇게 소비하는 자아의 가면 뒤에는 끔찍하게도 아무런 실체가 없다. 소비자를 만들어내는 이 사회는 매체를 통해 사람들의 영혼에 이렇게 속삭인다. "아무것도 남지 않을 때까지 너를 짜낼 것이다. 그런 다음 너를 우리로 채울 것이다."[185] 사실상 인간의 내면세계는 내적 감정을 회피하는 다양한 방법들, 인간의 의식을 이미지와 충동과 소음으로 가득 채우는 모습, 열심히 무언가를 생산해야만 한다는 생각, 얼마나 돈을 많이 버는가를 통해 그 정체성을 규정하기에 이른다.[186] 결과적으로 소비주의는 인간의 탐욕과 자아의 상실, 자아의 상실과 인간의 탐욕의 순환고리의 중독을 야기하고 있는 셈이다.

마르바 던(M. J. Dawn)은 소비주의의 극단적인 위험에 대한 깊은 염려를 아끼지 않았다. 그는 로드니 클랩(Rodney Clapp)이 "소비의 신학과 신학의 소비: 소비주의에 대한 기독교적 답변"(The Theology of Consumption and Consumption of Theology: Toward a Christian Response to Consumerism)[187] 이라는 글의 내용을 인용하여 "불만족을 이상화하고 지속적으로 조장한 것, 즉 불만족을 신격화한 것"은 현대 자본주의와 소비주의의 독특한 현상이라고 말했다. 소비자들은 '불만족을 학습하기' 때문에 결코 만족할 줄 모른다. 소비자의 체질은 '편리한 상품과 경험으로 채워지는, 그러나 근본적으로 충족되지 않는 필요로' 이루어져 있기 때문이다. 이러한 소비주의 풍조에 따라 교회가 예배 스타일에 관해 선택을 제안하는 것은 극도로 위험하다는 것이다. 그것은 예배가 드러내고 무력화하며 정복하려 하는 우상숭배의 생활방식을 강화하게 되기 때문이다.[188] 소비문화가 우리의 선택을 정하도록 한다면 그 문화가 우리의 주인노릇하게 될 것을 예견하는 것이다.

2차 세계대전 이후 미국은 다시 큰 격변을 겪고, 사회는 더 이상 생산자 중심이 아닌 소비자 중심으로 변했다. 이로써 미국 문화는 마케팅과 광고, 소매를 추구하는 소비집단과 상거래에 의해 움직인다. 사람들은 다른 사람에게 서비스를 제공하고 무엇인가를 파는 서비스 중심 사회에서 소비적 사회의 이익으로 살아간다. 또한 사람들의 여가는 백화점의 상품들을 구매가 아닌 즐겨보는 식의 구경으로 대신한다. 따라서 쇼핑을 통한 편안함과 즐거움, 재미 등을 구입하는 '소비'의 형태로 나타나는 그 같은 문화 현상은 그리스도인들로 하여금 재미와 만족, 좋은 감정을 주는 교회를 선호하는 형태를 지속적으로 만들어냈다. 소비자로서 교회의 예배자는 예배 형태와 프로그램이라는 다양한 메뉴를 확인하고 자신의 기호에 맞는 선택을 지향하게 된다.[189] 이러한 현상을 어떻게 바라봐야 하는가? 텔레비전이 진리가 전달되고 설득받는 방식을 바꾸어놓고 있다. 이제 우리는 어떻게 믿음의 진리를 가르칠 것이며, 세상에 존재하지만 거기에 속하지 않는 존재로 서기 위해 어떠한 질문이 적절한가?[190] 교회가 그것을 어떻게 채워줄 수 있는지에 관해 자칫 표면적 필요에 매달리다가 모든 사람의 깊은 필요를 놓쳐 버리지는 않을까?[191] 이러한 우려는 우리로 하여금 우리 사회 커뮤니케이션의 환경에 대한 관심으로 옮겨가도록 한다.

3. 커뮤니케이션 환경의 변화

1) 커뮤니케이션의 개념

커뮤니케이션이라는 말의 어원은 본래 '공통' 또는 '공유한다' 혹은 '나누어 갖는다'는 의미를 지닌 라틴어 'communicare'에서 유래된 것으로 성찬의 의미와 어떤 행위나 상황을 공유한다는 기독교적 의미의 이중성을 지니는 'Communion'과 동일한 의미를 갖는다. 따라서 커뮤니케이션은 문자 그대로 해석하면 하나 또는 그 이상의 유기체가 다른 유기체와 지식, 정보, 의견, 신념, 감정, 경험 등을 공유 또는 나누어 갖는 행위라 할 수 있다. 그러나 이러한 의미의 커뮤니케이션이 현대에 와서 광범위하게 사용되면서 그 뜻이 관점에 따라 다양화되었다.[192] 사회학자 찰스 쿨리(C. H. Cooley)는 정의하기를 "커뮤니케이션이란 그것을 통하여 인간관계가 성립되거나 발달하게 되는 메커니즘을 의미하며, 정신의 모든 상징 및 그 자체를 공간적으로 운반하고 시간적으로 보전하고 지탱하려는 수단이다."라고 했으며, 라이트(C. R. Wright)는 "개인과 개인 사이의 의미전달 과정"으로 정의했다.[193] 이렇듯 커뮤니케이션이란 인간과 인간, 인간과 그의 환경, 환경과 환경 사이에서 공통적으로 이해된 관계를 수단으로 하여 어떤 것을 전달하는 과정이라고 이해할 수 있겠다.[194]

정의에서 알 수 있는 바와 같이 커뮤니케이션은 인간의 문제뿐만 아니라 인간과 인간, 인간과 자연의 관계, 나아가 인간과 신과의 관계를 파악하는 데 핵심이 된다. 인간이 다른 동물과 구별되는 기본 전제는 커뮤니케이션을 통해서 시간을 초월함으로써 지식을 축적하고, 또한 공간성을 뛰어넘어 지식의 교환이 가능하다는 것이다. 이러한 커뮤니케이션을 통해 인간은 사회생활을 조직하고 안정시키며 개혁하고 그 형식의 의미를 후대에 전달함으로써, 인간 존재와 사회 발전의 주요한 원동력을 마련하였다. 만일 커뮤니케이션이 존재하지 않으면, 커뮤니케이션을 통해 존재 근거를 인식하는 인간은 이미 그 존재 기반을 상실한 것이다.[195]

영국의 생물학자 윌프레드 트로터(W. Trotter)는 존재론적인 차원에서 커뮤니케이션이 인간으로 하여금 그 자신보다 더 큰 어떤 존재에로 나아가게 하여 인간의 한계를 그 속에서 극복함으로써 결과적으로 영원한 평화를 찾도록 어떤 존재를 추구하게 한다 하였다.[196] 이는 인간의 종교적 감정과 커뮤니케이션과의 관련성을 논한 것이다. 모어(W. F. More) 역시 커뮤니케이션과 그리스도인의 신앙행위 간의 관계에서 신앙정신에 대한 효과적

인 커뮤니케이션을 강조했다.[197]

2) 비언어적 커뮤니케이션

커뮤니케이션에서 중요한 사실은 커뮤니케이션에서 사회적 의미를 전달하는 데 사용되는 비언어적 커뮤니케이션[198]에 관한 내용이다. 비언어적 커뮤니케이션이 그 역할에 있어서 중요한 위치를 차지한다. 모든 메시지는 하나의 코드로 처리된다. 하지만 실제 우리 일상생활에서 정보를 전달하는 데 사용하는 구어적 신호(signals)는 모든 커뮤니케이션의 극히 일부분에 불과하다. 훨씬 많은 부분에 비언어적 형태의 커뮤니케이션이 지배하며 그것에 의해 결정되고 관계를 맺게 된다.[199] 각 문화는 그 자체의 특유한 신체언어를 가졌다. 따라서 문화권이 상이한 집단 간의 커뮤니케이션을 위해서는 구어적 커뮤니케이션 형태 못지않게 그 문화가 갖는 비언어적 커뮤니케이션에 대한 이해가 상당히 중요하다.[200]

비언어적 커뮤니케이션의 또 다른 중요성은 인간이 구어적 커뮤니케이션은 피할 수 있으나 비언어적 커뮤니케이션은 피할 수 없다는 데 있다. 행위를 하지 않거나 침묵을 지키는 것 자체도 메시지로서 가치를 갖는다. 심지어 의도적인 침묵이나 회피 그 자체로서도 커뮤니케이션이 된다. 인간은 구두적인 커뮤니케이션을 통해 지식과 정보를 나눌 수는 있지만, 정서, 감정, 태도를 나누려면 주로 비언어적 커뮤니케이션에 의존해야만 한다.

비언어적 커뮤니케이션의 중요성은 또한 인간의 상호접촉에서 구어적 메시지의 확실성을 결정해 주는 것이 비언어적 암시에 의해 얻어지기 때문이다. 구어적인 제시와 비언어적 제시가 나타내는 내용이 다를 경우 인간은 비언어적인 제시를 믿게 된다. 단어는 주의해서 잘 사용할 수 있으나 나타나는 감정의 표현은 선택할 수 없다는 이유에서다.[201] 이러한 구어적 커뮤니케이션과 비언어적 커뮤니케이션의 차이[202]를 최창섭은 다음과 같이 표로 나타내고 있다.

표 2) 구어와 비언어의 기호화상의 차이

비언어적 커뮤니케이션	구어적 커뮤니케이션
계속적 기능: 행동이나 표현은 계속됨	단절적 기능에 기초: 소리나 문자는 시작과 끝이 있음
생리적 필요성에 의해 지배되는 원리로 통제됨	인간이 만든 임의적 원리에 의해 지배
국제적, 초문화권적, 초종족적	문화적으로 특수함
인지, 협조, 통합, 기술습득에 영향	사고와 정보취득에 영향
비언어적 지시에 대한 이해는 참여자의 생물학적 유사성에 의한 감정이입적 동의에 기초	구어적 지시물의 이해는 선행하는 구어적 합의에 기초
자율과 중추신경 계통의 old structure 사용	younger structure 사용
생의 초기에 습득	보다 후기에 습득
감정적	지적
내부적 언어의 표현	외연적 언어의 표현

3) 커뮤니케이션과 과학기술

인류의 역사발전 과정에서 새로운 기술은 항상 인간의 커뮤니케이션의 발전을 전제하고 있다. 그 기술은 다시 커뮤니케이션 발전을 초래하여 역사발전의 지속하는 순환을 이루었다. 이렇듯 인간의 역사발전을 지배하는 것이 커뮤니케이션이라는 입장에서 바라본 마샬 맥루한(Marshall Mcluhan)은 시각적인 인쇄매체가 시각의 힘을 통해 시간과 공간의 획일적 조직으로까지 확장하여 전체를 단편으로 지각하게 했을 뿐만 아니라, 전파매체 특히 텔레비전 매체의 출현은 인간의 감각기관의 확장을 가져왔다고 했다. 그는 텔레비전은 시각적 미디어라기보다는 상호작용 속에 우리의 모든 감각을 참가시키는 촉각적·청각적 미디어, 그것도 창조적으로 참가하려는 반응을 일으키는 미디어라 했다.[203] 그는 현대를 전자시대라는 관점으로 볼 때 모든 테크놀로지가 점차로 전혀 새로운 인간 환경을 창조한다는 이해를 가졌다. 따라서 모든 미디어의 개인적 및 사회적 영향이 우리 하나하나의 확장을 이루기에 새로운 테크놀로지 하나하나가 우리에게 도입되는 새로운 척도로서 측정되어야 한다고 했다. 여기서 미디어는 인간의 상호관계와 행동의 척도나 형태를 만들어내고 제어한다.[204]

과학기술의 폭발은 커뮤니케이션의 폭발을 일으켰다. 과학기술이 지배하는 사회는 대중의 지원을 개발하고 유치하기 위한 수단으로 대중매체를 이용한다. 특히 미디어는 메시지에 막대한 영향력을 발휘하여 메시지의 속도나 정보의 종류를 규정짓거나 커뮤니케이션 전체의 기본적인 규칙을 정해준다.[205] 이런 사회적 분위기에서 대중매체는 그 담론 자체보다는 미디어 권력에 의해 지배되는 '하이퍼-리얼리티'(Hyper-reality) 시대 속에 들어와 커뮤니케이션의 환경의 변화를 주도하기에 이르렀다. 이제 매체란 하나의 제한된 기술적 보조물이 아니라 한 매체가 기능을 발휘하기 위해서 필요한 하부구조 조건의 총체를 뜻한다. 기술 발전의 산물인 매스 미디어는 인간의 환경뿐만 아니라 환경에 대한 인간의 인식방법과 태도에도 중대한 영향을 미치며 동시에 이러한 매스 미디어의 발달로 인간의 커뮤니케이션 형태를 크게 변경시켜 놓았다. 전자 및 새 기술의 영향 아래에서 세상 돌아가는 기능이 바뀌었다. 전자매체가 소개되면서 우리의 모든 문화적 관행의 의미가 바뀌었고 종교적 관행과 신학적 개념을 포함한 우리의 사고 구조의 모든 면을 바꾸어놓았다.[206] 따라서 새로운 과학기술이 제시하는 미디어적 이미지가 단지 부가적인 언어만을 제시하지 않고 삶의 실재를 구현하고 이해하며 점검하는 주요수단으로 그것을 위치시킬 때 우리는 가르치고 배우는 것에 그 영향을 보다 정확하게 분석하고 깊이 숙고하도록 요청받고 있다.[207] 따라서 우리는 이러한 커뮤니케이션에 대한 비판적 태도의 개발이 필요하다. 최창섭은 이를 위한 세 단계의 과정을 제시했다. 그 첫째 단계는 커뮤니케이션할 수 있는 인간의 능력을 조절해야 하며, 세계에 대한 인간의 인식능력에 영향을 미치는 과학기술과 문화를 이해하는 것이다. 둘째 단계는 커뮤니케이션의 모든 면에 충분한 피드백 메커니즘을 확립함으로써 무엇이 일어나고 있는지 알고, 그것을 인간의 목적과 연관시켜 평가하고 인간의 목적을 위해 실현시키는 것이다. 셋째 단계는 문화 안에서 커뮤니케이션의 다양성을 계속 유지하여 정보의 다양성을 통해 선전효과의 획일성을 막는 것이다.[208]

사실 인간은 커뮤니케이션을 통한 많은 양의 정보를 여과시킬 두뇌를 가졌지만, 과도한 커뮤니케이션에 의한 위험을 고려해야 한다. 그것은 환경이 인간에 대하여 발휘하는 영향력이 인간이 환경에 대하여 발휘할 수 있는 영향력보다 더 크게 작용하는 데까지 발전한다. 과학기술의 발전에 의한 커뮤니케이션의 폭발은 정보에 대한 이해를 왜곡시킬 수 있고, 과학기술의 무비판적 사용에 의해 인간의 멸망이 초래될 수 있다.[209] 커뮤니케이션의 기술적 변용이 인간의 마음을 비뚤어지게 하는 비인간화를 초래하여 커뮤니케이션의 역효과를 낳게 된다.[210] 이러한 측면은 기술개발에 따라 부수적으로 나타나는 과학기술 혁명의 결과적 산물로 이러한 역효과적 현상에 의해 현대사회적 구조가 유지되고 있는 것이 사실이다.

4) 매체와 현대인의 왜곡

삐에르 바뱅은 매체문화가 현대인에게 미치는 영향은 인간을 사회에 순응하게 만들어 결국 고립시키는 것이라 했다. 광고, 선명한 이미지, 스포츠에서의 성공에 대한 강조 등은 인간의 가장 깊은 내면의 목소리에 귀 기울이지 못하게 만든다. 현대인은 자신의 '외부'에서 산다. 현대인들은 세계를 얻었지만 자신의 영혼을 잃었다. 우리는 친밀한 내면의 소리를 잃었고, 자신을 깊이 알고 스스로의 권리를 포기하며 세상에 항거할 때조차 세상과 동일시할 위험에 놓여 있다. 현대인들은 자신의 존재 저 깊은 곳에서 나는 소리, 매체 이상을 들을 수 있어야 한다.[211] 이러한 현대사회의 특징에 대해 하비 콕스는 다음과 같은 말을 했다.

현대병은 내면성에의 운동이 아니라 내면성의 소멸이다. 내게 문제가 되는 것은 주관성과 중심성에 대한 생기 없는 감각을 회복시켜야 하느냐의 여부가 아니라 어떠한 방법으로 그것을 가능케 하느냐 하는 것이다. … 영적인 대가들은 예리한 통찰력을 지닌 인물이다. 그들은 우리를 자신의 내적인 소리를 외면의 신호인 정글에게 묶이어 듣지 못하는 인간으로서 정확히 보고 있다. 그들은 우리가 마음속에서 영적인 감동을 일으키는 것이 턱없다고 느끼고 있음을 알고 있다.[212]

마르바 던은 우리 사회 대부분의 사람들은 텔레비전에 가해지는 과장되고 격앙된 사운드와 이미지의 지속적인 포격과 가상현실에 지나치게 길들여져 있어 멀티미디어가 다양하게 혼합된 미디어의 활용이라기보다 단순히 멀티스크린(MultiScreen)과 빠른 속도의 이미지/사운드 변화만을 의미할 뿐이라고 평했다. 그는 대부분의 사람들이 텔레비전 시청이나 인터넷 서핑을 유용한 정보 수집을 위한 좋은 수단으로 생각하는 것에 대해 부정적이다. 우리 사회의 기술화가 낳은 긍정적인 효과에 비하면 파괴적인 효과는 훨씬 덜 강조되고 있기에 여기에 드러나지 않은 해로운 결과를 알아야 한다고 했다.[213]

그는 또한 종교와 텔레비전은 우리의 영혼을 놓고 다투는 세력의 구체적 구현이라며 윌리엄 포어(Wiliam Fore)의 『텔레비전과 종교: 믿음과 가치관과 문화의 형성』(Television and Religion: The Shaping of Faith, Values, and Culture)이라는 책의 다음의 내용을 인용했다.

텔레비전은, 최근까지만 해도 우리 사회에서 교회가 맡았던 역할, 즉 우리의 가치체계를 형성하고 우리의 신앙을 구현하며 우리의 문화적 본질을 표현하는 역할을 빼앗고 있다. 이러한 이동, 즉 '종교적 중심'에서 '기술적 중심'으로의 이동은 불길하다. 그것은 인간적 질문을 다루는 데서 실용주의적 질문을 다루는 데로의 이동, "이것이 사람들에게 어떤 영향을 미칠 것인가?"를 묻는 데서부터 "이것이 얼마나 이익을 남기겠는가?"를 묻는 데로의 이동을 의미한다.[214]

우리가 세상을 해석하는 세계관과 상징체계에 대해 텔레비전이 제시하고 있는 것은 그것이 그리스도의 메시지와 하나님 나라의 우선순위에 맞지 않는다는 위험에 대한 경고라 할 것이다.

5) 커뮤니케이션과 그리스도

커뮤니케이션은 의미전달의 기능을 한다. 진정한 커뮤니케이션이란 깊은 상징의 의미를 터득하는 과정이다. 교회가 가진 풍부한 상징성과 커뮤니케이션이 지닌 상징의 이해과정에서 신학과 커뮤니케이션이 만날 수 있는 접합의 가능성을 찾아볼 수 있다. 상징적 연구라고 하는 것은 상징 뒤에 숨겨져 있는 실체가 무엇인가를 추적하는 것이다.[215] 칼 융(C. G. Jung)은 상징이란 초월적인 것에 가까이 갈 수 있는 방법이라고 정의했다. 그에 따르면 마음이 상징을 탐구하게 되면 이성이 미칠 수 없는 생각에 다가가게 되는데 인간은 '신과 같은' 존재를 이해함에 있어 인간 이해의 초월성 때문에 상징적인 용어를 거듭 사용하게 된다고 한다.[216] 그것이 상징을 통한 신적인 커뮤니케이션의 의의이다. 하나님의 자기표현은 복합적인 상징에 의해 나타나며 사회, 문화, 언어, 종교행위 등 모든 영역에 영향을 미친다.

삐에르 바뱅(Pierre Babin)은 마샬 맥루한이 말한 "미디어는 메시지다."라는 정의가 그리스도에게까지 적용 가능하며, 그리스도가 하신 말씀이 아닌 그리스도 자신과 그분이 행하신 모든 행적이 영향을 미친다고 했다. 즉, 메시지는 말에 있는 것이 아니라 말하는 사람에 의해 생기는 효과에 있다고 강조하는 것이다.[217] 그는 신앙의 커뮤니케이션에 관한 새로운 개념을 발전시켰는데, 신앙의 커뮤니케이션에서 그는 "메시지는 회심이다."라고 정의했다. 그에게 영향을 미치는 가장 우선적이고 중요한 정보는 신앙의 메시지가 아니라 '미디어'라고 알려진 그 총체적인 합성물이다. 메시지는 커뮤니케이션의 가장 중요한 실질적인 수단이 아니며, 효과가 나타나기 위해 요구되는 역할이나 조건의 전체적인 합성물이다. 신앙의 커뮤니케이션에서 메시지는 커뮤니케이션의 장소, 종교 교사의 얼굴, 몸짓, 더 나아가 그 사람이 입은 옷이자 인쇄매체, 전자매체, 생활 드라마의 사용과 설교하는 언어 사이의 상관 관계성이다. 이 모든 것이 커뮤니케이션이라는 매체의 부분인 셈이며, 이 모든 조건에서 신앙이 자라고 회심에 이르게 된다는 것이다. 신앙의 내용은 일차적으로 사상이나 가르침이 아니라, 듣는 사람들이 매체에 영향을 받는 한 듣는 사람들 자신이다. 신앙의 커뮤니케이션에서 내용은 그리스도의 가르침이 아니라 오히려 가르침을 받고 있는 사람들이다. 그들이 그리스도 그분의 교회에 영향을 받는 한 내용은 곧 가르침을 받고 있는 사람들이다.[218] 그들이 그 매체에 영향을 받는 한 더욱 그러하다.

그리스도의 메시지에 대한 이러한 이해는 메시지의 내용 이해를 위한 신체적인 메시지에 내포된 의미 이해에서도 설명되는 부분이다. "내 살을 먹지 않으면 메시지의 진정한 뜻을 이해하지 못할 것이다." 여기서 '살을 먹는다'는 의미는 매체를 받아들인다는 의미로 이해할 수 있다. 마샬 맥루한의 통찰에 따르면 커뮤니케이션과 관련하여 예수께서 몸과 피에 대하여 말씀하신 것은 두 가지 차원의 의미를 가진다. 첫째, 예수께서 말씀하신 "이것이 내 몸이다. 받아 먹으라."에서 예수님의 메시지는 우리가 함께 나누는 몸이다. 둘째, 매체는 신체적인 몸일 뿐 아니라 그분의 성육신한 신체적인 존재가 암시하는 모든 것을 뜻한다. 영혼으로 가득 찬 신체, 그분이 입으신 옷, 주위에 모으신 사람들, 그분의 부에 대한 태도, 왕국의 역설적인 모든 가치관, 그분의 교회가 되는 공동체의 형태 등 이 모든 것이 매체이고 이 모든 것이 그리스도라는 것이다.[219]

II. 현대 예배의 이해

1. 현대 예배의 분류

1) 현대 예배의 출현

기독교 예배의 유형이나 형식은 참으로 다양하다. 20년 전만 해도 북미의 경우 기독교 예배의 주류를 개신교 예배와 로마 가톨릭 예배로만 분류하던 사람들의 주장이 오늘날에는 더 이상 통하지 않는다. 예배는 사람들과 그 필요에 따라 변해 왔고 그 결과로 많은 예배 전통이 존재한다. 예배의 다양성은 특히 개신교 전통에서 더욱 복잡하다. 앤디 랑포드는 그 이유를 예배가 다양하고, 그 다양성으로 인해 수많은 종류의 사람들을 포용할 수 있기 때문이라는 제임스 화이트(James White)의 주장에 동의했다.[220] 이러한 예배 다양성은 현대에 이르러 특히 두드러지게 나타나고 있다. 게다가 각각의 예배는 지역문화의 특징, 교회가 추구하는 목적과 지향점, 교회 구성원의 연령구성비 등 다양한 요인을 반영하고 있다.

현대 다양한 예배 유형들은 모두 기독교 신앙의 표현이며 오늘날 예배 현장 곳곳에서 발견되고 있는 모습들이다. 각각은 독립적이기도 하고, 상호관련되거나 긴장관계를 이루고 있기도 하다. 각각의 유형은 특정 집단과 개인에게 잘 어울리는가 하면 특정 예배 유형을 도무지 이해할 수 없어 소외시키는 결과를 만들어내기도 한다. 일부 교회는 오로지 한 가지 유형만으로 예배하고, 일부는 다양한 예배 유형을 시간차를 두어 달리하여 모두 드리거나, 일부는 각각의 유형을 혼합한 형태로 예배하기도 한다.[221] 다양하게 기능하고 또한 다양하게 활용되고 있는 현대 예배 유형을 예배학자와 예배 전문가들은 몇 가지로 분류하는가? 네 명 혹은 네 팀의 각기 다른 예배 전문가들의 분류를 토대로 분석했다.

2) 현대 예배의 유형별 분류[222]

(1) 다니엘 베네딕트(Daniel Benedict)와 크랙 밀러(Craig Miller)의 분류

다니엘 베네딕트와 크랙 밀러가 그들의 저술, *Contemporary Worship for the 21st Century: Worship or Evangelism?*에서 현대 예배의 다양한 유형을 소개한다. 그 책에서 그들은 주된 형식(Dominant Formats)과 응용 유형(Adaptive Forms)으로 예배 형식을 분류한다. 주된 형식에는 예전적인 예배(Book of Common Worship: BCW)와 찬양예배(Book of Common Song: BCS), 구도자 중심 예배(Seeker Service)로 나뉘고, 응용 유형에서는 블랜디드 예배(Blended Service), 방문자에게 친절한 예배(Visitor-Friendly-Service), 구도자에 민감한 예배(Seeker-Sensitive-Service)로 나눴다.[223]

(2) 앤디 랑포드의 분류

앤디 랑포드는 다니엘 베네딕트와 크랙 밀러의 분류를 인용 착안하여 교단적 차이와 신앙고백의 차이에도 불구하고 북미 문화권에서 예배를 규정하는 새로운 패턴을 따라 세 가지 유형, 즉 예전적인(Liturgical) 예배, 찬양예배(Praise and Worship), 구도자(Seeker) 예배로 나눈다. 그리고 여기에 하나의 유형으로 블랜디드 예배(Blended Worship)[224]의 유형을 제안한다.[225]

(3) 팀 라이트(Tim Wright)와 잰 라이트(Jan Wright)의 분류

아리조나 주 그렌데일 소재 복음주의 루터교회 소속 기쁨의 교회(Community Church of Joy) 예배 실무를 담당하는 수석목사 팀 라이트와 예배 협력자인 잰 라이트는 그들이 편집 출간한 *Contemporary Worship: A Sourcebook for Spirited-Traditional, Praise and Seeker Services*에서 세 가지 유형의 현대 예배를 소개하고 있다. 활기 있는 전통적 예배(Spirited-Traditional Worship), 현대적 찬양예배(Contemporary Praise Worship), 아웃리치 지향적인 현대 예배(Contemporary Outreach-Oriented

Worship)가 바로 그것이다.

(4) 폴 바스덴(Paul A. Basden)의 분류

영국 맨체스터 소재 샘포드 대학(Samford University) 폴 바스덴은 6명의 예배 전문가의 글을 편집하여 출간한 *Exploring the Worship Spectrum: 6 Views*[226]에서 여섯 가지 예배 유형을 소개하고 있다. 그것은 형식을 갖춘 예전적인 예배(Formal-Liturgical Worship), 전통적인 찬송가에 기초한 예배(Traditional Hymn-Based Worship), 현대적 음악이 이끄는 예배(Contemporary Music-Driven Worship), 은사주의적 예배(Charismatic Worship), 블랜디드 예배(Blended Worship), 이머징 예배(Emerging Worship)이다.

이상 기술한 바와 같이 현대 예배 유형은 예배 전문가들의 분류에 따라 그 방식에는 다소 차이를 보인다는 것을 알 수 있다. 이러한 분류에서 나타나는 차이에도 불구하고 유사성을 고려하면 현대 예배는 그 특징에 따라서 또다시 몇 가지 유형의 범주로 종합할 수 있다. 표로 정리하면 다음과 같다.

표 3) 현대 예배의 유형별 분류

예배 학자 예배 유형	다니엘 베네딕트, 크랙 밀러	앤디 랑포드	팀, 잰 라이트	폴 바스덴
예전적·전통적인 예배	예전적인 예배	예전적인 예배	활기 있는 전통적인 예배	형식을 갖춘 예전적인 예배
				전통적인 찬송가에 기초한 예배
현대적 찬양예배	찬양예배	찬양예배	현대적 찬양예배	현대적 음악이 이끄는 예배

구도자 중심 예배	방문자에게 친절한 예배	구도자 중심 예배	아웃리치 지향적인 현대 예배	
	구도자에 민감한 예배			
이머징 예배				이머징 예배
블랜디드 예배	블랜디드 예배	블랜디드 예배		블랜디드 예배
은사주의 예배				은사주의 예배

2. 현대적 예배

기독교의 예배는 현대문화에 의한 직·간접적인 영향에 의해 근본적인
변화를 겪고 있다. 앤디 랑포드(Andy Langford)는 최근의 문화적 현실, 새
로운 음악적 표현, 변화하는 미적 가치, 개인적 표현의 새로운 형식에 의해
기존의 예배 전통들에 대한 재평가가 이루어지고 있고 그 결과 20세기 후
반 각 교단에서의 '예배 갱신'과 새로운 형식의 예배가 등장하게 되었다고
했다.[227] 신학적이고 사회학적인 통찰을 비롯한 다문화화, 세계화에 따른
예배학자들의 독창적인 기여가 있었고, 시청각 문화의 전환과 세대 간의
격차 등이 예배의 변화에 요구 변수로 작용했다.[228] 윌리엄 이어섬(William
M. Easum)도 이러한 변화를 관심 있게 지켜본 한 사람으로 그는 이러한 현
상의 주도적인 원인을 문화에서 찾아 두 가지의 부정적인 영향을 지적했
다. 그 중 하나는 텔레비전(MTV)의 영향이고, 다른 하나는 영적이고 종교
적인 가르침을 받지 못한 새로운 세대의 부상에 따른 것이다.[229] 부인할 수
없는 사실은 예배 신학자, 예배 전문가, 목회자들 간에 21세기 예배의 변
화에 대한 관심과 접근의 그 방향이 매우 다양하다는 사실이다. 여기에서

는 현대 예배에서 변화에 주도적인 트랜드를 형성하고 많은 교회들에게서 많은 지지를 받으면서, 한편 지지 못지않은 낯선 비판도 받고 있는 몇 가지 유형의 예배를 나누고자 한다.

1) '현대적 예배'의 등장

'현대적 예배' 형태는 엘머 타운즈에 따르면 미국의 경우, 1945년 제2차 세계대전 이후에 표면화되어 출현하기 시작했다. 이러한 예배 형태가 교회에 반영되어 미국 기독교에 영향을 준 것은 교회나 교회 단체들 안의 내적인 요인에서 시작되었다기보다는 교회의 바깥 영역에서 시작된 것으로 접근한다. 특히 과거 50년 동안 일어난 사회 형태의 변화는 고속도로와 인터넷 보급의 영향력이라 할 것이다. 고속도로는 제2차 세계대전 이후 수송 수단의 폭발력으로 정의한다. 사람들은 거대한 운송 연결로를 건설함으로 직장이나 물건구매를 위한 장거리 운행을 가능하게 했다. 이것은 예배에도 영향을 미쳤다. 30마일의 운전이 30분 거리만큼으로 단축되다 보니 먼 거리라는 인식을 바꿔놓았다. 인터넷은 통신수단의 폭발력을 이루었다. 교회들은 유선방송, 지역 라디오, 교회신문들과 지역신문들, 광고, 그리고 다양한 다른 창의적인 방법들로 교회를 소개한다. 사람들은 텔레비전으로 다른 교회의 다양한 예배들을 경험하여 알게 된다. 사람들이 인터넷으로 알고 고속도로를 통해 찾아가는 시대를 열게 된 것이다.[230]

특히 전례 없는 유동성, 커뮤니케이션 혁명, 공산주의와의 냉전, 흑인 평등권 요구운동 등이 1960년대에 폭풍처럼 일었을 때, 이 세대에게 문화적 연속성의 계류용 밧줄 대신 자신의 문화 창조의 자유를 선택했다. 그리고 정부, 학교, 교회와 같은 기관에 대한 불신과 사회적 규범에 대한 불신까지로 확대하기에 이른다. 그 결과 베이비부머 세대들은 또래들에게 그 사회를 고발하고, 중심에는 다른 사람에 대한 의무가 아닌 자기 성취로 향하고, 민주적 평등주의와 결합한 개인적 가치의 이상을 새로운 이념적 고지에 올려놓게 되었다.[231] 그와 동시에 음악을 문화적 전통의 운송수단의 자리에서 시끌벅적한 또래 집단을 지향하는 하위문화(subculture)의 표식을 상징하는 울타리로 변형시켰다. 이들 세대에게 음악은 상징과 가치의 주요 운송수단이다. 계승되어 오던 전통과의 단절에 그들의 추구는 교회의 방식을 바꾸어놓았다. 자아 성취의 이상에 둘러싸인 그 세대는 교회를 부모 세대가 가졌던 교단적 충성심과 의무와 감사로부터가 아니라 단지 그들의 필요를 채우기 위해 참석한다. 그들에게 음악은 감정의 명상가이자 꿈의 전달자이며 사회의 복지사로 더 이상 전통적인 예배와 음악을 지속할 의사가 없다. 교회음악에 베이비붐의 가치를 통합하는 식의 개혁이든, 그들이 추구하는 가치와 음악형식에 신앙을 적용하며 전통에 반대하는 식의 혁명이든 두 가지 가능성만 존재할 뿐이다. 가장 중요한 차이는 개혁가들은 여전히 베이비부머 이전의 희망인 그리스도인의 일치의 이상이 예배 안에서 성취되기를 갈망하는 한편, 찬양과 예배 음악가들은 베이비부머의 각기 다른 자신들의 음악에 대한 필요성을 끌어온다는 점이다. 이제 사람들은 교회를 예배와 음악의 형식에 따라 선택한다. 교회는 여러 음악적 기호에 따라 다양한 예배를 후원하게 될 것이며, 사람들은 음악적으로 생각이 비슷한 사람들로 무리를 형성할 것으로 보았다. 이것은 새로운 분파주의의 뿌리와 줄기와 가지로 새로운 교회의 흐름으로 자리하게 될 것이다.[232]

또한 '현대적 예배' 이전의 모더니즘에 의한 전통적인 예배가 지닌 수구적인 태도에 대한 한계와 반감이라는 평가에서 새로운 변화를 지향하며 불신자를 위한 전도지향적인 형태로 등장했다. '현대적 예배'를 추구하는 사람들은 예전적이고 전통적인 예배가 전통, 관습, 사회적 지위 등이 예배 자체보다 더 중요시 되면서 종종 의무화된 결단식이나 정해진 의복과 같은 특정 지역의 전통들을 지나치게 고수한다고 말한다. 특히 "우리는 한 번도 이렇게 해 본 적이 없습니다."라며 변화를 거부하고, 너무 예식서에 의존하고 직선적이며 배타적이고 염세적이며 현대문화에 무관심하다는 것이다.

이 때문에 예전적인 예배의 청중은 젊은 세대가 적고 기독교 가정에서 성장한 교인들이며, 연령층이 높고 새로운 형식에 익숙하지 않은 것이 특징이라 보고 있다.[233] 현대적 예배의 지지자들은 그러한 예전적 예배에 대해 구도자들이 그 예배에서 소외되는 경향이 많으며, 회중은 세상을 향해 나아가도록 하기보다는 그들이 좋아하는 것과 싫어하는 것에 집착하도록 만드는 경향이 강하다는 평가의 목소리가 높다.[234]

이렇듯 사회문화적인 변화와 전통적인 예배의 부정적 작용에 새로운 변화를 모색하여 출현하게 된 예배 형태를 우리는 '현대적' 예배로 지칭하기로 한다. 현대문화에 의한 사회적 변화를 고려하고 이를 예배에 반영한 예배라는 의미에서 임의적으로 붙이게 된 표현이다. 이 장에서는 '현대적' 예배로 대표되는 형태의 예배를 현대적 찬양예배, 구도자 중심 예배, 이머징 예배로 제한시켜 그 예배의 특징들을 차례로 살펴보고 평가하려 한다.

2) '현대적 예배'의 특징

'현대적 예배'를 대표하는 미국 복음주의 루터교인 조이 커뮤니티 교회 (Community Church of Joy Leadership Center)의 행정총괄목사인 팀 라이트는 '현대적'이라는 단어의 의미를 "현 시대의 특징들로 뚜렷한"이라고 했다. 그러한 의미에 기초하여 '현대적 예배'를 "현 시대의 특징들이 뚜렷한 예배"로 정의할 수 있다고 했다. '현대적 예배'는 현 시대의 혁신과 관심을 즐긴다. '현대적 예배'는 최근 유행하는 언어로 복음을 소통하고자 한다. 기독교인들만 이해하고 그들에게만 호소력 있는 용어 및 어투를 의미하는 기독교 문화적 용어인 'Christianese'를 사용하는 대신에 '현대적 예배'는 그 시대의 사회에 잘 알려진 용어를 사용한다. 특별히 역사적인 상황에서 복음을 알기 쉽게 소통하기 위해 그들과 친숙한 방식, 상징들, 언어들이 쓰인다. 따라서 본질상 '현대적 예배'는 변화를 추구할 수밖에 없다. 음악의 형식이 변함에 따라 예배에서 사용되는 음악의 형식 또한 변해야 한다는 등의 꾸준한 재평가와 형식상의 갱신을 요구한다.[235] 하지만 이러한 변화는 언어와 형식에 대한 것이지 예배의 본질과 중심에 대한 것이 아니라는 점에서 일시적인 유행이나 변덕스러움을 뜻하는 것은 아니다.

팀 라이트는 이러한 '현대적 예배'의 뿌리를 신약성경에 두고 있다. 특히 예수님의 지상 대위임명령인 마태복음 28장 19-20절을 배경에 두고 복음을 세상 밖으로 운반하기 위해서 많은 교회들이 새로운 세대와 문화적인 것을 고려하여 다가가고 있다. 그런 의미에서 '현대적 예배'는 아웃리치 지향적인 예배일 수밖에 없음을 밝힌다.[236]

그는 이러한 "'현대적 예배' 운동이 사람들에게 다가가는 하나님의 역사의 한 국면"이라 했다. 사람들이 복음을 듣고 이해하고 변화될 수 있는 방식으로 예배의 문화적인 관련성을 추구하는 이러한 '현대적' 예배는 사람들이 교회를 거부하게 하는 일종의 종교적 장애물들[237]에 대한 제거의 당위성을 주장한다. 비록 그러한 것들이 신자들에게는 안정성과 의미를 제공한다 할지라도 세상에 속한 사람들에게는 감당할 수 없는 부당한 은혜라 여겨 결국 포기하게 되는 장애물일 뿐이라는 것이다. 또한 성경 대신에 흔히 그들의 이해방식으로 변형된 자료를 활용한다거나 영적인 위인들의 말을 대신해 그들이 이해할 수 있는 언어로 표현을 바꿔 사용한다는 것이다. 그가 말하는 '현대적 예배'는 길을 잃고 깨지고 상처 입은 세상을 향해 복음을 적용하려는 분투이다. 비록 16-18세기 예배의 음악과 형식이 위대한 가치를 지니고 400여 년 지속되었음에 부인할 수 없는 사실이나, 팝문화와 음악에 심취해 있는 그들에게는 그저 무관한 것이며 구시대적이고 이해할 수 없는 것에 불과하다. 따라서 하나님은 전 세계의 세상에 속한 사람들의 마음을 사로잡기 위해 '현대적 예배' 운동을 사용하고 있다는 것이다.[238]

존 프레임(John M. Frame)은 '현대적 예배'를 정확히 정의하려는 시도는 하지 않았지만 '현대적 예배'를 현대적인 사람들과의 커뮤니케이션을 위한 노력에서 예배 형식의 변화가 일어났다고 표현했다. 그가 말한 '현대적 예배'에 대한 설명에는 '현대적 예배'의 다양한 내용들을 포함하고 있다.

예배의 비전통적인 형식들은 현대적인 언어와 음악, 비형식적인 환경, 즐거운 축제에 대한 강조, 죄에 대한 애도는 줄이는 상당히 공통된 특징을 보여준다. 교회는 환경과 친절의 분위기는 독려하면서 고대 예전, 교단의 역사와 신학적 특징에 대한 강조, 10분간의 기도, 40분간의 설교, 불편한 의자, 헌금을 강조하거나 주차장과 휴게소가 붐비는 상황에 대해서는 피한다. 설교는 성경과 교리적인 정보는 줄이고 신학적 언어는 피한다. 종종 드라마, 영화, 멀티미디어 등을 사용하고 설교에서 질문과 대답 형식을 취한다. '현대적 예배'는 믿지 않는 방문자들을 만나기 위해 그들의 언어로 말하고 그들을 그리스도와의 언약으로 인도한다. 따라서 이러한 '현대적 예배'는 구도자적이거나 이용자 편의적이라 불린다. 하지만 교회마다의 구도자에게 민감한 정도에서 많은 차이가 있다. 어떠한 곳은 전통적인 찬양과 현대적인 찬양, 심지어는 전통적인 예전적 요소까지도 함께 사용하는 교회가 있고, 어떠한 교회는 죄와 회개와 은혜를 상당히 강조하는 교회도 있다. 또한 '구도자에게 민감'(seeker-sensitive)하나 '구도자 중심'(seeker-driven)은 아닌 교회도 있다. 어떠한 교회는 구도자에게 민감한 모임을 예배의 목록에 포함하지 않는다. 그들은 이러한 모임을 비록 주일 아침에 복음전도로 모이는가 하면 실질적인 예배를 위해서는 주중의 다른 시간에 예배한다. 그러나 다른 교회들은 그것들이 하나의 예배에서 복음전도와 신자의 예배가 함께 혼합될 수 있다고 믿기도 한다.[239]

윌리엄 이어섬(William M. Easum)은 다섯 가지로 '현대적 예배'의 특징을 간략하게 정리했다. 첫째, 묵상의 시간보다 축하의 시간이 더 많다. 둘째, 복음의 가시적 프리젠테이션(presentation)[240]이 인쇄된 용지보다 더 중요하다. 셋째, 음악이 지역의 고유한 음악이며 전통적인 계승 음악보다 문화의 정신이 반영된 음악이 보다 영향력이 있다. 넷째, 예배가 흐름을 가진 드라마로 이해되며, 난청 되는 부분은 제거가 필수적이다. 다섯째, 설교는 실용적이고 내면에 회의적이고 곤궁한 세속적인 사람들이 이해하도록 엄선된 언어를 사용한다.[241]

그런가 하면 다니엘 베네딕트와 크랙 밀러는 예배의 형태와 형식이 어떠하든 예배가 그리스도와 하나님의 은혜와의 생생한 만남을 갖는 것이라는 데 동의를 구하고 '현대적 예배'를 좁은 의미와 넓은 의미로 나눠 기술했다. 좁은 의미에서 '현대적 예배'는 현 시대의 현상으로 새롭고, 기술적이며, 구도자와 환멸주의자들에 대한 적극성에 확고한 운동이며, 넓은 의미에서 모든 세대의 예배에서 최선의 것을 회복하는 것이라 했다. 따라서 예배의 형식은 항상 역동적이고 변화하는 중에 있으며 '예배 갱신'은 손상을 막기 위해 데이빗 호킨스(David Hawkins)의 말을 인용하여 "낡은 것을 임의로 버리고 신규로 시작할 것을 제안한다."고 했다.[242] 이러한 '현대적 예배'의 뿌리는 경험적이다. 즉, 하나님의 사랑에 대한 중재수단을 사용하여 예수 그리스도의 은혜와 능력을 그리스도와의 동시대적인 매일의 경험에 둔다.

그런데 이러한 '현대적 예배'가 궁극적으로 지향하는 것은 반문화(counterculture)를 창조하는 데 있다. 20세기 후반 과학에 대한 신뢰가 붕괴되고, 성경과 기독교적 가치에 친숙하지 않은 포스트모던, 기독교 이후 세계가 등장하면서 교회는 세상과의 관계에서 문화를 통제하기보다 문화와의 만남을 통해 변화시키시는 그리스도의 치유의 은혜를 기대하도록 부름 받았다. '현대적 예배'에서 노래와 기도가 새것이든 옛것이든 그것은 문제가 아니다. 문제는 그 모든 것을 하나님의 통치에 봉사하도록 기술적이고 열정적으로 사용하여 모든 사람이 하나님의 통치에 참여할 기회를 제공하는 데 있다.[243] '현대적 예배'가 현대문화의 미디어를 사용하지만, 예배의 목적은 미디어의 내재적 능력을 뛰어넘는 예수 그리스도 안에 존재하는 희망과 도움과 궁극적인 의미를 제공하는 데 있다는 것이다. 따라서 현대적 예배리더는 예수 그리스도를 아는 데서부터 오는 용서와 생명과 같은 보다 강력한 복음에 의해 예배는 그 자체로 문화를 대항한다. 그것은 걷잡을 수 없는 개인주의에 직면해서 공동체를 창조하고, 허무주의의 시대에 은혜와 소망을 제공하며, 냉소의 때에 진실한 희망을, 파괴를 일삼는 시대에 예수 그리스도의 이름으로 치유와 희망을 주는 것이다. '현대적 예배'는 오는 세대에 새로운 복음을 선포하고 성령의 새로운 바람이 그들의 영혼에 불어 새로운 탄생을 불러일으키길 기대한다.[244] 다니엘 베네딕트와 크랙 밀러는 이러한 '현대적 예배'가 가진 특징을 일곱 가지 표지로 나타냈다.

첫째, '현대적 예배'는 변화를 두려워하지 않는다.

둘째, '현대적 예배'는 제자 됨과 영적 성장에 초점이 맞추어져 있다.

셋째, '현대적 예배'는 참여자들의 마음의 언어와 마음의 음악으로 구성한다.

넷째, '현대적 예배'는 사람들이 안고 있는 사건과 문제에 실제적인 적용을 가진다.

다섯째, '현대적 예배'는 흐름과 움직임을 가진다.

여섯째, '현대적 예배'는 예수 그리스도의 은혜와 능력에 대한 경험을 초청하고 공급한다.

일곱째, '현대적 예배'는 환대와 방문자에게 친절하다.[245]

이상에서와 같이 '현대적 예배'의 특징은 복음의 소통을 목적으로 하면서 문화와의 적극적인 만남을 통해 새로운 예배 운동으로 발전하고 있다. 주장하는 바에 따라 친문화적인 특징에서부터 반문화적인 특징에 이르기까지 그 의미와 내용과 목적에 있어서 접근은 다양하다. 이러한 현대적 예배의 특징이 예배 형태에서 어떻게 표현되고 있는지 대표적인 현대적 예배의 특징과 내용 속으로 찾아가 보자.

3. 대표적인 현대적 예배

1) 현대적 찬양예배
(1) 현대적 찬양예배의 출현
현대적 찬양예배가 출현하게 된 배경에 대해서 찬양 사역자 죠 호네스는 1970년대 기독교 세계관을 상실한 많은 미국의 후기 그리스도인들(Post-Christian)에게 교회 음악은 하나님과의 교량 역할을 하기보다는 오히려 걸림돌이 되었다며 현대적인 음악이 출현하게 된 배경을 다음과 같이 말했다.

> 많은 교회에서 중요한 역할을 해왔던 오르간 음악과 찬양대는 그 세대의 사람들의 마음을 깊이 흔들어 놓을 음악과 어떠한 유사성도 없는 지루함에 지나지 않았다. 풍부한 시와 깊은 신학을 담고 있는 찬송가 가사들은 하나님이 누구신지를 경이롭게 표현하고 있지만, 예배하는 사람들에게 그들이 어떻게 느꼈는지를 하나님께 표현할 기회를 제공하는 데는 실패하고 있었다. 경각심을 가지고 교회는 그들이 이해하는 언어로 말하는 법을 배워야 했다. 진심어린 방법으로 하나님께 가까이 나아가기 위해서는 그들과의 새로운 커뮤니케이션 방식이 요구되었다. 이러한 갈망과 관심으로 현대 교회음악은 부상하기 시작했다. 그룹 러브송(LoveSong)과 래리 노먼(Larry Norman)과 같은 가수는 이러한 새로운 세대와 소통하기 위해 노래하기 시작했다. 처음에는 폭넓게 받아들이지는 않았지만, 기타가 하나님께 쓰임 받을 수 있다는 생각과 새로운 현대적인 노래들이 그분을 사랑하는 사람에 의해 쓰이게 될 수 있다는 생각이 틀을 깨자 다시 되돌아가지 않았다.[246]

하지만 호네스에게 현대적 찬양예배는 단지 오르간을 기타로 바꾸는 것을 의미하는 것이 아니다. 관심도 없이 무심코 사도신경을 암송하거나 찬송을 부르는 것도 아니다. 그에게 예배는 사랑과 감사한 마음으로 우리를 위해 피를 흘리신 주님과의 상호교감을 이루는 진정한 시간으로 옮겨가고자 하는 열정적인 갈망이다. 그리고 예배에 대한 우리의 이론과 기술에 흥미를 느끼지 않으시는 하나님께 진정어린 마음이 아닌 예배로는 결코 그분의 관심을 끌지 못한다는 것이다.[247]

(2) 현대적 찬양예배의 특징

호네스는 예배가 우리 편에서의 일방적인 커뮤니케이션이 아니라 하나님과 그의 백성과의 쌍방향의 커뮤니케이션이라고 했다. 우리는 하나님을 높이고 그분은 그분의 현존을 계시하시고 우리의 마음을 변화시키신다. 우리는 우리의 마음을 쏟고 그분의 위대하심을 기억한다. 그분은 우리를 능가하기를 거절하시고 우리와의 친밀감과 은혜의 필요를 채우신다.[248] 바로 그것이 현대적 찬양예배가 말하는 예배 본질이다.

앤디 랑포드는 그러한 커뮤니케이션으로서의 예배를 3단계, 즉 계단(구도자 중심 예배)에서 현관(찬양예배)을 거쳐 집(예전적 예배)으로 들어가는 과정으로 비유하여 현대적 찬양예배는 더 깊은 예배로 나아가는 하나의 과정으로 보았다. 그가 말한 예배의 과정에서 복음적 과제의 '현관'이라 일컫는 찬양예배는 탈 형식적이다. 그리고 현대적 찬양과 다양한 악기와 스크린을 적극 활용하며 현대적 감각을 느끼게 할 뿐더러 가슴과 감정에 초점을 맞춰 정서를 자극하는 축제적인 분위기의 예배이다.[249] 현대적 찬양예배는 믿는 자들을 예배로 이끌기 위해서 사용하며 회중의 참여를 강조한다. 또한 방문자들과 교회를 가지 않는 사람들의 필요를 진지하게 받아들인다는 점에서 믿는 자들을 지향하면서도 방문자에게 친절한 예배라 할 수 있다.

찬양예배의 회중은 예전적인 예배를 참석하는 부모의 자녀세대로 종교적인 환경과 전통적인 종교 언어에 대해 잘 알면서도 극장, 공연장, 카페테리아, 영화관 같은 분위기에서 편안함을 느끼는 무리이다. 찬양예배의 목적은 젊거나 아직 덜 성숙한 신자들에게 그들을 향한 하나님의 사랑과 뜻을 발견하게 하며, 또한 죄의 문제보다는 마음의 상처와 불완전한 삶의 문제에 대한 해결을 필요로 하기에 예배의 복음적 과제는 칭의와 회개의 은혜를 통한 치유의 문이 된다.[250]

　찬양예배의 가장 두드러진 특징은 음악이다. 새로운 악기의 개발, 새로운 곡조, 새로운 가사들은 찬양예배에 변화를 가져왔다.[251] 찬양예배는 기타, 드럼, 신디사이저, 타악기, 호른 등과 같은 현대적인 도구나 록, 재즈, 힙합, 랩 가스펠송 등과 같은 현대적 뮤지컬 스타일과 전통적인 찬양을 새로운 코러스와 색다른 처리를 가미한 편곡된 노래로 사용하기를 선호한다. 또한 동시대의 언어를 사용하여 회중으로 하여금 진심어린 표현과 하나님의 임재를 경험할 수 있도록 이끌며, 뮤지컬 형식에 성경, 기도, 예전적 요소, 가시적 이미지와 같은 다른 창의적인 요소들을 결합해서 회중의 마음을 사로잡아 하나님께 예배하도록 하는 데 힘쓴다.[252] 이러한 현대적 찬양예배 운동을 그저 기타와 드럼을 사용하는 예배 정도로 수준을 끌어내리거나, 예전이나 찬송가 혹은 성령운동을 배제하는 쪽으로 이해한다면 찬양예배의 핵심을 자칫 놓칠 수 있게 된다.

(3) 현대적 찬양의 선곡

　찬양예배에서 찬양이 차지하는 비중은 매우 크다. 따라서 찬양의 선곡은 매우 중요하다. 캐시 타운리(Cathy Townley)는 예배 인도자가 예배 찬양을 선곡할 때 방대한 찬양곡들로 어려움을 겪게 될 것을 우려해 찬양 선곡에 도움이 될 수 있는 열 가지 아이디어를 제공한다.

　① 찬양은 짧고 간결하고 반복의 단조로운 곡을 선곡하라.

② 새로운 방문자를 환영하는 퍼포먼스송을 선곡하라.

③ 음악에 관한 인적 네트워크를 형성하라.

④ 경배와 찬양, 예전적, 블랜디드 중 당신의 예배 스타일을 찾아라.

⑤ 하나의 주제를 기초해서 전체 예배를 계획하라.

⑥ 다양한 장르와 스타일을 블랜디드 스타일로 통합하라.

⑦ 방송과 서점 등에서 다양한 최신 찬양곡을 듣고 선호하는 곡들을 찾아라.

⑧ 하나님의 다양한 이미지를 찬양하라.

⑨ 현대적인 찬양과 함께 전통적인 찬송곡도 포함하라.

⑩ 자신의 영적인 경험과 음악적 재능의 곡을 직접 만들라.[253]

예전적인 교회들이 점차로 가스펠송을 예배 속으로 활용함에 따라 새롭게 만들어지는 찬양들 중에는 성만찬, 세례, 교회력의 절기 등을 위한 곡도 많이 만들어지고 있다.[254] 게다가 그 곡들은 사용하는 언어도 포용적인 언어가 되어가고 있다. 음악적 전문성과 더불어 예배 인도를 위한 다양한 언어적 표현과 제스처 등에 훈련된 예배 인도자와 전문가 수준에 달하는 악기 연주자들이 예배의 중요한 부분을 이끌고 있다. 그리고 클래식 악기에서부터 현대 전자 악기에 이르기까지 다양한 악기를 사용하며, 찬양예배의 활성화를 위해 교회들은 점점 유급 전문 사역자들로 사역팀을 구성하는 경우가 늘고 있다.

(4) 현대적 찬양예배의 목표

호네스에 의하면 현대적 찬양예배의 심장은 하나님과의 만남에 대한 갈망이다. 우리의 언어를 표현하도록 돕는 기타와 드럼과 현대적인 비트의 음악을 사용하는 것은 그저 도구일 뿐이다. 그 자체로 찬양예배의 끝이 아니며 다른 예배 스타일과 경쟁하지도 않으며, 다른 예배보다 나은 것이 아닌 단지 사람들을 잘 섬겨 하나님을 순조롭게 만나도록 돕기 위해 사용할 뿐이다. 그 끝은 예수와 만나는 것이고 그분의 임재를 알고 우리의 마음을 하나님께 대한 진정한 사랑으로 사로잡는 것이다. 목표는 스타일이 아닌 예수 그리스도의 진정한 예배자로 세우는 것이다.[255] 그는 여기에 대해 다음과 같은 구체적인 목표를 정하기도 했다.

- 주님의 소리에 점점 더 주의를 기울이고, 성령께 인도되고, 그분과의 사랑에 점점 더 빠지는 사람
- 자신의 부르심에 순종하고 섬기는 일에 헌신된 사람
- 기도에 헌신된 사람
- 절대적으로 그리스도를 필요로 하는 잃은 자와 그리스도의 구속의 사랑을 나누기 위해 헌신한 사람
- 일치됨과 공동체에 헌신된 사람
- 찬양을 부를 뿐만 아니라 하나님께 예배를 사랑으로 표현하며 살아가는 사람[256]

호네스는 현대적 찬양예배를 통해 빌 하이벨스(Bill Hybels)가 말한 대로 99%가 아닌 100% 하나님께 헌신된 사람으로 초청하는 예배를 이끌길 원한다. 예배는 그리스도께 완전한 헌신을 이끌어야 하기에 그렇다는 것이다.[257]

2) 구도자 중심 예배

복음을 현대적인 문화와 관련을 시도해 온 교회 중 가장 유명한 실례는 윌로우크릭 교회이다. 이 모델을 조사해 온 일부 주류 교회 사람들은 그것을 억제되지 않는 열정이라며 높이 평가했다. 또한 그 중에는 이 모델이 주류 교회들을 위해 앞서 나아가는 방법을 보여주고 있다고 했다. 윌

로우크릭이 무엇을 만들든지 설립자인 빌 하이벨스의 괄목할 만한 선교적인 감각에 의심의 여지가 없었다. 그의 모델은 문화를 대적하는 그리스도가 아니다. 적어도 그가 교회로 끌어오려는 그 문화에 있어서만큼은 그렇다. 그에게 선한 의도가 있었음에도 불구하고 윌로우크릭은 그리스도를 북미 하부문화에 수용될 수 있는 이미지로 변조했다는 평가를 받게 되고, 일부 그렇게 드러나기도 하였다.[258] 이렇듯 현대적인 문화에 가장 적극적이며 가장 많은 부분을 수용한 윌로우크릭 교회로 대표되는 그 예배를 '구도자 중심 예배'라 했다. 이러한 구도자 지향적인 예배는 엄밀히 살피면 윌로우크릭 커뮤니티 교회(Willow Creek Community Church)로 대표되는 "구도자 중심" 예배와 구도자에게 민감한 정도의 차이에 따라 새들백 교회(Saddleback Church)로 대표되는 "구도자에게 민감"한 예배 및 앞에서 현대 예배의 분류에서 거론된 여러 유형으로 구분할 수 있으나 그 방향성에서만큼은 많은 공통점을 갖는다. 여기에서는 "구도자 중심" 예배로 많은 교회에게 영향을 미치고 있는 윌로우크릭 커뮤니티 교회를 주된 내용으로 하되 새들백 교회의 구도자에게 민감한 예배의 특징도 일부 함께 살펴보는 방식으로 구도자 예배를 접근해 볼 것이다.

(1) 구도자 중심 예배의 출현

구도자 중심 예배는 시카고 윌로우크릭 교회 담임목사인 빌 하이벨스에 의해 믿지 않는 학생들에게 복음을 전할 수 있는 특별한 행사를 구상하여 실시하는 가운데 이루어졌다. 당시 상황에 대해 호네스는 다음과 같이 말했다.

> 그 일이 1970년대 중반에 시작될 때, 우리 대부분은 매우 전통적인 교회에서 자랐고 거기서 우리가 받은 교육과 유산에 감사해 왔으나, 우리는 또한 전통적인 교회가 얼마나 우리의 불신자인 친구들에게 미련

스럽게 소통해 왔는지를 보았다. 교회로 그들을 데려오는 것은 그들을 화성에 데려다 놓은 것과 같았다. 음악은 달랐고 친숙하지 않았다. 질적으로도 초라했다. 심지어 우리가 사용한 언어는 우리가 커뮤니케이션하려는 메시지를 그들이 이해하기에는 어려웠다. 모든 경험이 이미 알고 있는 이들에게 맞춰졌다. 교회는 확실히 우리가 친구들을 데려오고자 했던 그곳이 아니었다. 그러나 우리가 생각할 수도 없을 정도로 우리의 믿지 않는 친구들과 그 같은 우리 주변의 수많은 사람들은 그저 하나님으로부터 비기독교적인 영생으로 줄행랑을 쳐 달아나고 있는 것이다. 우리는 계속해서 스스로에게 다음과 같은 질문을 해야 한다. "왜 우리의 믿지 않는 친구들은 교회에 참석하지 않지? 만일 우리가 마음으로 그들과 함께 뭔가를 디자인했더라면, 그것이 어찌 보였을까?" 그리고 우리는 친구들과 관련되고 이해할 수 있는 방식으로 복음을 친구들에게 전하기 위해 기획된 예배를 만들기 시작했다.[259]

윌로우크릭 교회는 사람들이 교회에 나오지 않는 사람들과의 접촉을 통해 그 이유를 먼저 물었다. 그 결과 그들의 대답에서 가장 많은 수의 이유가 돈을 요구한다는 것이었다. 그리고 그 다음을 잇는 다음과 같은 이유를 가지고 있었다.

- 교회음악은 내게 맞지 않다.
- 설교가 내게 적합하지 않다.
- 교회가 나의 필요를 채우지 못한다.
- 예배가 구태의연하고 지루하다.
- 교회가 내게 죄책감을 느끼게 만든다.[260]

이제 그들에게 "만일 그런 요소들이 제거된다면 교회에 나갈 것입니까?"라고 묻자, "그렇다."라고 대답한다. 그들을 초청하면서 윌로우크릭 교회의 시작을 예고했다. 교회는 새신자들에게 적합하면서도 재미있는, 그리고 도전적인 예배를 통해 지역사회에 그리스도를 효과적으로 나누는 일을 계속했다.[261] 윌로우크릭 교회의 사역에 참여하고 있는 지도자들은 하나의 예배를 통해서 복음을 전하고, 신자들을 양육하고, 동시에 하나님을 찬양하는 것과 이들 각각의 필요를 위한 효과적인 사역이 함께 이루어지는 것이 불가능하다는 판단에 의해 교회를 포기한 사람들을 위한 구도자 중심 예배를 설계하게 되었다는 경위를 밝혔다.[262]

새들백 교회의 릭 워렌은 빌 하이벨스가 지역 불신자들에 대한 조사를 통해 요구와 필요를 찾은 방식으로 새들백 밸리에서 교회를 시작하기 전 불신자들이 말하기 전 그들을 가로막는 장애물이 무엇인지를 이해하고 불신자들처럼 생각하려는 목적에서 조사를 실시했다. 그리고 그 조사에서 발견한 흥미로운 사실은 많은 사람들이 하나님을 믿지 않기 때문에가 아니라 교회가 그들의 필요를 채워 준다는 느낌이 들지 않기 때문에 교회에 가지 않는다는 것임을 알게 되었다. 따라서 조사를 통해 얻은 모든 정보를 바탕으로 비교인들의 관심 분야를 다루고 그러한 핑계들을 없앨 수 있도록 고안된 예배를 알리기 위해 지역사회에 공개 서한을 보냈다. 그 편지의 서두에는 "비교인들을 위한 교회"라 지칭하고 대상을 규정했다. 그 서한[263]에는 새들백 교회의 "구도자에 민감한 예배"의 방향이 잘 나타나 있다.

1980년 3월 20일
이웃 여러분, 안녕하십니까?

드디어!
전통적인 예배 방식에 식상하신 나머지, 교회에 다니기를 포기하신 분들을 위한 새 교회가 여기에 있습니다. 우리 함께 현실을 직면합시다.

요즘 많은 사람들이 교회에 다니지 않고 있습니다.

왜 그렇습니까?

너무나 종종…

- 설교는 지루하고 매일의 삶과는 무관합니다.
- 많은 교회들이 당신 자신보다는 당신의 지갑에 관심을 보이는 것 같습니다.
- 교인들은 방문객들에게 불친절합니다.
- 당신의 자녀들을 돌보는 교회의 유아 시설의 수준이 의심스럽습니다.

당신은 교회에 나가는 것이 즐거운 일이어야 한다고 생각하십니까?

그렇다면 우리는 당신에게 좋은 소식을 갖고 있습니다!

새들백 밸리 커뮤니티 교회는 1980년대에 사는 당신의 필요를 채워주기 위해 마련된 새로운 교회입니다. 우리는 그리스도인의 삶의 방식이 기쁨이라는 것을 발견한 친절하고 행복한 사람들의 모임입니다. 새들백 밸리 커뮤니티 교회에서 당신은

- 새로운 친구를 만나고 당신의 이웃들을 알아가게 됩니다.
- 현대적 감각을 가진 리듬 있는 음악을 즐기게 됩니다.
- 매주 당신에게 용기를 주는 긍정적이고 실제적인 설교를 듣게 됩니다.
- 당신의 자녀들을 헌신된 유아 담당자들에게 믿고 맡길 수 있습니다.

이번 일요일부터 참석해 보십시오!

저는 4월 6일 오전 11시에 시작되는 우리의 첫 공개 예배인 부활절 축하 예배에 당신을 저의 특별 손님으로 초대합니다. 저희는 라구나 힐스 고등학교 강당에서 모이고 있습니다. 아직 교회를 정하지 않고 있다면 저희를 한번 찾아 주십시오.

무엇이 다른지를 발견하십시오!

릭 워렌 목사 드림

(2) 구도자 중심 예배의 철학

윌로우크릭 교회는 구도자 중심 예배에서 무엇을 행하고 행하지 않을 것인지를 결정하기에 앞서 기본적인 철학적 원리를 세워 그 태도에 의해 예배의 모양과 새신자들에 대한 태도를 결정한다. 그 원리는 다음과 같다.

① 모든 사람은 하나님께 중요한 존재이다. 그러므로 그들은 우리에게도 중요함에 틀림없다.

② 길을 잃은 사람들은 찾아져야 하며 발견되어야 한다.

③ 복음 전도와 신앙 교육은 기존 신자의 필요와 불신자들의 필요가 크게 다를 때 동일한 예배에서 효과적으로 수행될 수 있다.

④ 교회가 새신자의 영적인 여정을 존중한다는 것이 새신자들에게 전해지고, 허용되며, 정당하게 인정되어야 한다.

⑤ 새신자들은 (익숙하지 않은 교회 분위기에서) 당황하게 되거나 자신의 의사와는 다른 (무엇을 말하거나 헌금 따위의) 외적인 압력을 받거나 신분이 밝혀지는 것을 원하지 않는다.

⑥ 탁월함(교회의 모든 것에 탁월함을 유지시키는 것)은 하나님의 영광을 반영하며 사람들에게 긍정적인 결과를 가져온다.[264]

릭 워렌은 새들백 교회 구도자 예배에 대한 신학적이고 실제적인 이유를 알 필요가 있다며 열두 개의 확고한 신념에 근거하고 있다고 그 입장을 밝혔다.

① 믿는 자만이 진정으로 하나님께 예배드릴 수 있다.
② 하나님께 예배드리기 위해서 반드시 건물이 있어야 하는 것은 아니다.
③ 올바른 예배 '형식'이라는 것은 없다. 예수님은 합당한 예배를 위해서 단 두 가지의 조건만을 주셨다(요 4:24, 성령과 진리).
④ 불신자들은 믿는 자들이 예배드리는 것을 관찰할 수 있다.[265]
⑤ 하나님의 임재가 느껴지고 선포되는 말씀이 이해가 된다면 예배는 불신자들에게 있어서 강력한 전도가 된다.
⑥ 하나님은 우리가 우리의 예배에 불신자들이 참석했을 때 그들의 두려움과 필요와 그들이 싫어하는 것들에 대해 민감할 것을 기대하신다.
⑦ 구도자에게 민감한 예배가 되기 위해서 깊이가 없을 필요는 없다. 설교의 메시지를 타협할 필요는 없으며 단지 그들이 이해할 수 있으면 된다.
⑧ 믿는 자들과 불신자들의 필요 사이에는 많은 공통점이 있다.
⑨ 예배는 그 목적에 맞게 만드는 것이 좋다.
⑩ 구도자 중심의 예배는 개인 전도와 함께 병용하기 위한 것이지 그것을 대신하기 위한 것은 아니다.
⑪ 구도자 예배의 형식을 고안하는 데에는 정해진 방법이 없다.
⑫ 구도자에게 민감한 예배를 드리기 위해서는 이기적이지 않고 성숙한 신자들이 필요하다.[266]

(3) 구도자 중심 예배의 전략

윌로우크릭 교회는 새신자를 위한 적극적이고 사려 깊은 점을 구도자 중심 예배 요소에 전략적으로 적용하고자 개발과 노력을 기울인다. 이는 교회의 시설물을 포함한 교회 내 모든 면에 대한 비판의 요소를 찾으려는 새 신자들의 경향을 반영한 것이다. 이런 이유로 환경에 대한 정리정돈은 물론이고 주차장의 상황, 안내, 예배에 필요한 정보 안내 등 모든 일에 대해 봉사자들은 호의와 탁월함을 유지하는 데 전념해야 한다. 다음은 여기에 대한 구체적인 예배 전략이다.

① 우리 자신의 지역사회에서부터 시작하여, 세상을 복음화하라고 하는 성경의 명령을 믿음

② 하나님의 왕국에서 어떤 사람도 결코 지루함을 느끼지 않도록 하려는 열망-이를 위해서 동시대적이고 창조적인 것에 전념

③ 새신자의 익명성을 깊이 존중

④ 새신자가 결정을 내리는 데 시간이 필요함을 이해-그러므로 강조점은 새신자가 예수님을 영접하는 행사에 있지 않고 영접하는 과정에 있음

⑤ 우리가 하는 모든 일에 탁월함의 필요성을 인지함-특별히 하나님의 성품과 속성을 전달하는 것들에 있어서

⑥ 사람들이 그들의 시간, 재능, 그리고 재물 때문에 교회에 나오지 못하는 이유를 두려는 것을 이해한다. 그런 원인이 탁월하게, 정직하게, 그리고 성실하게 다루어질 때 예수 믿는 결과를 낳게 된다.

⑦ 기독교와 새신자의 일상생활 사이를 적합하게 연결하는 일에 전념-새 신자들이 기독교를 실생활화할 수 있도록 전념한다.[267]

리버티 대학의 엘머 타운즈(Elmer Towns)는 빌 하이벨스 목사와 존 맥스웰 목사와의 강연회에서 다음과 같은 내용의 대화를 나누었다. 이것은 윌로우크릭 교회의 구도자 중심 예배가 얼마나 방문자에게 친절한(visitor-friendly) 특징을 포함하고 있는지를 실감하게 한다.

구도자 중심 예배를 위하여 빌 하이벨스 목사는 교회에 십자가를 두지 않는데 이것은 믿지 않는 사람들에게 거부감을 주지 않기 위해서라고 말했다. "불신자들은 교회 건물보다는 시민회관에 참석하는 것을 더 편하게 생각한다." 빌 하이벨스 목사는 "교회가 너무 전통적으로 보일 때 오히려 장애가 되어 믿지 않는 사람들이 복음을 외면하게 된다."고 말했다. "믿지 않는 사람들에게 어려운 문제이기에 기도할 때에 손을 들라고 말하지 않으며, 같은 이유에서 '주님이 가르쳐 주신 기도'로 기도하거나 '참 아름다워라'와 같은 찬송들을 부르지 않는다."고 했다. 빌 하이벨스 목사는 "믿지 않는 사람들이 텔레비전을 통하여 드라마를 보기 때문에 복음을 전하는 수단으로 현대 드라마를 각색하고 평상시 듣는 음악과 같은 음률로서 찬양을 한다."고 했다. 보통 믿지 않는 사람들은 합창이나 오르간, 그리고 일반 기타를 듣지 않는 사실을 지적했다. "오히려 그들은 전자 악기의 소규모 그룹 가수의 음악을 들으며 자신의 문제들을 직접 해결하며 도움이 되는 설교는 듣고 싶어 한다."고 말했다. 빌 하이벨스 목사는 "믿지 않는 사람들을 전도하기 위해서 다음의 것들을 피하라."고 말한다.

① 일으키고(회중에게 소개하기 위하여)

② 작성하고(등록카드를 강요적으로 요청하여)

③ 소개하고(자신 스스로 앞으로 나와서 말하도록 요구하며)

④ 헌금한다(처음 방문자에게 돈을 요구하는 것처럼 보이지 말아야 한다).

빌 하이벨스 목사는 믿지 않는 사람들이 불편해하기 때문에 보통 예배시간에는 헌금 바구니를 돌리지 않았다.[268]

새들백 교회는 신자들이 친구를 데려올 수 있도록 비교인들에게 매력적이고 호소력 있는 예배를 계획적으로 고안한 "구도자에게 민감한 예배"를 위한 열 가지의 실제적인 제안사항을 나누었다.

① 대상을 염두에 두고 예배를 계획하라.

② 될 수 있는 대로 예배에 참석하기 쉽게 만들라.

③ 예배의 속도와 흐름을 향상시켜라.

④ 방문자들이 편안하게 느끼도록 해주라.

⑤ 밝은 분위기를 조성하라.

⑥ 매력적인 분위기를 창출하라.

⑦ 예배의 순서를 간단히 적으라.

⑧ 교회의 내부적인 광고는 최소한으로 줄여라.

⑨ 지속적으로 평가하고 향상시켜라.

⑩ 당신이 누구를 섬기고 있는가를 기억하라.[269]

(4) 구도자 중심 예배 구성요소

윌로우크릭 교회 구도자 중심 예배는 가장 중요시되는 설교자의 메시지에 적합한 음악과 드라마와 성경읽기로 구성한다. 그 예배가 가진 구성요소는 다음과 같다.

① 음악: 공연되는 음악은 경쾌하며 현대적이다. 예배 중에 모두 함께 부르는 시간이 있다. 그리고 설교자의 메시지에 부합하도록 불신자들을 위해 만들어진 뮤지컬이 있다.

② 드라마: 드라마는 무엇을 가르치거나 질문에 대답하려고 시도하기보다 오히려 질문을 갖게 하고, 설교를 위한 사고과정을 준비시키는 일을 한다. 드라마는 현재의 논쟁거리와 관심을 유머스럽고 드라마틱하게, 그리고 민감하게 다룬다.

③ 성경읽기: 일반적으로 성경에 부합하는 개인적인 스토리나 시사 사건 등과 관계되는 구절들이 읽히며, 성경의 문화에 적합하다는 사실을 예시한다.

④ 알림: 새신자 예배에서의 알림은 참석한 모든 사람들을 환영하며 교회에 관한 부가적인 정보를 원하는 사람들에게 정보를 얻는 방법을 알려주도록 만들어져 있다. 그리고 새신자들에게 관심이 있을 강좌에 관한 등록의 세부사항들이 고지된다.

⑤ 헌금: 새신자는 그가 손님이며 이 순서에 참여하지 않아도 된다는 말을 듣는다. 새신자는 그 자체로 환영을 받으며 물질적인 기억 때문에 환영받는 것이 아님을 분명히 한다.

⑥ 메시지: 메시지는 오늘날 새신자와 기존 신자들의 삶에서 예수 그리스도의 적합성을 강조하며 현재의 논쟁거리나 문제들을 다룬다.

⑦ 익명성: 새신자 예배의 전체 순서에 흐르는 신념은 새신자가 익명성을 바란다는 것이다. 참석자들에게 요구되는 것은 한 번의 짧은 코러스를 부르는 시간에 함께 참여하고 자신이 앉아있는 주위에 인사하는 정도이다. 그 외의 순서는 새신자의 주의를 요구할 뿐이다. 그리고 새신자의 주의를 붙잡아 두는 것은 기획부서의 책임이다.[270]

한편 새들백 교회는 예배의 빠른 진행 속도와 흐름을 중요하게 여기는데 이유는 예배가 장례식이 아니라 축제이기 때문이다. 또한 텔레비전이 방청객들을 지루해 하지 않도록 그 구성을 짜임새 있게 이끌어가는 반면 대부분의 교회 예배가 달팽이 속도로 진행되어 죽은 시간을 만들어내거나 참석한 불신자들을 잠들게 하는 실패를 가져오지 않도록 하기 위해서이다. 새들백 교회에서는 예배 진행 속도를 평범한 예배와 훌륭한 예배와의 차이를 그 흐름에 놓고 평가하며 특히 음악을 통해 만들어내기 원하는 흐름을 상기시켜 주기 위해 음악의 짜임새를 "IMPACT"라는 단어를 사용하여 구성하도록 했다.[271]

- 개회송(Inspire Movement): 개회송을 통해 이루고자 하는 것은 밝고

경쾌한 음율을 사용해서 사람들로 하여금 발로 박자를 맞추거나 박수를 치조 적어도 미소를 짓게 만든다. 경직되어 있는 방문객들의 굳어있는 근육을 풀어주기 위한 것이다. 몸이 풀어져 있을 때는 덜 방어적이 되기 때문이다. … 이렇게 경직된 몸을 풀어주는 개회송이 끝나고 나면 분위기는 항상 더 즐겁고 민첩해진다.

- 찬양(Praise): 그 다음에는 하나님에 대한 즐거운 찬양으로 옮겨간다.
- 경배(Adoration): 더 명상적이며 친밀한 찬양을 하나님께 부른다. 여기서는 속도가 늦추어진다.
- 헌신(Commitment): 이 단계에서는 사람들에게 하나님에 대한 헌신을 다짐하거나 새롭게 할 수 있는 기회를 준다. 여기서 부르는 찬양은 주로 "주님 닮기 원합니다."와 같은 일인칭 단수로 노래한다.
- 마무리송(Tie if all together): 마지막으로 우리는 또 하나의 짧고 밝은 노래로 예배를 끝낸다.[272]

그리고 새들백 교회는 설교 스타일이 믿는 자를 가르치는 데 사용하는 스타일과는 구도자 예배에서 사용하는 스타일이 다르고 비효과적이며, 설교가 교리적으로 옳고 설교학적으로 건전한 것만으로는 충분하지 않다고 말한다. 그리고 "구도자에게 민감한 교회"의 비교인들을 위한 설교의 몇 가지를 제안한다.

① 당신의 설교스타일을 청중에게 맞추라.
② 성경을 불신자들이 가까이할 수 있도록 만들어라.
③ 성경구절을 적은 설교개요를 제공하라.
④ 비교인의 관심을 끌 수 있는 설교제목을 찾아라.
⑤ 4-8주의 시리즈 설교를 하라.
⑥ 설교 스타일을 일정하게 하라.

⑦ 초대 강사를 주의깊게 선택하라.

⑧ 헌신을 이끌어내는 것을 목표로 설교하라.[273]

그 밖에도 구도자 중심 예배의 형식은 그날의 주제에 의해 좌우된다. 밴드, 조명, 연극, 가수, 안무가, 율동가, 말씀 증거자 등의 예배 팀에 의해 예배가 인도되며 많은 자원봉사자들이 돕는다. 음악은 구도자인 청중에 의해 좌우된다. 주로 록, 재즈, 랩, 컨트리, 리듬 앤 블루스, 혹은 민속 음악을 사용하며 대개 회중이 아닌 솔로 가수나 찬양팀이 부른다.[274] 록 밴드의 세속적인 노래 연주로 시작해서 최근 영화를 편집해서 보여주고, 그 지역 예술가가 부른 또 다른 노래가 흘러나오고, 목사님의 말씀이 이어지기도 한다. 이러한 예배는 오프라 윈프리 쇼(Oprah Winfrey Show)와 필 도나휴 쇼(Phil Donahue Show)에서 보았던 것과 유사한 형식의 질의응답 순서로 마무리를 지을 수도 있다.[275] 따라서 회중의 명시적인 참여보다는 프리젠테이션에 보다 집중된다.[276] 복장은 청중의 세대와 성향에 따라 그 문화에 걸맞는 카우보이 장화를 신은 강연자로부터 옥스퍼드 셔츠와 국방색 바지를 입은 설교자, 검정 진과 네온 셔츠를 입은 강연자 등 다양하다.[277]

이러한 구도자 중심 예배는 교회에 나가지 않는 사람들이나 교회에 나간 적은 있어도 전통적인 종교 언어나 문화에 친숙하지 않는 '복음에 낯선 사람', '이방인', '주변인', '더 많은 관심이 필요한 사람' 등의 이름을 가진 사람들이 주 대상으로 스스로를 죄인이나 상처 받은 사람으로 이해하기보다는 무지할 뿐이라고 이해하는 사람들이다. 따라서 현대 생활에서 부딪히는 문제들을 정밀하게 연출해 내어 특정한 신앙 공동체의 문제에서 성경본문으로 이동하는 형식을 취한다.[278] 이러한 구도자 중심 예배의 분위기는 극장에 가깝다. 강단에는 탁자 하나와 무선 마이크, 비디오 영사기 화면 정도가 놓여 있고, 회중은 편안한 의자에 앉아 예배를 관람하듯 예배의 흐름에 자발적인 참여를 이끈다.

(5) 구도자 중심 예배의 목표

구도자 중심 예배를 성격상 참여 중심과 공연 중심이라는 두 가지 형식으로 나누어 설명하기도 하는데, 새들백 교회[279]와 같은 참여 중심의 형식은 구도자 중심 예배와 찬양예배의 혼합형으로 믿지 않는 사람들로 하여금 구도자 중심 예배에서 점차 다른 유형의 예배가 편안하게 느껴질 때 합류를 권한다. 설교는 구도자들을 대상으로 하며, 음악은 현대의 세속적인 노래와 종교적인 노래를 모두 포함하며 회중도 함께 부른다. 반면, 윌로우 크릭 교회와 같은 공연 중심의 형식은 현대의 세속과 종교적인 음악, 연극, 기독교의 기본적인 가르침을 이용한다.[280] 이러한 구도자 중심 예배를 지지하는 사람들은 복음의 밥을 먹기 전에 죽을 먹을 필요가 있다고 설득력 있는 주장을 내세우기도 하고, 많은 구도자 중심 예배 인도자들은 그들의 예배가 참 예배는 아니며, 사람들을 예수와의 더 완전한 관계로 초대하는 신앙의 소개일 뿐이라고 주장하기도 한다.[281]

하지만 앤디 랑포드는 대부분의 구도자 중심 예배 자체는 교회에 '합류'나 예수 그리스도의 제자를 중요한 목표로 삼지는 않으나, 현실적인 목표는 예배만 드리던 구도자들을 소그룹 성경공부와 선교에 참여하도록 점차로 권유하고 소그룹 활동 속에서 비로소 제자의 길로 초대하는 것이라며 예배의 기능적인 차원을 접근한다.[282] 이렇듯 구도자 중심 예배의 목적은 단지 교인 명부에 새로운 교인을 추가하려는 것이 아니라 예수와의 감격적인 관계에 두고 있다.

호네스 역시 구도자 중심 예배는 대형교회를 만들기 위한 것이 아니라 사람들이 예수를 따르는 것을 보기 위함이라 했다. 이를 위해 그 예배를 준비하는 이들은 교회가 수년을 함께 예배할 날을 갈망하며 사모해 왔을 뿐만 아니라 구도자 예배에 대한 꾸준한 변화를 위한 노력과 구도자들이 예수님의 놀라운 은혜를 이해할 수 있는 장을 제공하기 위해 매 주일을 헌신한다. 이러한 상황으로 인해 구도자 중심 예배를 드리는 교회는 주일이 봉사를 위한 날이다. 하나님과의 깊은 관계의 성장을 위해서는 별도의 시간으로 수요일 밤을 찬양과 배움을 위한 시간으로 갖는다. 그 예배는 주일 예배와는 전혀 다른 믿는 자들을 위한 시간으로 기획된다.[283] 새들백 교회 역시 믿는 자들을 위한 예배는 수요일 밤에, 구도자 중심의 예배는 토요일 밤과 주일 아침에 있다. 여기에는 한 예배로는 믿는 자들을 양육하고, 구도자들에게 전도하도록 예배를 구성하는 소위 총 한 자루로 두 개의 과녁을 겨냥하는 것은 불가능하다는 이유에서이다.[284] 그리고 대부분의 교회가 가지고 있는 갈등으로 "예배"(service)와 "우리를 섬기라"(serve us)의 개념을 극복하지 못해 예배보다는 교회 재정을 채우는 신자들의 필요를 채우는 쪽으로 기울고 있는 문제를 벗어나야 한다는 것이다. 그것은 편안한 상태에서 자발적으로 벗어나기 위해 엄청난 영적 성숙도를 요구하는데, 그것이 신자들이 자신들이 선호하는 것이나 전통, 안락을 희생하여 불신자들이 편안하게 느끼는 환경을 조성할 마음과 연결짓는다. 따라서 마태복음 20장 28절에서 말씀하신 예수님의 그 이타적인 섬김의 태도가 교회의 신자들의 생각과 가슴 속에 가득차 있지 않다면 그 교회는 아직 구도자 예배를 시작할 준비가 되어 있지 않은 것이라 했다.[285]

4. 현대적 예배의 평가

1) 윌로우크릭 교회 보고서

예배의 새로운 갱신의 필요성이 대두되고 있는 시대상황에서 등장한 '현대적 예배'는 그 궁극적인 목표가 영혼구원과 예수 그리스도와의 친밀한 관계에 있다는 정당한 주장에도 불구하고 많은 우려를 낳았다. 심지어 '현대적 예배'와 '구도자 중심 예배'를 대표하는 윌로우크릭 교회는 교회 내 자체적인 평가 보고서를 통해서도 '현대적 예배'가 지닌 그 한계를 적시하고 있다는 점은 우려에 힘을 더했다. 『당신은 지금 어디에 있는가? 』(*Reveal: Where Are You?*)[286]라는 윌로우크릭 교회 발간 보고서에 따르면 현대적 구도자 중심 예배의 수혜자였던 조사 대상자의 25% 이상이 자신이 영적으로 '정체되어' 있거나 자신의 영적 성장에 대한 교회의 역할이 '불만족스럽다'는 충격적인 대답을 내놓았다. 이들의 한 부류는 '그리스도를 닮아감'의 단계에서 성장을 멈췄다고 고백하는 신앙 정체그룹이다. 이들 중 많은 수의 사람은 교회를 떠날 생각마저 가졌다. 이들은 신앙 성장의 초기에서 중간 단계로 넘어가는 그 과정에 멈춰 있거나 막혀 있어 낮은 수준의 신앙 훈련 상태라는 것을 보여주었다. 한편 또 한 그룹은 예배를 통해 더 많은 도전과 깊은 깨달음에 대한 갈망에 7%만이 만족할 뿐 많은 수는 교회가 올바른 그리스도인의 삶을 살도록 붙잡아 주지 못해 심지어는 교회를 떠날 생각까지도 표명했다. 교회는 여기에 대해 사람들의 영적인 성숙에 대한 교회의 영향력의 한계와 교회가 기저귀를 갈아주고 학교 숙제를 도와주는 차원의 영적 보살핌만을 지나치게 강조해 오지 않았는지를 반성했다. 그리고 교회가 성숙한 제자들과의 관계를 새롭게 정립하여 그들에게 필요한 것을 뒷받침해 주고 알맞은 수준의 영향력을 유지해야 할 필요성을 고백했다.

앤디 랑포드는 구도자 중심 예배가 지닌 문제의 심각성은 구도자 중심 예배 참석자들이 신앙인들을 위한 예배로 이동하는 경우가 극히 드물다는 분석을 내놓기도 했다. 그런가 하면 같은 맥락에서 마르바 던은 '현대적 예배'의 무기력증에 대해 아래의 우려를 표명한 바 있는데 그것이 현실로 반영된 결과라 할 수도 있다.

그리스도께로 사람들을 이끌기를 원하는 많은 교회들이 예배를 너무 표면적으로 드림으로 그리스도를 충분히 전해 주지 못해 믿음을 지속케 하는 데 오히려 위험을 초래하고 있다. … 사람들이 기독교를 행복과 좋은 감정으로 덧입혀진 것으로 소개를 한다면 만성적인 질병, 가족의 불안정

상태, 혹은 오랜 실직이 위협할 때 견디는 힘을 어디에서 찾을 수 있을 것인가? 예배가 오직 즐거운 것이어야 한다면 교회 안에 있는 우리 모두가 죄성을 가진 인간 존재이기 때문에 불가피하게 일어나는 갈등 상황 가운데서 예배에 매료되어 나온 사람들이 어떻게 사역에 헌신할 수 있을까?[287]

2) '예배 전쟁'의 초래

지상 교회의 역사는 전쟁의 역사였다. 종교개혁시대는 이단문제를 가지고 신학적으로 싸웠다. 때로는 예루살렘의 성지 회복을 위한 십자군 전쟁 같은 정복전쟁이 있었다. 결국 교회는 외부적으로 세상과 내부적으로 교리, 정책, 사악한 지도자들, 부패, 직위, 그리고 심지어는 교회 안의 성상 파괴의 이유로 서로 싸웠다. 오늘날은 또 다른 큰 전쟁의 소용돌이 속에 있다. 바로 '예배 전쟁'이다. 예배의 다양한 형태들이 제2차 세계대전 이후에 나타나면서 '예배 전쟁'은 지난 50년 동안 나타난 자연스러운 현상이 되었다.[288]

'예배 전쟁'을 촉발했던 모든 변화는 새로운 현상이라기보다 미국의 베이비 붐 세대라 부르는 거대한 세대에 의한 문화적 혼란의 일부분에 불과하다. 로널드 바이어(Ronald P. Byars)는 이와 관련하여 '예배 전쟁'에 관해 유의할 사항 중의 하나는 대부분의 전쟁이 그것이 어떠한 종류이건 일종의 '걱정'이라는 줄기로부터 뻗어 나온 가지라는 것이다. 모든 사람은 위협을 느낀다. 새로운 방향을 개척하는 사람은 비판받기 쉽고 뭔가 마비 증세를 느끼게 하는 도전을 받게 되면 방어태세에 들어간다. 예배 실행이 발전에서 혁명으로 옮겨가고 또 그렇게 빠르게 진행되는 그 배경도 역시나 이러한 걱정이 뿌리를 이루고 있기에 그렇다는 것이다.[289]

주요 교단의 많은 목회자들은 교회 안에서 변화가 일어나고 있음을 알아차리기 시작했다. 그리고 그것이 문화적인 변화와 관련이 있으며, 교인들의 수적인 감소로 나타나고 있음도 함께 감지할 수 있었다. 주일 아침 분위기는 고령화에다 새로운 봉사자들을 찾아보기 쉽지 않았다. 평신도들은 그 문제를 목회자의 능력에서 찾으려 했으며, 무능한 목회자 대신에 유머감각을 가진 사역자를 얻게 되면 상황은 바뀔 거라는 생각에 저널광고로 새로운 사역자를 청빙하려는 상황을 만들어내기도 했다. 목회자는 점점 자기의심과 회의를 경험했고 성도들의 수적인 감소의 원인을 목회자의 결함으로 여기며 염려하게 된다.[290] 이것은 교회가 문화의 영향에 지혜롭고 신속하게 대응하지 못한 무능에 대한 책임을 요구하는 단적인 모습이다.

한편 이와는 반대로 문화를 둘러싼 현상에 대해 조급하고 지나치게 적극적인 반응과 수용이 일으킨 문제들도 흔하게 나타났다. 특히 교회의 '성장' 메커니즘의 영향으로 '현대적 예배'의 적극적인 수용이 교회를 어렵게 했다. 다음의 사례는 어떠한 검증과 문화융합에 대한 고려 없이 바로 전통적인 예배에서 '현대적 예배'로 조급하게 변화하는 과정에서 일어난 교회 내 '예배 전쟁'의 실상이라 할 수 있다.

플로리다 주 독립교단 중에서 영혼구원을 강조하는 한 대형교회는 복음주의 교회의 특색을 지녔다. 목회자는 주일 오전, 오후, 그리고 수요 기도회 때 매 시간마다 복음 제시로 가득한 설교를 하였다. 그리고 구원의 확신을 위하여 강단 앞으로 나와서 교인들에게 복음 초청에 응하도록 제시했다.

"구세주로서 그리스도를 영접하기 위해 기도하세요."

그러나 목회자는 얼마 전 구도자 중심 예배를 위한 목회자 집회에 참석한 후부터 자신의 교회에서 전통적인 예전 예배가 아닌 구도자 예배를 도입하였다. 찬양대와 오르간은 찬양팀과 전자 키보드로 대체했다. 찬송가를 치우고 스크린을 사용하여 복음송 가사를 비추었다. 드라마가 설교 전후에 사용되고 텔레비전 영상을 통하여 광고가 전해졌다. 방문자 눈에 띄었고 교인들은 예배 후 주차장에 많아진 방문자를 목격하며 기대했다. 설교는 알기 쉬운 관점에서 일상생활 단어를 사용하여 말씀을 선포한다. 모든 교회의 기독교 전통은 더 이상 보이지 않고 전통적인 예전 예배를 원했던 교인들도 눈에 띄지 않았다. 이것은 교회에서 어린 시절부터 성장하며 불렸던 찬양이 사라졌다고 느낀 교인들이 떠났기 때문이다. 대부분 교인들은 독립 침례교단이나 이전에 함께 있었던 형제교단으로서 비슷한 전통적인 예배 형태를 유지하고 있는 크고 가까운 남침례교단의 교회들로 떠났다. 대략 1,000여 명의 예배자들은 다른 교회로 떠났고 남은 사람들은 재정적 압박으로 비용절감을 해야 했다. 일부 부교역자들은 사역에 대한 마찰로 다른 사역지를 찾아 떠나야 했다.[291]

3) '현대적 예배'에 대한 반격

'현대적 예배'를 추구하는 교회의 순수한 의도와 '예배 갱신'에 대한 선의지와는 달리 '현대적 예배'에 대한 평가는 다소 냉혹하다. 전통적인 복음주의적 관점이 가장 일반화된 평가로 이해되고 있다. 존 프래임(John M. Frame)은 '현대적 예배'에 대하여 현대 복음적 교회의 병적 증세라는 비판의 내용을 여덟 가지 항목에 나눠 총체적으로 기술했다.

첫째, 주관주의(Subjectivism)이다. 복음주의적 관점에서 볼 때 '현대적 예배'는 객관적이기보다는 너무 주관적이다. 예배자 중심적이며 하나님보다 오히려 그들의 느낌과 경험을 강조한다.

둘째, 인본주의(Humanism)이다. '현대적 예배'에서 하나님은 초월적이고, 하나님에 대한 경외심과 성경적 계시의 통치적 주되심의 속성보다 이용하기 용이한(user-friendly) 분이다. 예배자들은 그들이 하나님을 조종하거나 그들 자신의 목적을 위해 사용할 수 있다는 느낌을 받게 된다. 최악의 경우에는 신령한 법과 인간의 죄에 관한 성경적 가르침을 경시하고 속죄와 용서에 대해 공허감을 남기는 이단이다.

셋째, 반주지주의(Anti-intellectualism)이다. '현대적 예배'가 어린아이를 위해서는 가장 좋은 우유인 반면 성숙한 신앙으로의 양육과 도전은 배제한다.

넷째, 심리주의(Psychologism)이다. '현대적 예배'가 하나님의 은혜와 죄의 용서라는 복음보다는 오히려 현대문화의 심리학에 동의하며 유사정신의학 치료를 제공하고 청중의 필요를 채운다.

다섯째, 전문성(Professionalism)이다. '현대적 예배'는 기독교를, 심지어 그리스도까지도 시판되고 있는 "상품"으로 여긴다. 따라서 예수님의 위신을 떨어뜨리는 것은 물론이고 그분의 초월적인 위대함에 관해 청중을 호도한다.

여섯째, 소비주의(Consumerism)이다. '현대적 예배'는 사람들에게 자기 처방에 대한 비난과 자신의 진정한 필요에 관한 하나님의 처방에 직면하기보다는 자신이 원하고 필요로 여기는 것을 제공할 것을 목표한다. 세속적인 경제논리 안에서 소비주의는 음악, 건축, 예전적인 언어에 담긴 진정한 질적 요소를 약화시키는 경향으로 나타난다. 나쁜 예배는 좋은 것을 몰아내고 교회는 예배자의 가장 저급한 공통분모를 목표한다. 이로써 예배는 오락이 되고 궁극적인 소비 상품이 되어버린다.

일곱째, 실용주의(Pragmatism)이다. '현대적 예배'는 예배 안에서 하나님을 기쁘시게 하기를 구하지 않고, 대형교회, 명성, 재물과 같은 세계적인 목표를 추구하며 사람들을 이끌기 위한 것들을 행한다.

여덟째, 현세적 우월주의(Temporal Chauvinism)이다. '현대적 예배'는 전통에 반대하는 경향으로, 특히 최근의 것으로 전통 자체를 방어한다. '현대적 예배'의 지지자들은 전통적인 예배를 우둔하고 지루하며 구시대적인데다 현대인들에게 관심을 가질 만한 가치가 없는 것이라 하여 공격한다. 하지만 '현대적 예배'의 반대자들은 뿌리의 회복과 전통을 지지한다.[292]

또한 프레임은 '현대적 예배'에서 '이용에 용이함'(user-friendliness)의 개념은 '교회성장 운동'[293]과 연결된 적대감의 원인이라 했다. 현대 복음주의 안에서 '시장 심리'(marketing mentality)에 대한 많은 비판이 바로 교회성장 운동을 향해 있기 때문이다. 교회성장 운동은 수적으로 성장하는 교회의 실증적인 연구를 통해 이들 교회가 공통적으로 가진 특징을 토대로 성장의 길을 알린다. 이 운동에 대한 비판적인 평가는 교회가 일련의 인간적인 기술을 통해 신앙을 얻을 수 있는 듯이 주장하며, 또한 하나님께서 그분의 능력이 인간적인 기술의 지령에 '이용될' 수 있다고 여긴다는 점이다. 이러한 운동은 하나님의 주권을 간과하는 실수를 범하게 되면서 인간의 책임을 중시하게 되고, 설교와 증언이 목적 지향성을 가져 설득과 동기부여를 목표할 수 있다. 이러한 의식적 접근은 회개와 믿음이 인간의 기술과 노력이 아닌 하나님의 은혜의 선물임을 인식하지 못한 결과이자, 신앙의 내용을 우리가 목표할 수 없다는 사실을 부정하는 것으로밖에 이해될 수 없다.[294]

브라이언 스핑크스(Bryan D. Spinks)는 그것과 관련하여 '현대적 예배'의 소비자 중심적 영향에 대한 위험성을 지적했다. 그는 현대인들이 예배를 위해 쇼핑하게 된다면, '현대적 예배'의 경향은 적어도 두 가지 면에서 '예배 쇼핑몰'(worship mall)로 묘사될 수 있다고 평가했다.[295] 먼저는 종교가 소비주의로 대표되는 레저와 엔터테인먼트 산업으로 경쟁 중에 있다는 것이다. 그 몰은 주일에 열려 교회들 간에 경쟁하고 사람들은 선택한다. 소비주의가 갈망과 만족을 약속하듯이 믿음 또한 갈망을 통해 만족을 제공한다. 그리고 교회력(Church's liturgical calendar)의 패러디(parody)인 쇼핑몰의 달력(mall's liturgical calendar)을 필요로 한다. 둘째는 '현대적 예배' 안에 다른 동향이 존재한다는 사실에서 예배 형식들이 몰의 특징을 보여주게 된다는 것을 의미한다는 것이다. 즉, 개인적 취향과 영성에 적합하도록 맞춤형의 예배로 교회는 서로 다른 방법으로 사람들을 유도하며 상호 경쟁을 부추기게 된다. 결국 그렇게 될 때 예배가 시장 점유율에 의해 측정되고 청중에게 팔리는 상품이나 종교적 오락이 될 수 있다.

앤디 랭포드와 앤디 크로치(Andy Crouch)는 '현대적 예배'의 음악에 관한 비난을 쏟아냈다. 앤디 랑포드는 '현대적 예배'의 찬양이 현대문화를 너무 많이 수용하면서 내용은 결여된 데다가 전통적인 찬송가는 문을 닫는다고 지적했다. 가스펠송의 음조와 가사가 마음에 와 닿는다 하더라도 여러 세대에 걸쳐 지속될 정도의 깊이와 통전성은 결여되었다는 것이다. 또한 극히 개인적인 체험에 초점이 맞추어져 있고 그로 인해 성례전과 같은 다른 예배 필수적인 면들이 희미해질 수 있으며, 예배 흐름상 예배 인도자들의 리더십과 개인숭배가 조장될 수 있다는 위험도 제기했다.[296]

앤디 크로치는 '현대적 예배'와 전통적인 예배 사이의 구별을 음악과 전원 플러그로 보고 현대적이라 부르는 음악의 장르는 그 음악과 전원의 증폭에 달려 있다고 했다. 즉, '현대적 예배'의 본질은 전기를 이용하느냐로 보았다. 그는 미국 기독교인들의 소수 발언자들을 대변하여 예배에서 증폭된 음악에 격렬히 반대한다. 비록 증폭된 음악이 우리시대 모국어에 가깝다고 말한다. 그것이 놀랄 만한 음악 수준을 이끌어내고, 심지어 수세기동안 듣지 못한 수준의 즉흥예술을 예배에 도입하고, 대성당의 울림을 들려주는 등의 우리가 할 수 있는 그 이상에 대한 끊임없는 갈망을 표현했다고 할 수 있다. 하지만 증폭된 예배에 제기되는 문제를 피할 수는 없다는 입장이다. 먼저, 증폭된 음악은 고통스러운 기억을 떠오르게 하거나 고통 그 자체의 원인이 될 수 있다는 것이다. 또 다른 의미에서 중세기 교회를 찾는 사람들을 수동적인 상태로 조장하려 했다는, 당시 가장 금하기까지 했다는 예전음악의 과오를 다시 범하게 된다는 것이다. 이 같은 주장은 '현대적 예배'에 대한 냉소자들에게서 '현대적 예배'를 록 콘서트에 빗대는 말로 되풀이되기도 한다. 멋진 쇼를 연출하고 볼륨을 높이고 더 현란하게 연주하며 다채로운 스포트라이트로 밝히며 증폭의 효과를 내지만 대부분의 예배 회중은 그저 박수를 치는 성도나 그 이상의 눈을 감고 몸을 약간 흔드는 정도에 불과하다. 바로 그 종교개혁 이전으로 되돌아가 당대 회중이 문제로 겪고 있던 무기력에 빠져 있다는 비난이 많은 교회들의 평가다.[297]

해롤드 베스트(Harold Best)는 '현대적 예배'가 하나님과의 만남을 강조하고 이를 위한 예배 형식의 변화를 주장하고 있지만, 그 실상은 하나님에 대한 경험이 예배 형식에 영향을 미치고 있는 격이라고 지적했다.[298] 로버트 웨버 역시 하나님과 우리의 관계에 대한 갈망이라는 거듭되는 '현대적 예배'의 주장에 부정적인 입장이다. 그는 먼저 윌로우크릭 교회의 죠 호네스와 빌 하이벨스의 다음의 말[299]을 차례로 인용하며 반박의 근거로 삼았다.

> 우리의 마음이 하나님을 향한 진정한 사랑의 표현이 없다면 하나님은 영광을 받지 않으신다. … 심지어 '현대적 예배'가 보다 더 온전하게 하나님께 경의를 표하는 마음이다(죠 호네스).
> 하나님의 깊은 갈망은 우리가 전심으로 그분께 예배하는 것이며, 우리의 마음이 온전히 진정한 사랑을 그분께 표현하는 것이자 … 우리가 예배할 때 우리는 하나님을 향한 갈망, 기쁨, 하나님의 임재를 위한 열정, 증가된 믿음, 하나님의 말씀을 향한 사랑, 평안, 하나님을 위한 증가된 사랑, 경배, 찬양, 축하, 감사, 일치, 회개 등이 증가한다(빌 하이벨스).

로버트 웨버는 인용문에서 표현한 '마음'에 대한 강조는 무리한 요구라고 말했다. 마음을 다하고 영혼을 다하는 것, 하나님과의 완전한 연합을 성취하는 것, 흠 없고 순전함으로 하나님을 예배하는 것을 할 수 있는 주체가 누구인지를 물었다. 그리고 오직 예수님만이 가능하다는 그 중요한 사실을 '현대적 예배'가 놓치고 있다고 말한다. 또한 그들의 표현에는 내가 해야 하는 것이 너무 많기에 하나님이 나를 위해 행하신 것이 상대적으로 너무 적어진다는 한계를 드러내는 것을 지적하고 있다. 하나님은 예수 그리스도 안에서 구원을 행하셨기에 우리의 예배는 치유받는 중에 있는 깨어진 질그릇일 뿐, 충만한 기쁨과 끝없는 열정과 전적인 경배와 축하의 능력이 아니라는 것이다. 오직 죄 없으신 예수님은 단지 나의 구원자만이 아니라 내가 할 수 없는 것을 내가 머무는 그곳에서 나를 위해 행하신 나의 완전하고 영원한 예배이시다. 우리의 예배는 항상 그리스도 안에, 그분을 통해 있다는 이 좋은 소식을 '현대적 예배'는 왜 말하지 않는지 그 이유가 당혹스러울 뿐이며 모난 예배를 예수님의 이름으로 감사함으로 드릴 수 있음에 도리어 그는 감사할 따름이라고 고백한다.[300]

4) '현대적 예배'의 방법론적 쟁점

마이클 해밀턴(Michael Hamilton)은 기독교의 다양한 표현이 꼭 나쁜 것은 아니라는 것을 기억해 둘 필요성을 언급하면서도 정통 기독교의 다양한 표현의 기능적인 검증의 중요성에 대해 말했다.[301]

다니엘 베네딕트와 크랙 밀러는 '현대적 예배'가 가진 부정적 측면에 대한 수용적 태도가 위험을 초래할 수 있다는 점을 지적했다. 오늘날 불신자, 구도자, 베이비부머, 혹은 다른 그룹을 표적으로 하는 언어나 예배 활용, 교회를 마케팅하는 것이 고객과의 나눔과 청중과의 동질감을 형성하고 사람들에게 다가갈 때 필수적인 전략이 될 수는 있지만, 예배와 관련했을 때는 내재적 위험성이 존재한다고 했다. 교회는 항상 예배와 복음전도의 균형을 유지하려고 투쟁해 왔지만, 이제는 그 균형을 깨뜨리기 위해 보다 심오한 방법을 동원하여 우리의 능력을 시험하게 될 것이기에 마케팅에 의한 위험 신호가 복음전도와 제자화에서 교회를 탈선하게 해서는 안 된다고 경고한다. 그럼에도 불구하고 사실 모든 교회는 마켓에 다가가고 있기에, 문제는 우리가 어떻게 새로운 사람에게 다가가 우리의 사역을 확장하기 위해 낯선 사람에게 환대하며 우리의 문을 여느냐의 방법론적 중요성을 강조한다.[302]

앨머 타운즈 또한 오늘날 교회들 간에 논쟁이나 격한 다툼을 일으키는 모습은 신학적인 뿌리를 두고 있으나 대부분은 방법론에서 기인한다고 말했다. 따라서 여기에는 적절한 접근방법을 취해야 하는데 그 과정에서 반드시 유의해야 할 사항 여섯 가지[303]를 고려할 것을 제안한다. 이러한 제안은 '예배 전쟁'의 쟁점을 본질에 귀착시켜 '현대적 예배'에 대한 이해의 초점을 좀 더 명확하게 해준다는 점에서 의의가 있다.

첫째, 예배가 불신자들에게 적극적인 호감을 갖게 하면서 성경적 가치를 어느 정도 어기게 된다. 특히 구도자 중심의 예배는 바로 믿지 않는 사람들에게 호감을 갖게 하는 분위기이나 구원받지 못한 사람들의 감성에 다가가기 위하여 성경적 가치를 버리는 대가를 치루며 믿지 않는 사람들을 수용하는 것을 경계한다.[304]

둘째, 예배가 하나님 중심보다 인간 중심으로 흐르고 있다. 여기에 대해서 주된 원인을 감정적 욕구에 사역을 집중한 결과로 보고, 예배의 형태들이 하나님 중심에서라기보다는 사람을 위한 구상에서 나왔기에 예배자들을 하나님께 높이 끌어올리기보다 오히려 인간의 흥미 수준에 맞추어 하나님께서 몸을 낮추시고 구푸리는 것과 같다는 지적이다.[305]

셋째, 교회가 예배 표현에서 받아들인 대중문화로 인해 때로는 '저문화적' 특징을 갖게 되는 부분이다. 캐나다 영성 신학자인 마르바 던은 이러한 근현대 예배 형태를 반지성주의, 세속적, 자기중심적, 개인주의적인 성향으로 비난하며 교육적 기준을 사람들이 갖추어야 할 수준까지 끌어올리기보다는 저들의 처한 수준에서 받아들이도록 하기 위하여 낮은 수준으로 끌어당기며, 그리스도에 의하여 영향 받지 않는 문화에 둘러싸이게 된다고 지적했다.[306]

넷째, 새로운 예배 형태들은 확고한 그리스도인의 성품을 만들어내는 교회의 능력을 상실하게 한다. 현대 교회는 사람들을 변화시키는 것이 아니라 그들을 방임하고 있다고 지적한다. 감정, 목소리, 문화적인 보여주기 식의 예배하는 사람들로가 아니라 새로운 삶의 이해, 새로움에 대한 감사, 그리고 하나님의 교회에 맞추어 사람들을 더 끌어올리기 위

하여 교회의 예배 문화에 믿지 않는 사람들을 노출시키기를 바랐다.[307]

다섯째, 새로운 예배 형태들은 개인주의를 확대시키고 예배 공동체를 파괴한다. 사람들이 원하는 예배 형태를 주게 됨으로 지역교회의 진리성이 파괴된다는 주장이다. 그리스도의 지체로서 '믿음의 공동체' 안으로 사람들을 들어올리기보다는 교회가 그리스도께로 끌어당겨 믿도록 하기 위해 마케팅과 광고를 허용하는 것은 교회로 하여금 그 신비감과 '성도들의 공유'를 잃어버리고 예배당 안에서 '함께' 이루어져야 할 공동체적 예배 행위가 형성되지 못한다는 평가다.[308]

여섯째, 예배는 개인적이지 단체 행사가 아니라는 주장이다. 어떤 사람들은 자신들의 예배 외에는 예배가 아닌 것으로 비난하지만 예배는 공동체로, 그리고 개인적으로 예배에서 행동하고 말하고 반응함으로써 직접적이며, 모든 것이 하나님께 영광 돌려져야 하기에 또한 간접적이다. 기대하지 않은 감정을 표출함으로써 무의식적으로 하나님께 예배드리고, 준비된 찬양과 순서, 그리고 기도로서 의식적으로 예배드린다. 하나님은 섭리에 따라 반응하는 사람들을 통해서 영광 받으시고, 때로는 영광 돌림을 의식적으로 깨닫지 못할 그 순간 사람들의 모습으로도 영광을 취하신다는 것이다.[309]

현대 교회의 '예배 전쟁'의 상황은 예배의 본질과 원칙에 대한 강조와 예배 참여적 기대와 열망 사이의 팽팽한 긴장관계에서 비롯된 갈등이다. 인류 최초의 살인은 예배가 달랐던 두 형제간의 분노 싸움에서 기인했다. 그 싸움은 본질적 질문을 함축하고 있었으나, 오늘의 '예배 전쟁'은 그 경계가 모호하다. 때로는 어떻게 예배를 드릴지의 방법상의 문제이기도 하다. 따라서 우리는 끊임없이 다음의 질문을 통해 예배에 대한 논점을 잃지 않으려는 노력과 '예배 전쟁'을 뛰어넘는 새로운 방법론적 접근에 대한 모색이 요구된다.

- 예배 방법의 문제인가, 아니면 대상의 문제인가?
- 좋아하는 기호의 문제인가, 아니면 원칙의 문제인가?
- 문화적 표현의 문제인가, 아니면 기독교 본질의 문제인가?
- 교회 공동체는 개인의 수준으로 끌어내려야 하는가, 아니면 개인을 교회의 높은 수준에 맞추어 높여야 하는가?[310]

5. 이머징 예배

레슬리 뉴비긴(Lesslie Newbigin)은 영국이 '기독교 국가'였을 때 영국에서 태어나 자랐다. 그는 1974년까지의 35년 이상을 인도 선교사로 헌신했다. 65세의 나이로 그는 영국에 다시 돌아왔다. 그리고 그때 그는 기독교 국가였던 영국이 기독교 이후 국가로 변해버린 충격적인 현실을 경험하고서 영국을 '다른 종류의 선교지'라 했다.[311] 비기독교인의 수로 볼 때 세계 다섯 번째의 선교 대상지로 불리고 있는 미국의 상황도 크게 다르지 않다. 우리나라의 상황도 청년, 청소년, 교회학교로 점점 내려갈수록 교회는 새롭게 떠오르는 세대의 낯선 문화적인 상황으로 당혹해하고 있고, 그러한 변화에 적절한 대응과 적합한 사역의 활로를 찾지 못해 위기감이 고조되고 있다. 이머징 사역자인 댄 킴볼의 지적대로 선교지인 이머징 세대와 그들의 문화에 접근할 때, 우리의 의식은 새로운 유형의 선교사의 정체성을 필요로 한다.

이들 선교사들은 문화적·세대적인 변화 둘 다에 역점을 두는 새로운 모델의 창안을 필요로 한다. 특히 급속한 변화 속에서 다음의 변화를 몰고올 떠오르는(Emerging) 세대는 구도자 세대와는 달리 그 어떤 교회의 영향도 없이 태어나 자란 데다가 현 포스트모던 문화와 가치에는 매우 영향을 많이 받은 이들이다. 이들은 주관적이고 개인주의적이다. 세계의 종교적인 신앙을 섞어 놓은 포푸리(potpourri) 같은 영적인 마인드를 가졌다. 게다가 강한 반복음주의적 감정과 그리스도인들에 부정적인 고정관념마저 가진 사람들이다.[312] 이머징 교회는 이들을 위한 대안 예배로 새로운 형태의 예배를 창안한다. 이머징 교회는 예배를 위한 새 부대를 갈망한다. 그 새 부대는 새로운 포스트모던 문화에 응답하기 위해 필요하다.[313] 포스트모던 시대의 문화와의 상호성 속에서 이러한 예배의 다각적인 접근과 창의적인 예배 표현방식이 지닌 이머징 예배의 특징을 이해하고 그것을 평가하는 것은 예배가 변화하는 시대문화의 옷을 입어 예배의 새로운 길에 좋은 안내자가 되어줄 것으로 기대한다.

1) 이머징 교회의 출현

댐 킴볼은 '이머징'이라는 용어와 '이머전트'와의 관련성에 대해서 말하기를 이머징 교회가 이머전트 빌리지보다 훨씬 폭이 넓다는 점을 강조하며 둘은 서로 연관은 있으나 같은 대상이 아니라고 밝힌다. 여기에 대한 보다 자세한 경위를 우리는 로저 오클랜드(Roger Oakland)의 이머징 교회에 대한 비판적 연구 저술서인 『이머징 교회와 신비주의』(Faith Undone)[314]에서 들을 수 있다. 자세한 내용을 알기 원한다면 그 책을 참고할 것을 권하며 그 대략의 내용만을 옮기면 이렇다. 오클랜드에 따르면 이머전트라는 용어는 맥클라렌, 존스, 킴벌, 드리스콜 등으로 구성된 '영 리더스 네트워크'(Young Leaders Network)라 불리는 그룹에 의하여 처음으로 사용되었다. 그들이 리더십 네트워크를 떠나 나름대로 사역을 하게 되면서 이머전트가 된 것으로 보고 있으며, 이머전트와 이머징의 용어는 오늘날 상호 호환적 의미로 사용된다.[315] 마스 힐 펠로십(Mars Hill Fellowship)의 마크 드리스콜은 당시 상황에 대한 보다 추가적인 정보를 제공한다. 당시 차세대에 초점을 맞춘 집회를 주관했던 리더십 네트워크는 포스트모더니즘에 대한 대화를 지속할 수 있는 작은 팀으로 구성하게 된다. 그리고 그 팀을 이끌고갈 대표로 더그 패짓(Doug Pagitt)을 고용한 후 여러 행사들을 시작했고 팀의 활성화가 이루어지면서 재능이 뛰어난 저작가 브라이언 맥클라렌(Brian McLaren)을 영입하게 되었다. 이후 집회와 저술활동이 이루어지면서 이머전트(Emergent)로 알려지는 조직으로 변화해 갔다.

그런데 이 같은 이머징 교회 운동이 탄생하게 된 배경에 관한 또 다른 사실은 성공한 사업가들의 영감과 사상이 교회에 들어오게 되면서부터이다. 여기에 등장하는 제일 중요한 인물이 피터 드러커(Peter F. Drucker)이다.[316] 이머징 교회의 중요한 출발점이 되었던 리더십 네크의 조직이 『하프타임』(Halftime)의 저자 밥 버포드(Bob Buford)에 의해 1984년 시작되었는데, 이 조직을 시작하기 전에 사업과 경영의 대가인 피터 드러커와 여러 번 상담을 했다. 당시 드러커의 명성은 대단했고 어떤 회사든 그의 위대한 사상을 영입하고 그와 관계를 맺으면 그 자체만으로도 회사의 놀라운 자산이 될 정도였다. 이미 그는 1957년 『내일의 이정표』(Landmarks of Tomorrow)[317] 라는 글에서 모던시대에서 새로운 시대로의 이동, '모던'이 더 이상 효력을 나타낼 수 없는 변천의 시대, 새로운 시대인 '포스트모던'시대의 등장과 그 영향 등의 내용을 예고하며 전통적인 관점과는 전혀 다른 새로운 관점의 출현을 예고했다. 그리고 그는 미래가 어떤 교리나 예식이나 기관의 구조를 유지하는 것보다 사람의 필요를 채우는 것을 최우선으로 하는 교회가 되어야 한다는 '목회적 교회'의 중요성에 대해서도 말했다. 오클랜드는 이러한 드러커의 관점을 하이테크 마케팅 기술, 사업 경영 기술, 체험 중심의 종교 등과 같은 여러 특징들과 결부시켰고, 이러한 영향이 이머징 교회에 미쳤다고 평가했다.[318]

밥 버포드가 젊은 이머징 지도자들로 구성된 초기 그룹을 모았을 때 미니애폴리스의 대형 교회인 우드데일에서 온 더그 패짓을 지도자로 뽑을 당시 패짓의 목사였던 리스 앤더슨(Leith Anderson)은 이머징 교회에 엄청난 예산을 지원하고 있었다. 그는 1992년 자신의 책 『21세기 교회』(A Church *for the 21st Centrury)*[319]에서 미래를 위한 새로운 지도자와 미래를 위한 패러다임의 전환에 대해 강조했으며, 그러한 발상이 이머징 교회의 중심 요소가 되었다. 앤더슨, 버포드, 드러커는 새로운 사고의 전환에 있어서 주요한 역할을 했던 인물들이라 할 수 있다.[320]

또한 오클랜드는 이머징 교회 운동의 배경에 유스 스페셜티(Youth Specialties)와 존더반 출판사(Zondervan Publishers)의 영향을 들고 있다. 1960년대 말 20대의 젊은 사역자 마이크 야코넬리와 웨인 라이스는 '십대 선교회'(YFC: Youth for Christ)를 위해 함께 일했다. 그들은 청년 사역의 변화를 모색하는 중에 1970년에 '유스 스페셜티'라는 모임을 출범하고 몇 년 후 '존더반 출판사'는 두 사람의 사역을 주목하게 된다. 네덜란드의 색깔이 강한 매우 보수적인 출판사가 이들의 책을 출판하는 데 관심을 크게 가졌던 것이다. 1984년 유스 스페셜티의 영향력이 전 미국에 닿게 되고 그 후 12년이 지날 때 '청년 사역 및 영성 프로젝트'(the Youth Ministry & Spiritual Project)라는 조직을 형성한다. 유스 스페셜티는 그즈음에 새로운 이머전트 지도자들을 물색하며 그들과 함께 일하고 싶다는 제안에 나서는데, 자신들을 이머전트로서 그들과 같은 영적 취향을 갖고 있으며 더 많은 책과 집회를 통해 이머징 교회의 성장을 돕기 원한다는 뜻을 전했다. 급기야 2006년에는 존더반 출판사가 유스 스페셜티를 영입하여 이머징 지도자들의 적극적인 후원자가 된다. 이렇듯 이머징 교회 운동에 존더반 출판사의 역할은 적지 않았다.[321] 저명한 인물들의 사상적 기초, 재정적 후원, 출판에 의한 대중화, 이머전트들의 사역의 활기 등에 의해 이머징 교회 운동은 미국 전역에 점차적으로 확대될 수 있었다.

2) 이머징 교회 정의[322]

이머징 교회는 미국 전역에 걸쳐 기독교 이후(post-christianity) 세대의 교회들 사이에서 정형화된 양식이 형성되고 있는 형태의 교회이다. 이머징 교회는 그 규모와 환경에 있어서도 대형 교회, 소형 교회, 가정 교회, 다인종 교회, 다문화 교회, 도심 교회, 시골 교회, 시외 교회 등 다양하며 그 유형이 한 가지가 아닌 수백 수천 가지의 모델로 존재하고 있다.[323] 따라서 그 다양성만큼이나 이머징 교회에 대한 정의도 광범위하다.

이머징 교회를 보편적 교회라는 관점에서 접근하면 그리스도의 몸으로서 그리스도의 재림을 기다리며 하나님의 통치가 완성될 때까지 이 땅에서 하나님의 통치의 현실을 살아가고 있는 순례자 교회라 할 것이다. 또한 지구상에 사는 사람들에 의해 표현된 문화들의 복잡한 모자이크에 참여하면서 "떠오르고 있는"(Emerging) 문화들의 변화 속에서 구속적인(redemptive) 영향력을 발휘하는 교회라 지칭하기도 한다.[324] 하지만 이머징 교회라는 명칭에 걸맞은 특수한 교회들을 대상으로 볼 때, 에디 깁스(Eddie Gibbs) 와 라이언 볼저(Ryan K. Bolger)는 획일적이지 않은 이머징 교회에 대한 다양한 주장을 몇 가지로 분류[325]하면서 정의에 접근한다.

일단 다양한 주장이라 할 때, 가장 일반적인 접근으로는 "현대의 새로운 문화와 관계를 맺는 새로운 형태의 교회가 필요하다고 말하는 하나의 방식일 뿐"이라는 조니 베이커(Jonny Baker), "아주 단순히 하나의 교회, 즉 새롭게 나타나고 있는 상황에 뿌리를 두고, 그 상황 속에서 예배와 선교와 공동체를 탐구하는 하나의 교회일 뿐"이라는 벤 에드슨(Ben Edson) 등의 견해를 종합한 것이다. 여기에서의 용어는 20대들을 유인하는 능력, 대중음악 스타일을 차용한 현대적 예배, 웹사이트와 입소문을 통해 기독교적 하부 문화를 활성화시킬 가능성 때문에 주목을 받아온, 대중적이면서도 청년 지향적 집회에 적용되었던 용어이다.

한편 스펜서 버크(Spencer Burke, Newport Beach, CA)에게 이머징 교회는 아직 도래하지 않은 교회의 한 형태이다. 왜냐하면 이머징(emerging:떠오르는 것)은 서브머징(submerging: 가라앉는 것) 없이 있을 수 없기 때문이다. 그에게 이머징은 개혁 이상의 필요와 근원으로 돌아가는 것을 뜻하는 급진적인 입장이다. 하지만 새로운 형태의 교회는 기존의 교회와의 분리라 할 수 없으며 기존의 교회들에 대한 반응에서 나온 것으로 완전히 새로운 것이 아니다.

마크 스칸드렛(Mark Scandrette, RelMAGINE! San Francisco)은 이머징 교회를 "좀 더 통합적이고 전체적인 신앙생활에 대한 탐구"라 정의하며 하나님 나라 신학, 내적인 삶, 친교/공동체, 정의, 환경 보전, 포용성, 영감적 리더십 등에 대해 집중하는 "통합적 영성에 대한 탐구"라 했다. 더그 패짓(Doug Pagitt, Solomm's Porch Minneapolis) 역시 그에게 이머징 교회는 교회보다 하나님 나라에 보다 초점이 맞춰져 있다.

에디 깁스와 라이언 볼저는 5년에 걸쳐 조사하고 종합적인 검토를 토대로 이머징 교회를 정의하기를 "포스트모던 문화 안에서 예수의 길을 실천하는 공동체"라고 했다. 그리고 포스트모던 문화를 진지하게 다루는 교회들의 패턴을 분석한 결과 그 속에서 아홉 가지 공통적인 실천을 발견할 수 있었다. 물론 그 아홉 가지 모두가 이머징 교회마다 나타나는 것은 아니나 각 이머징 교회가 세 가지 핵심 실천을 소유하고 있고, 거기에서 파생된 여섯 가지 실천이 있다는 다소 안정적이고 포괄적인 다음의 주장을 내놓았다.

> 이머징 교회는 ① 예수의 삶을 따라하고, ② 세속의 영역을 변화시키며, ③ 고도의 공동체적 삶을 살아야 한다. 이런 세 가지 행동 때문에 이머징 교회는 ④ 낯선 이들을 영접하고, ⑤ 아낌없이 봉사하며, ⑥ 생산자(프로듀서)로 참여하고, ⑦ 창조된 존재로서 창조해 나가며, ⑧ 하나의 몸으로서 인도하고, ⑨ 영성 활동에 참여해야 한다.[326]

3) 이머징 교회의 분류

이머징 교회는 존재하는 교회만큼이나 그 특징이 다양하다. 이러한 이머징 교회의 다양성에도 불구하고 더그 패짓(Doug Pagitt)은 이머징 교회가 예배에 대한 각기 다른 반응의 세 가지 유형에 관해 말했다. 첫째, 종교개혁으로 돌아가자는 반응(Mars Hill, Seattle), 둘째, 깊은 체제적 변화를 원하지만 신학적 변화는 필요치 않으며 기독교와 교회가 여전히 그 중심에 있다는 반응(University Baptize, Mosaic), 셋째, 교회보다는 하나님 나라에 초점을 맞추고 있다는 관점에서 교회를 반드시 하나님의 계획의 중심으로 볼 필요가 없다는 반응이 그것이다(Solomon's Porch).[327]

한편 에드 스테처(Ed Stetzer)는 더그 패짓의 구분과는 또 다른 관점에서 이머징 운동을 세 가지 그룹 진영으로 나눴다. 즉, '연결주의자'(Relevants), '재건주의자'(Reconstructionists), '수정주의자'(Revisionists)이다. 짐 벨처는 이러한 에드 스테처의 구분과 내용을 정리해서 소개했다. 첫째 진영의 연결주의자는 보수적인 신학을 표방하는 복음주의자로 제도적인 교회를 중요하게 여기는 입장에 서 있는 이들로, 여기에는 락 하버 교회, 시애틀의 마스 힐 교회(Mars Hill), 산타쿠르스의 빈티지 페이스 교회(vintage faith)를 대표적인 곳으로 보았다. 이들은 신학에 대한 수정보다 예배 형식과 설교 기법과 교회 지도 체제의 쇄신에 관심이 있다. 특히 예배와 음악과 전도를 좀 더 이머징 문화에 맞추려고 노력한다. 둘째 진영의 재건주의자는 복음과 성경에 대한 시각에서는 정통적이지만 교회 형식과 구조에 대해서는 전통 교회 모델과 구도자 교회 모델 모두가 문화적 대응에 부적합하다고 여긴다. 여기에 영향을 미친 이들로는 닐 콜, 마이클 프로스트와 앨런 허쉬, 조지 바나와 프랭크 비올라 등을 들었다. 이들은 가정 교회와 수도원 공동체와 같이 형식을 탈피하고 성육신적이며 유기적 형태의 교회를 지향하고 교회 개척에 관심이 많고 계층적이기보다 섬기는 교회를 강조한다. 셋째 진영의 수정주의자는 흔히 이머징 담론을 생각할 때 떠올리게 되는 입장에 속하는 이들로 소위 교회의 포스트모던 세계와의 적합성을 의심하며 신학과 문화에 관한 복음주의의 핵심 교리에 의문을 제기하는 특징을 보인다. 바로 브라이언 맥클라렌, 토니 존스, 더그 패짓과 같은 이머징 교회의 핵심 지도자들로 대표되는 주장이다.[328] 특히 이들은 명제적 진술과 교리적 진술에서 진리를 찾기보다 상징과 관계와 체험 등을 통해 진리를 찾으려 한다. 심지어 성경 속의 진리는 모호하며 끊임없는 재해석이 필요한 것으로 간주한다.

4) 이머징 예배 이해

샐리 모겐쌀러(Sally Morgenthaler)[329]는 이머징 예배 사역을 1990년대 중반 인문주의 이후 시대 새로운 초자연적 전환과의 격전을 벌이며 등장한 것으로 보며 예배 형식보다는 본질과 훨씬 더 관련이 깊다고 말한다.[330] 물론 이 예배가 가진 특징들이 이상한 표현들[331]로 비쳐질 수 있지만, 초보적인 회중의 예배 핵심이라 할 수 있는 로마서 1장에 나타난 인간의 마음에 대한 교정(realignment)에 집중되어 있다는 주장이다. 다시 말해서 창조주와 관련하고(Creator-referenced) 하나님께 집중된(God-focused) 방식의 표현 회복에 관련되어 있다는 것이다. 이머징 예배는 인간의 자각과 필요와 느낌과 욕망에 관한 "자기표현"(self-referencing) 요소들의 중요성을 부정하지는 않지만, 예배자들을 예수 그리스도를 통한 지속적인 하나님의 역사하심과 연결하기 위해 노력한다. 이머징 사역 교리 중의 하나는 바로 우리는 우리 안에서 우리를 통해 행하시는 하나님의 활동으로 변화되는 것이지, 우리가 필요하다고 생각하는 것에 의해서도, 우리가 곰곰이 생각해 낸 더 나은 방식에 의해서도 아니라는 것이다. 따라서 이머징 예배 경험은 전적으로 욕구충족의 종교적인 소비자들이 느끼는 필요가 아니라 하나님이 누구이시고, 그들은 누구이며, 그들은 무엇을 위해 창조되었는지에 관한 것으로부터 출발한다고 주장한다.[332] 이러한 주장이 얼마나 설득력이 있는지에 대해서는 이머징 예배의 보다 구체적인 특징들을 통해서 확인하는 것이 필요하다.

5) 이머징 예배의 특징

(1) 하나님 나라의 선교 지향적인 접근

이머징 교회들은 사람들의 개종에 목적을 두고 있기보다 사람들이 하나님 나라의 삶을 경험하며 사는 데 관심이 있다. 하나님 나라의 문화를 창조하고 하나님이 일하시도록 하는 것이 이들의 초점이다.[333] 따라서 이들에게 전도는 선포보다는 함께 있음의 형태이다. 먼저, 사랑의 공동체가 되는 것을 통해 하나님의 백성이 될 수 있으며, 헌신하는 만큼 사랑할 수 있고, 사랑하는 만큼 사람들을 얻게 될 것이라는 생각이 이머징 교회의 선교에 대한 이해이다. 그들에게 섬김이란 다른 사람을 향한 사랑과 관대함의 표현이다.[334] 그래서 이들은 비그리스도인들을 비롯한 타종교인들과 좋은 관계를 갖는다. 그들과 관계적이며, 비논쟁적이고, 겸손한 기조를 유지한다. 지속적인 대화의 가능성을 막는 울타리치기를 꺼려하고 교회 밖에 있는 사람들이 신앙에 매력을 느낄 수 있도록 공적인 삶을 살아야 할 필요성과 그들과 나누는 삶의 깊은 체험을 더욱 중요하게 여긴다.[335]

심지어 그들은 기독교 울타리 밖의 신앙 전통으로부터도 배울 준비가 되어 있는 공동체를 지향한다. 단적인 예로 스펜서 버크의 공동체에 관한 이야기를 들 수 있다. 그 공동체에는 불교인 가족이 있어 불교 사원을 방문하여 그 가족과 함께 명상에 참여하기도 한다. 버크는 그 경험에 대한 설명에서 성령께서 이 사람들과 줄곧 함께 계셨음을 인정했다. 그리고 그들을 하나님의 사랑하는 자녀들로 생각했다. 이렇듯 이머징 교회들은 하나님의 통치의 임재가 교회를 넘어선다는 생각에 타종교 신앙 공동체까지도 포함한다. 때로는 불교센터의 한 사람을 교회로 청하여 불교식 기도 방법에 대해 이야기를 듣되 그들과의 신앙적 차이며 개종에 대해서는 전혀 언급하지 않는다. 단지 기독교 공동체의 긍정적 경험을 전해 줄 뿐이다. 그 같은 열린 교류에 참가하고 하나님의 손에 그 결과를 맡기는 포용성을 근본원리로 하여 모든 사람들을 환영한다. 그것은 그들에게 선교의 중요한 행위에 속한다.[336] 이머징 교회의 선교 지향적인 접근은 타 신앙을 가진 사람들을 모으기 위한 더 많은 집회와 이벤트, 예술과 영화 등을 통해 기꺼이 그들과 많은 것을 나눈다. 자신의 고유한 전통과 문화를 간직하면서, 그리고 그 속에서 하나님을 만날 수 있는 가능성과 서로에게서 진리를 만날 수 있는 가능성을 가지고 인생과 신앙의 여행을 함께 걸어가는 만남과 체험을 공유한다.[337]

(2) 문화 참여적 성육신적인 예배

모든 영역이 하나님이 일하시는 곳이며, 그리스도인은 그 하나님의 삶을 표현하라는 이머징 교회의 선교 지향성은 문화에 대해 수동적이거나 방어적이지 않다. 문화에 참여적이다. 이러한 문화에 대한 관심은 그리스도로부터 성육신적으로 살라는 명령과 성육신적 예배와 연결된다.[338] 성육신적 예배란 사람들이 가진 모든 것, 현재의 있는 모습 그대로 모든 것을 그들 자신의 세계로부터 하나님께로 가져오는 것을 의미한다.[339] 이머징 교회들은 사람들이 자신의 세계를 하나님께 드려야 한다고 믿는다. 예배하는 그들이 신뢰할 수 있고 중요하다고 생각하는 것을 잘할 수 있는 방식을 사용하여 자신을 표현한다. 즉, "사람들이 자기 자신의 존재와 문화를 충분히 반영하는 형식으로 그들 스스로 예배를 만들어가도록 하는 것이다."[340] 그 결과 교회는 제3자의 교회가 아닌 교회를 만든 사람들의 교회가 된다. 이머징 교회는 예배자들을 위한 컨텍스트인 환경을 만든다.[341] 이러한 예배의 접근은 교회가 몸이라는 것과 관련이 있다. 교회가 실제로 몸이라면, 거기에 참여하는 각각의 추가적인 구성원들이 전체적으로 그 몸에 영향을 끼쳐야 한다.

예수는 인간의 모습으로 오셔서 창녀, 바리새인, 절름발이, 백부장, 세리, 노인과 어린이, 남성과 여성, 노예와 자유인, 부자와 가난한 자 모두의 형편에 따라 독특성에 맞게 사역하셨다. 긍정적으로 이머징 예배는 한 손에는 하나님의 인격과 사역에, 다른 한손에는 그들 개인적인 상황과 포스트모던 공동체에 균형잡힌 반응이다. 부정적으로는 예수 그리스도 안에 나타난 하나님의 광대한 이야기라는 주제를 떠나지 않는 것을 제외하고는 즉흥적이고 경험적 동기를 위한다는 것이다. 이러한 이머징 예배는 예배하도록 지으시고 부르신 우리에 관한 것이라기보다는 우리가 예배하는 그분을 더 많이 드러내는 데 있다는 주장이다.[342] 그러한 의미에서 이머징 교회가 말하는 예배는 신학적 뿌리박음과 급진적으로 파괴된 문화변혁에 깊은 열정으로부터 생겨난 하나님과의 만남이다.[343] 하지만 이러한 예배가 단지 트렌드이기 때문에 문화적 표현방식을 사용하는 것이 아니라, 예배가 사람들의 삶에 뿌리를 두고 있기 때문에 문화적 방식을 사용한다는 것이 이머징 교회가 중요하게 보는 입장이다.[344]

(3) 참여적이며 창조적인 예배

이머징 교회는 구도자 교회와 뉴 패러다임 교회, 심지어 전통적 개신교 교회마저도 '개인을 우선시하는 사고'를 가지고 있다며 여기에 도전한다.[345] 기독교가 그토록 소비자 중심적이 되어버린 이유 가운데 하나는 개인을 우선시하려다 하나님을 상품화했기 때문이다. 그로 인해 예수 그리스도를 소비자 상품으로 만들어버렸다. 이머징 교회는 소비자들이 개인의 욕구충족을 위해 영적 소비자가 되는 것을 반대한다. 그리고 소비자 중심 교회 형태가 아닌 오히려 생산자 중심 교회의 형태를 지향한다. 사람은 궁극적으로 소비를 통해서 오는 유익보다 생산을 통해 느끼는 유익이 더 크고, 예배를 통해 얻고자 하는 유익 또한 '관찰'을 통해서라기보다 '참여'를 통해서 가능하기 때문이다.

이머징 예배에서 참여와 경험의 중요성은 그것이 이머징 세대의 삶의 전영역에서 매우 중요한 요소이기 때문이다. 이머징 세대들은 상호 교류적이고 참여적 경험을 통해 배우기를 좋아한다.[346] 즉, 능동적 참여자들이 되기를 원한다. 이머징 예배에서 모든 사람은 그 예배 경험에서 예배를 더욱 확장시키고 풍요롭게 할 수 있는 은사를 가진 사람들이다. 그들의 예배 경험에서 참여는 배움을 만들어내고 또 다른 창조적인 경험으로 이끈다.[347]

이머징 예배의 이러한 생각은 출애굽기 31장에서 "지혜와 총명과 지식과 재주로 공교한 일"을 연구하기 위해 세운 브살렐과 오홀리압과 같은 이들의 예술적 디자인을 예배에 사용한다는 이해에 기원하고 있다. 어떤 교회에서는 예배 행위로 예술가들에게 그림을 그리게 한다. 혹은 찬양, 설교, 기도시간 내내 파워포인트 시연물에 예술 요소를 사용하거나 성경이야기를 시각적 사물이나 드라마, 무언극, 극적이고 서사적인 성경낭독 등과 같은 무수한 멋진 예술작품으로 묘사할 수도 있다.[348] 이머징 교회는 사람들이 자신의 모습 그대로 온전하게 하나님께 예배드리고, 자신의 노력을 투자하고 은사를 발휘하는 예배, 창조자와의 교제에 개인적인 노력을 기울이고 있음을 보여주는 예배를 원한다. 이를 위해 예배가 외부로부터이거나 혹은 낯설거나 강제적인 방식이 아닌 자연스러운 방식에 의한 회중 참여적이고 토착적이며 창조적인 예배이기를 추구한다.[349]

솔로몬의 포치(Solomon's Porch)는 새신자들이 교회 안에서 변화에 기여하기를 바란다. 새신자들이 들어오는 첫 순간부터 새로운 변화를 진행해 간다. 그들의 예배는 다른 사람을 모방하는 것일 수 없다. 그 그룹의 자원들, 그들이 누구이며 무엇을 하나님께 드릴 수 있는지, 그들의 은사와 소명이 바로 그곳에서 생겨난다.[350] 따라서 이머징 교회에서는 누구나 다 예배 기획을 돕는 데 초대된다.[351] 이머징 교회는 예배 인도가 목회자만의 역할이 아닌 참석한 모든 사람에게 맡겨진 역할이다. 모든 개개인들은 예배를 관리하고 자신의 주된 은사를 투입할 수 있다. 때로는 대화와 토론하는 방식으로 진행되기도 하는데 이때 이들 각자는 목회자가 공동체를 이끌어갈 수 있도록 공동체가 그 목회자를 이끌게 된다.[352]

물론 누구나 다 모임에 참여하는 것을 허용하는 개방적인 구조는 정상적이지 않은 형태로 작용할 위협이 도사린다. 그러나 이머징 교회 지도자들은 그러한 상황을 무력화시킬 능력을 자신하고 있을 뿐 아니라, 공동체의 가치가 그러한 비정상적인 사람이 추구하는 가치와 다르다는 것을 전달할 수 있는 또 다른 방법이라 여긴다. 그래서 그러한 위험의 가능성조차 공동생활의 한 부분으로 기꺼이 받아들인다.[353]

(4) 초월과 내재를 포괄하는 예배

에디 깁스는 세속적 모더니티는 종교적 실천을 두 극단으로 몰았다고 했다. 모더니티 시대에 하나님은 초월자이거나 내재자 양자 중의 하나였다고 해석한다. 보수주의자들은 하나님의 초월성을 강조하고 자유주의자들은 하나님의 내재성을 강조했다며 비판한다. 한편 이머징 교회는 세속적 모더니티의 잘못된 양자택일을 거부한다. 보수주의자건 자유주의자건 어느 쪽도 지지하지 않는다. 하나님이 물질세계 속에서 활동하심도, 보이지 않는 하나님의 현실도 모두 수용한다.[354] 이머징 교회들이 볼 때 베이비 붐 세대 교회들, 특히 뉴패러다임 교회와 빈야드나 갈보리 채플 등에서 보인 물질적인 것이 지닌 아름다움을 적대시하는 것은 모더니티의 성과 속의 분리를 강화시켜 줄 뿐이다. 반면 이머징 교회들은 하나님의 초월성에 대한 헌신을 유지하면서도 하나님의 내재성의 회복을 주장한다.

이머징 교회의 이 같은 견해로 볼 때, 예술은 거룩함을 표현하기 위한 주요한 역할이자 영적인 것과 물리적인 것의 결합을 뜻한다. 이머징 교회의 시각적인 도구에 대한 몰입은 하나님의 초월성에 대한 지속적인 헌신과 하나님의 내재성을 회복하는 데 있다.[355] 따라서 시각적 표현을 위해 그림, 슬라이드, 드로잉, 촛불뿐만 아니라 비디오나 텔레비전의 단면들을 보여주거나 때때로 예술작품을 설치 전시하기도 한다. 또한 이머징 교회의 예배에서 초월성은 무대 연출 형식의 예배 이벤트와 유명인사 중심의 예배 연출을 제거함으로써 하나님의 현존을 강조한다. 예배 출연자들(performers)이 관심의 초점이 되면 하나님은 멀리 떨어져 있음에 주의하려는 것이다. 때로는 변함없는 시끄러운 소리와 업비트(upbeat) 대신 침묵과 비활동은 통제의 상실을 의미한다. 일정 속도의 변화, 휴식, 침묵의 변화는 예배자들을 성령의 인도하심에 민감해질 수 있게 하며 치유가 일어나고 삶의 방향을 재조정해 준다.[356]

(5) 다감각적인 예배[357]

이머징 교회의 예배는 하나님과 예배에 대한 근대 교회가 망각해 버린 다감각적인 차원의 중요성을 자각하고 예배에서 감각에 호소하는 방법을 검토한다. 육신이 된 말씀(요 1:14)은 먹고 마시고 맛보고 냄새를 맡고 감정을 느끼셨으며, 또한 인간을 다감각적인 피조물로 지으셨고 모든 감각을 통해 자신을 나타내셨다. 예루살렘 성전 예배에서 사용된 번제와 향료의 냄새, 나팔 소리와 성가대 찬송, 훌륭한 건축물, 제사장들의 옷의 질감과 색깔이 보여주는 특별한 의미가 그렇다. 성경 전체에서 하나님에 대해 알고 예배에 반응하도록 사용된 실물 교육과 이적과 치유와 초자연적 권능도, 이사야, 예레미야, 에스겔 선지자들을 통해 진리를 전달하는 방식 역시도 청각, 시각, 촉각, 후각, 미각 등의 다감각적이고 다차원적이다. 물론 경험에 대한 지나친 강조는 감정과 정서로만 반응하도록 가르칠 우려가 있고 분별력도 필요로 하지만 그것으로 감정을 조작하려는 목적이 아님을 분명히 한다. 그 밖에도 이머징 교회가 말하는 성경에서 다감각적인 가르침을 주고 있는 다양한 증거들은 댄 킴볼이 제시한 아래의 표를 통해 확인할 수 있다.[358] 그리고 그것은 예배의 다감각적 가능성을 위한 지침이라 할 수 있다.

표 4) 성경의 다감각적 특징

사용된 감각	시내산 (출 19장)	성전에서 본 환상(사 6장)	최후의 만찬 (마 26장)	하늘의 찬양 (계 4-5장, 19장)
청각	우레 나팔 소리 하나님의 음성	하나님의 음성 스랍들의 찬양	예수님의 음성 함께 찬양함	천사들과 하늘의 장로들의 찬양 번개
시각	번개 영광의 구름	보좌에 앉으신 주님 여섯 날개의 스랍 연기가 충만한 집	떡, 잔 그리스도의 성육신	보좌에 앉으신 예수님 무지개 네 가지 생물 천사 강렬한 시각적 장면
촉각	땅의 진동	핀 숯을 입에 댐	서로 기대고 있는 제자들 떡과 포도주를 입에 댐	면류관을 던짐 땅에 엎드림
후각	공중의 연기와 화염	연기 냄새	포도주, 떡, 음식의 냄새	향이 가득한 금대접
미각		입에 닿은 숯	떡을 먹고 포도주를 마심	어린양의 혼인잔치

이머징 예배의 보고 듣고 느끼는 경험의 다감각적 특징에 대해 샐리 모 겐쌀러가 제시한 대안 예배의 예시에서도 확인할 수 있다.

- 이머징 예배는 조용한 목소리의 기도모임이다. 요한복음 1장 1-5절 의 이야기를 시로 재구성하고 소용돌이치는 은하수의 비디오테이프 를 상영한다.
- 찬송가 "주님 앞에 떨며 서서"(Let All Mortal Flesh Keep Silence)를 전 자악기로 편집해서 계속해서 변화를 주는 디지털 배경으로 생생하 게 묘사한다.
- 야곱이 하나님과 씨름한 이야기를 마임으로 구성하고 조용한 묵상

이 이어지고, 벽에 부착된 나무토막의 큰 종이 위에 그들이 하나님과 씨름한 이미지를 스케치하며 그림을 그리면서 기도하는 순서이다.

- 함께 사도신경을 암송할 때 아이들이 스프레이 물감으로 그린 창조와 타락, 구속, 묵시에 대한 해석을 예술적인 낙서로 표현한 녹화된 영상을 함께 상영한다.
- 모든 사람들이 하나님을 바라보고 자신을 보며, 펼쳐지는 하나님의 은혜의 기적에 붙들리는 체험의 과정으로 들어가게 된다.[359]

(6) 전통과 현대의 융합, 과거와 현재의 융합

이머징 교회는 미국의 현대적인 교회들이 경험하고 있는 엄청난 불균형을 수정하기 위해 모진 애를 쓴다. 과거 수십 년 간 현대적 예배가 역사도 없이 신학적, 예전적 편향을 무시했다고 판단했기 때문이다. 현대적 예배는 명백히 장로교, 루터교, 침례교, 그리스도교, 혹은 복음주의적인 DNA를 가졌는데 염색체는 종적을 감추었다. 소위 전래적인 증언과 형식을 벗고 20세기 후반 신생업체의 옷을 입었다. 위기의 문화, 기하급수적인 변화, 훼손된 희망에서 이머징 교회에게 뿌리 없음이 자산은 아니다. 가장 효과적인 기억을 통해 과거를 현재로 재상황화(recontexting)하는 데에 힘쓴다. 어제의 최선의 것에 오늘의 최선의 것을 융합시키고, 그 과정에서 새로운 어떤 것으로 탄생시킨다.[360]

가령, 이머징 교회의 예배 장소는 창의적인 방식의 전통적인 분위기를 한껏 살렸다. 벨벳 주단, 켈트 십자가, 양초, 직문, 조명, 천, 기타 시각적인 도구들을 사용하여 성스러운 장소를 설계한다. 빈티지 교회(Vintage Faith Church)에서는 초대교회가 풍부한 상징성의 도구로 사용했던 양초를 진지함, 영적임, 소박함, 평온함, 묵상을 위한 상징물로 사용한다. 구도자 중심에서는 너무 교회처럼 보이지 않으려고 십자가나 종교적인 상징물을 치웠다면, 이머징 교회는 커다란 목재 십자가를 설치하거나 작은 십자가, 스테인드글라스, 기독교의 상징물들을 곳곳에 전시한다. 솔로몬 포치의 예배 공간으로 향하는 복도에는 벽과 천장에 세계 각국의 문화와 도시 풍경의 벽화가 그려져 있고, '샬롬', '평화', '공의', '사랑'이라는 소중한 가치의 단어들이 함께 새겨져 있다. 구도자 중심의 예배가 축제를 상징하고 밝고 환한 분위기를 선호했다면, 어둠은 이머징 문화에서 영적인 상징이다. 조명은 교회와 교회 참석자의 정체성을 나타낸다.[361]

이머징 예배의 음악은 구도자 중심 예배에서 흔히 보게 되는 밴드와 요란한 음악과는 달리 조용한 분위기와 성가곡 풍의 노래를 부른다. 성가대의 나지막한 목소리로 성경적인 가사를 담고 있는 찬송을 들으며 묵상하기도 한다.[362] 기독교 이후 문화에서 찬송가는 참신함과 심오한 신학적 진리와 하나님의 속성 등에 초점이 맞춰져 있다. 그리고 좋은 반응을 일으킨다.[363] 기독교 이후 이머징 세대는 오락거리나 가벼운 수준의 영적인 경험보다 하나님과의 진정한 만남을 갈구한다는 분석이다. 이머징 세대는 앞서 인생길을 걸어간 사람들을 필요로 한다. 40-50년간 하나님과 동행해 오던 사람들을 초청하여 설교 주제와 관련한 간증을 나눌 수 있는 기회를 원한다.[364] 70대 부부에게조차 이머징 예배에서 문화적 이질감을 느끼지 않는다.

(7) 설교

전통적인 교회나 현대적인 교회에서 예배시간을 설교의 도구선상에서 바라보던 것과는 달리 이머징 예배는 예배 참석자들이 "아하, 이것이 바로 나의 문제였어, 이것이 내가 고쳐야 할 거야."라고 말하는 바로 그순간에 끝맺도록 구성한다. 그 깨달음으로 나아가는 논리적 과정의 도구로 다른 예배 요소들을 두지 않는다. 이머징 예배는 회중 안에서의 재조정을 정신적(mental)이기보다 더 경험적(experiential)이고, 이해(read)라기보다 지각(sensory)에 목표를 두고 있다. 주도면밀한 논쟁을 통해서가 아니라 하나님이 역사하시는 구속사에 맞추고 있기 때문이다. 그곳에서 자신들의 한계를 깨닫고 성경 속으로 들어가서 그저 하나님을 이론으로 아는 데에 멈추지 않고 하나님의 사람됨을 기대한다는 데 있다.[365] 이 같은 이머징 교회의 설교에 대해 샐리 모겐쌀러의 설명이 이해를 도울 것이다.

> 예를 들어 일반적인 삼대지 설교 대신에 요셉의 이야기가 예배 센터 내 다양한 상황에서 경험될 수 있다. 한쪽 코너에서 예배자들은 여러 조각들을 긁어모아 붙이는 패치워크, 천에 핀으로 집은 쭈글쭈글한 양피지 조각들에 테크니칼라 기법 등을 사용한 노예로 팔려간 요셉의 이야기를 읽어 내려간다. 다른 코너에는 요셉의 형제 몇 명과 짧게 인터뷰한 테이프가 있다. 각자의 헤드셋으로 예배자들은 각 형제들이 호의를 누려온 요셉에 대해 그들이 취한 행동을 정당화하는 이야기를 듣는다. 안쪽 벽을 따라 예배자들은 요셉이 그의 집을 나서서 노예가 되어 바로의 총리대신에 이르기까지 그의 여정의 차트가 그려진 미로를 걷는다. 곳곳에서 예배자는 질문을 받는다. 하나님과 그의 동료들과 그의 형들을 향한 요셉의 태도는 어떠했나? 나는 무엇을 생각했으며, 내가 요셉이라면 어떻게 하겠는가? 반응과 관점과 적용의 다양한 일들이 동시에 함께 이뤄지는 것이 가능하다.[366]

댄 킴볼에게 이머징 세대의 설교방법에는 기본 전제를 설정하는 것이 중요하다. 가장 큰 과제는 그들에게서 신뢰를 얻고 발언권을 되찾는 것에 있다. 이것은 경험적 배우기와 상호교류를 선호하는 시대 문화적인 특징을 고려할 때도 그렇다. 이머징 세대와의 의사소통에서 말에 의존하는 진리 전달방식에는 한계가 있다는 것을 의미한다. 특히 이머징 세대는 문화적 아웃사이더를 원하지 않을 뿐더러 교회와 문화 두 세계에 대한 결합과 진정성을 추구하고 그들의 신앙과 문화에 충실하기를 원한다. 이것은 하나님이 진리를 전달할 때 유의할 사항에 대한 암시라 할 수 있다. 이머징 세대를 위한 설교는 언어 이외에 많은 다양한 경험적 요소를 통한 성경의 진리 전달을 중시한다. 말의 범주를 뛰어넘어 상호교류적인 방법의 설교 형태의 필요성이 제기된다는 것을 뜻한다.[367]

특히 기독교 이후 세대들은 기독교가 무엇이며 무엇을 표방하는지에 대해 잘 모른 채 기독교에 입교하기를 꺼려하기에 그들에게 그냥 서서 이야기부터 시작하는 것은 비효과적이라고 말한다. 이 점을 해소하기 위해서 댄 킴볼은 바울이 아레오바고 법정에서 설교할 때의 방법을 권하고 있다. 바울은 청중이 종교적인 사람이라는 것을 인정하는 것에서 시작했다. 그들의 문화에 맞게 가르쳤고, 도전과 결단의 상황으로 몰아갔다. 언젠가는 하나님의 심판대 앞에 서게 되며 그러한 상황에서 유일한 해답이 예수님과 그의 부활에 있다고 설명했다.[368]

이머징 세대를 위한 그 밖의 댄 킴볼의 설교의 제안은 보다 구체적이다.[369]

① 설교의 전제
- 성경의 의미를 정확하게 전달하기 위해 기도로 성경을 연구하고 해석할 것이다.
- 설교할 때, 예수님이 설교의 중심이 되어야 하며, 사람들에게 그에 대한 정보를 제공할 뿐 아니라 그의 제자로서 어떻게 관계를 맺고 그를 경험할지를 알려줘야 한다.
- 어떤 설교방식이나 방법을 사용하든 목표는 듣는 사람들의 삶이 변화되어 진정한 예수님의 대사와 천국을 사는 사신이 되는 것을 보는 것이다.
② 설교의 과제
- 이머징 문화에 맞는 설교를 준비할 때 바울처럼 설교하라: 설교할 때,

모든 사람이 우리와 동일한 전제를 가지고 있다고 가정해서는 안 된다. 설교방법을 재정의하거나 재고하는 노력을 한다면, 동시에 신자와 불신자 모두에게 설교할 수 있다.

• 하나님과 인간에 관한 이야기를 반복적으로 말하라: 사람들이 전부 알고 있을 것이라고 가정해서는 안 된다. 성경 이야기의 큰 그림을 그려, 설교를 통해 가능한 많은 방법으로 웅대하고 놀라운 이야기를 거듭거듭 되풀이해서 말해주라.

• 성경 용어를 분석하고 복원하고 재정의하라: 그들이 알고 있는 성경 용어의 정의는 영화, 노래, 기타 매체에서 온 것이다.

③ 신학에 대한 심오한 갈증 해소

• 하나님이 하나님 되시게 하라: 하나님의 신비를 논하고 그분을 찬양해야 한다.

• 인간 중심이 아닌 하나님 중심의 설교를 하라: 구도자 중심의 제목별, 체감 필요의 메시지가 하나님이 아닌 우리 자신을 설교의 중심으로 만들어버렸다. 하나님 중심적인 설교방법이야말로 이머징 세대가 목말라하는 것이다.

• 사람들의 지성이나 영적 깊이에 대한 욕구를 무시하지 말라: 이머징 세대는 하나님의 지혜를 깊이 경험하기를 갈망한다. 설교 유인물을 나누어주고 그 유인물의 내용에 본문의 역사적 배경이 실려 있어야 한다. 그들은 깊이 있는 가르침을 원한다.

• 설교를 20분으로 제한할 필요가 없다: 수백, 수천 명의 젊은 사람들이 모이는 몇몇 대형 교회에서는 설교 시간이 40-50분이다.

• 구약성경이든 신약성경이든 본문의 전문을 사용하라: 창세기에서 요한계시록까지의 전체 이야기를 말하는 것을 잊지 않는 것이 중요하다. 여기저기서 한 구절씩 따서 사용하는 것으로 충분하지 않다.

• 신앙의 유대교 뿌리를 가르쳐라: 지금이야말로 신앙의 전통적 유대교

뿌리를 밝혀내야 한다. 유대인 예수님을 제외하고는 예수님을 이해할 수 없다. 1세기로 거슬러 올라가 손목에는 성구함을 두르고 가나안 땅의 먼지가 묻은 샌들을 신은 유대인 예수님을 그릴 수 있어야 한다.

④ 메시지 선택과 중요한 주제

- 모든 설교에는 예수님의 제자로 천국을 사는 것에 관한 내용이 들어 있어야 한다.
- 삼위일체의 하나님에 대해 정기적으로 설교하고 가르쳐야 한다.
- 예수님이 하나님께 이르는 유일한 길이라는 것이 무슨 뜻인지 정기적으로 가르쳐야 한다.
- 정기적으로 성문제를 다루어주어야 한다.
- 새로운 세대에게 결혼과 가정을 새롭게 정의해 주어야 한다.
- 그 어느 때보다 더욱 지옥에 대해 가르쳐야 한다.
- 성경이 신뢰할 만한 책이라는 것을 가르쳐야 한다.
- 영적 생활이 얼마나 뒤죽박죽인지 정기적으로 설교하고 가르쳐야 한다.

⑤ 설교에서 시각적 요소의 중요성

- 화면에 성경본문과 함께 사진, 미술 작품, 또는 그래픽 요소를 투사하라.
- 시각적인 요소를 사용하여 요지를 전달하라.

⑥ 설교자에게 관심이 쏠리지 않게 하기

- 교회에 다시 성경을 가져오게 하면 성경에 대한 관심을 불러일으킬 수 있다: 구도자 중심의 대형 교회는 성경이 거의 눈에 띄지 않는다. 화면에 성경구절을 띄우고 설교자에게 시선을 집중시키게 하는데, 그것이 교회에 성경을 가져올 필요가 없다는 인식을 심어주기 때문이다. 이머징 세대가 공동체에 참여하고 그리스도인, 교회, 성경을 신뢰하게 되면 성경 속에 무슨 이야기가 들어 있는지 간절히 알기 원한다

는 것을 경험하게 될 것이다. 성경말씀을 잘 찾기 위해서라도 예배 때 성경을 가져오라고 신신당부한다는 것이다.

- 사람들 앞에서 소리내어 성경을 읽게 한다: 자주 성도 중의 한 사람에게 그날 성경본문을 읽어 보기를 권한다. 때로는 극적인 방식으로, 강단 위에서, 강단 아래에서 등의 대중 앞에서 성경을 읽게 하는 방법이 이머징 문화에서는 의미가 있다.
- 모든 사람이 성경구절을 합독하게 하라: 많은 교회에서는 이미 이렇게 하고 있지만 구도자 예배에서는 드문 일로 여긴다.

(8) 성만찬

20세기 후반의 현대적 교회는 원시적인 사역을 예술적 형태로 발전시켰다. 친밀감에 토대를 둔 원시적인 사역은 동질감이라는 초기 안정성을 충족시켰으나 공동체를 오래 지속하는 데는 심각한 한계를 가졌다. 일원화된 문화가 오래 지속되지 못하는 이유가 여기에 있다. 결국 협소한 공동체는 스스로 붕괴한다. 역사적으로 사람들은 동질성을 넘어 다양성에 끌리게 된다.[370]

성찬은 공동체의 신앙을 고백하는 가장 아름답고 핵심적인 방법 중 하나이다. 성찬만큼 경험적 참여의 강렬하고 적절하고 아름다운 것이 없다. 성찬은 요소 하나하나가 예수님을 맨 첫 자리에 모시게 해준다. 강단위에 십자가 외에는 모든 것을 비운다. 그리고 그리스도가 십자가에서 치른 희생의 의미를 듣고 성찬의 자리로 직접 나가 무릎을 꿇는 사건과 부부들이 한쪽 구석에서 무릎을 꿇고 서로 성찬을 섬겨주는 모습, 성찬 탁자를 중앙에 배열하고 서로를 더 잘 볼 수 있는 위치에서 성찬을 받는 그 모든 것들은 심지어 불신자들에게조차도 하나님을 진정으로 사랑하는 고백의 아름다운 행위로 권장한다.[371]

이머징 교회에서 성만찬은 예배의 중심 행위로 평가된다. 예배의 상징적인 면들이 중심적이다. 이머징 예배에서 성찬식 그 자체는 드라마틱하다. 소위 성찬에서 행해지던 제도적인 말씀들은 댄서가 마지막 만찬의 사건을 연출하는 동안 아름다운 시적 표현으로 재구성된다. 또 그리스도께서 십자가에 못 박히시는 장면을 비디오로 상영하는 동안 한 조각가가 빵에 '그리스도의 몸'이라 새기고 성찬식을 행할 때 이 빵을 떼어 먹게 된다.[372]

많은 이머징 교회들은 성만찬을 예배의 중심행위로 크게 강조한다. 초대교회의 실천에서 기원한다 하여 실제 식사의 상황 속에서 주의 만찬을 시행하기도 한다.[373] 이머징 교회에서 공동체는 식사를 위해 모인다. 그것은 또한 환대의 제공이다. 다른 사람과 식사를 나누는 것은 다른 사람을 영접하는 환대의 행위이다. 때로 이들의 성만찬은 식사 중에, 혹은 커피마시는 상황에서도 빵과 잔을 나누기도 한다. 성경은 예수님께서 식사 중에 놀라운 일을 행하시는 것에 대한 발견에서 그러한 놀라운 일을 식사를 나눌 때 행하실 거라 기대하는 것이다. 이머징 교회는 이렇듯 공동의 식사를 통하여 하나님 나라가 모든 사람들에게 개방되며 확장되고 복음이 선포됨을 내용으로 한다.[374] 이것은 강단의 설교단을 강조하는 것과는 아주 대비되는 특징이다.[375] 고대의 성만찬 예전은 성만찬 참여자들을 그리스도의 대리자로서 곤궁한 세상으로 파송하는 말로 끝을 맺었다.

(9) 예배의 구성[376]

댄 킴볼이 『하나님께서 영광 받으시는 고귀한 예배』(*Emerging Worship*)에서 소개하고 있는 빈티지 믿음 교회의 예배모임의 실례를 함께 보도록 하자.

모임의 주제(Theme for Gathering): 하나님이 우리를 얼마나 사랑하시는지 이해하는 것, 그리스도의 신부가 되는 것이 무엇을 의미하는지 살펴본다.

순서와 내용

- **들어가는 음악**(Walk-in Music): 테크노 음악을 혼합한 CD을 들려준다.
- **스크린으로 보는 성경구절**(Scriptures on the screen): 사람들이 걸어 들어올 때 예배시간에 가르칠 성경구절들을 스크린에 보여준다. 예배가 공식적으로 시작할 때까지 성경구절은 미술배경을 가진 스크린에 반복 재생된다.
- **경배의 음악**(Worship Music): 측면에 있는 무대에서 밴드가 연주한다. 이때 밴드는 직접적으로 보이지 않도록 한다. 가사는 미술과 스테인드글라스 배경과 함께 스크린에 비치게 한다.
- **성경봉독**(Scripture Reading): 누군가가 골로새서 1장 15-20절을 낭독한다.
- **경배의 음악**(worship Music): "The Breast plate of Patrick Prayer"를 부른다(찬양 리더 조지 폭스가 성 패트릭 기도문을 사용하여 작곡한 곡).
- **공동체 광고**(Community Announcement): 빈티지 믿음 공동체에 동참하는 여러 가지 방법을 소개하는 시간이다. 어린이들은 이 시간에 흩어져서 각자의 교실로 간다.
- **교제의 시간**(Mingle Time): 사람들이 서로 인사를 나누도록 몇 분의 시간을 준다.
- **찬양**(Song): 조지 폭스는 저녁 예배모임의 주제를 알려주도록 머시 미(Mercy Me)가 부른 노래 "I Can only Imagine"을 사용한다.
- **메시지**(Message): "그리스도의 신부가 되는 것이 무엇을 의미하는가!" 사람들 가운데 7개의 테이블을 마련해 두었는데, 각 테이블은 가르침을 위해서 다양한 소품들로 빽빽하게 장식되어 있다. 이 테이블들은 사람들이 방문하는 상호작용 기도 처소들이 되도록 한다. 30분 가량의 메시지는 신약시대에 유대인들의 결혼 형식을 설명해 준다. 여러 가지 소품들을 가리키면서, 또한 유대인들의 결혼식에서 나온 은유

들이 교회와 어떤 관련이 있는지 보여주면서 메시지는 사람들이 각 테이블 곁에 서 있을 때 전해진다. 스크린의 영상물은 언급된 그림들과 사용된 성경구절들을 보여준다.

첫 번째 테이블(Table1): **신부 선택**(The Selection of the Bride)/요 15:16; 벧전 1:8-9

테이블 위에 거울을 두고 "그분은 당신을 사랑하셔서 당신을 선택하셨습니다."라고 적힌 말을 테이블 가장자리 사방에 놓아둔다. 이것은 아버지 하나님이 우리를 선택하신 것과 똑같은 영광스러운 방식으로, 신약시대에 신부가 신랑의 아버지에 의해 어떻게 선택되었는지 말해준다. 거울은 사람들이 테이블로 가서 아버지 하나님에 의해 선택받았다는 진리의 말씀을 읽을 때 자신을 보도록 하는 데 사용된다. 그들이 스스로를 누구라고 생각하든지, 또는 그들이 얼마나 적합하지 않다고 느끼든지 그것에 상관없이 특별하게 구별되어 그리스도의 신부인 교회의 일부분이 되도록 아버지에 의해 선택되었다는 사실을 그들은 거울을 보면서 상기하게 된다.

두 번째 테이블(Table2): **신부 대금**(The Price, mohar)/고전 6:19-20

테이블 한가운데 주된 초점으로 십자가를 놓아둔다. 테이블 가장자리에 "그분이 당신을 위해서 값을 지불하셨습니다."라는 글을 놓아둔다. 여기서 우리는 신부가 선택되고 난 후, 그 다음 단계는 값(mohar)을 결정하는 것이었다고 가르쳐 준다. 신랑의 아버지가 지불한 값이 더 많을수록 신부의 가치가 높아진다. 여기에 사용된 은유는 그리스도의 신부를 사기 위해서 가장 비싼 값이 지불되었는데, 그것이 바로 신랑의 죽음이었다. 그렇게 높은 가격을 지불한 것은 아버지가 우리를 대단히 가치 있게 여기고 있음이 틀림없다는 진리를 강화하면서 어떻게 우리를 위한 값이 지불되었는지에 관한 성경구절을 낭독한다. 이것을 가르치는 동안 십자가의 수난에 관한 그림을 스크린에 보여준다.

세 번째 테이블(Table3): **신부를 위한 선물 목록이 들어 있는 약혼 계약서** (The Engagement Contract ketubah)/고전 12:8-9; 롬 12장; 엡 4장

이번 테이블에는 성찬식 잔과 빵, 성경책, 그리고 '영생, 성령, 죄사함, 믿음, 자비, 섬김, 가르침 등'과 같은 상당수의 약정된 선물목록이 있는 계약서를 포함하여 몇 가지 소품들을 준비해 둔다. 이것은 아버지가 신부를 위해 지불하기로 한 값이 결정되고 나면 유대인들의 결혼식에서 어떻게 계약서가 작성되었는지 가르쳐 준다. 이 계약서에 신부가 받게 될 약정된 선물의 목록이 기록되어 있었다. 그런 후에 신부가 동의하고 나면, 이것에 날인하는 의미로 그들은 포도주를 마셨고, 신부는 따로 구별해 둔다. 포도주를 마셨을 때 계약이 성립된 것이며, 계약서는 신부에게 준다. 그러므로 신부는 신랑이 약속한 것을 지키도록 붙잡을 수 있었다. 그리스도의 신부로서 우리는 예수님을 믿을 때 많은 선물의 약속을 받는다. 우리는 성경(우리의 계약서)에서 이 약속들을 가지고 있다. 성찬식에 참여할 때 우리가 예수 그리스도를 믿었을 때 성립된 계약을 기억한다. 신약시대에 신부가 구별된 것처럼 우리는 그분의 신부로서 구별되어 온 것을 기억한다. 신랑과 신부는 아직 결혼으로 연합되지 않았지만, 그들의 약혼은 마치 그들이 이미 결혼한 것처럼 그렇게 진지하게 여겨진다.

네 번째 테이블(Table4): **정결하게 하는 물**(Cleansing Water, mikvah)

이번 테이블에서는 물을 담은 대야와 수건을 준비해 둔다. 사람들이 이 처소를 방문하면 그들은 기념하는 의미로 손을 씻는다. 가장자리를 쭉 따라서 "여러분의 세례를 기억하라. 만약 세례를 받지 않았다면 받도록 하라."는 글이 적혀 있다. 사람들이 이름과 전화번호를 적을 수 있도록

카드와 연필을 담아둔 바구니가 있는데, 세례를 받기 원한다면 적은 것을 바구니에 넣어둔다. 이 테이블은 약혼 후에 유대인 신부는 미크바라(mikvah)고 불리는 목욕의례를 가졌다는 것을 가르쳐 준다. 우리는 이 것을 예수 그리스도께 그녀가 드리는 헌신의 외적인 표시로서 세례를 받는 그리스도의 신부와 연결시킨다. 우리는 우리의 세례식과 아주 흡사한 현시대적인 흔적뿐만 아니라 예수님 당시의 미크바의 고고학적인 흔적을 스크린에 보여준다.

다섯 번째 테이블(Table5): 신랑은 신혼 방을 준비하고 우리는 그분의 재림을 기다린다/요 14:1-3; 살전 4:16; 마 25:13

테이블 한가운데 숫양의 뿔을 놓아두고 테이블 나머지 부분은 촛불로 가득 차도록 준비해 둔다. 신약시대의 신랑은 약혼을 하고 여분의 방을 만들기 위해 그의 아버지 집으로 갔다. 신부를 데리고 와야 하는 때를 아들에게 알려주는 것은 아버지께 달려 있었다. 그런 후에 신랑은 시내로 행진해 들어가서 뿔을 불어 모든 사람들에게 그가 지금 자신의 아버지 집에 손수 지은 방으로 신부를 데려올 것을 알렸다. 이것은 예수님이 그분의 신부인 우리를 위해서 있을 곳을 마련하기 위해 아버지 집으로 가고, 그때와 시기는 아버지 한 분만 아시지만 언젠가 우리를 데려가기 위해서 돌아오실 것을 가르쳤던 방식과 연결된다.

여섯 번째 테이블(Table6): 신랑과 신부의 결혼식이 거행되다/살전 4:17; 벧전 5:4

이 테이블에는 모든 사람들이 쥬스를 마실 수 있는 작은 컵들이 있다. 이것은 신랑이 마침내 신부를 데리고 올 때 그들이 어떻게 아버지의 집으로 되돌아오는지를 나타낸다. 가끔씩 마지막 의식을 위해서 신부 편에 군중이 배치되었다. 종종 그들은 포도주를 한 잔 더 마셨다. 이것은 신랑이 특별하게 지은 천막 아래서 이루어졌다. 그들은 이 천막 아래서 의식을 거행했다. 고대의 유대 관습에 신부와 신랑은 그들이 함께 마셨던 잔을 밟아 깨뜨렸다. 이것은 그들 두 사람의 삶이 어떻게 함께 연합하는지를 상징했다. 이 테이블에서 우리는 예수님이 언젠가 교회인 그의 신부를 데리러 오시며, 그들이 함께 아버지의 집으로 가는 것을 보여준다. 사람들이 이 처소에 오면 테이블 가장자리에 "그분은 당신을 사랑하시며 당신에게 헌신하실 것입니다."라고 적혀 있는 것을 읽는다. 이 처소 옆에 천막을 짓고 그 아래서 사람들이 작은 플라스틱 컵으로 포도주를 마시고, 그런 다음에 발로 밟아 깨뜨린다.

일곱 번째 테이블(Table7): **결혼 만찬**/계 19:6-9, 3:20
이 테이블은 의자들과 공들인 장소 배치, 접시, 과일 등을 준비해 둔다. 이것은 큰 축제를 나타낸다. 테이블 주위에 "그분은 우리가 그분과 함께 먹고 영원히 그분과 함께 있도록 우리를 초청하십니다."라는 글이 있다.

경배와 기도 처소에서의 상호작용(Worship and Prayer Station Interaction)
메시지 후에 사람들을 자리에서 일어나서 7개의 테이블을 연속적으로 걷게 한다. 이것은 30분 정도 소요된다. 사람들은 각 테이블에 멈춰 서서 성경구절을 읽고, 기도하고, 테이블 가장자리에 있는 글을 읽고, 각 테이블에 그들을 위해서 준비되어 있는 다른 방식으로 서로 교제한다. 또한 개인적인 기도, 일지, 그리고 미술 공간들로 걸어갈 수 있다. 이 시간에 찬양 팀은 예배실 뒤쪽에 있는 무대에서 공동체 예배를 인도한다. "Wonderful King", "Steadfast Love of the Lord", "Amazing Grace"(찬송가), "You Are So Good to Me", "We Will Dance" 등의 곡들을 이미지와 함께 가사를 스크린에 띄운다. 음악은 매우 명상적이게 하고, 끝까지 그렇게 진행한다.

봉헌(Offering)

공동체의 한 사람이 봉헌을 위해서 기도하고, 뒤에서 음악이 연주되는 동안 헌금 주머니를 돌린다.

공동체 기도와 축도로 폐회함(Closing community Prayer and Benediction)

몇 분 동안 공개적인 나눔의 시간을 따로 마련해 두어서 감사에 대한 짧은 기도 문장을 소리내어 말하도록 한다. 특히 그리스도의 신부가 되는 것에 초점을 맞춘다. 축도는 3분정도 지난 후에 한다. 이것은 사람들이 주중 내내 그리스도의 신부가 되도록 사명을 위임하는 것이다.

나가는 음악(Walk-out Music)

가사가 없는 CD를 반복해서 틀어준다.

6) 이머징 교회에 대한 비판

이머징 교회의 지도자들은 스스로를 지도자나 권위 있는 신학자가 아닌 공론가로 여긴다. 캐빈 드영(Kevin Deyoung)은 이머징 교회를 평가하면서 두드러진 특징을 이머징 교회의 유동적인 성질에 두고 있다. 하지만 이 점이 이머징 교회가 칭찬받는 부분이자 한편 좌절을 일으키는 부분이다. 칭찬할 만하다 함은 이머징 교회의 그리스도인들이 자신들의 생각은 단지 탐구와 실험일 뿐, 결코 최종적인 것이 아니라고 인정하는, 즉 솔직하고 자기를 내세우지 않는 점이다. 반면 좌절을 일으킨다 함은 "우리는 그저 담론을 말한 뿐이다."와 같은 말을 상투적인 수단으로 삼아 이머징 교회를 명확히 정의할 수 없도록 한다는 점이다.[377] 단적인 예로 로브 벨과 같이 스스로를 이머전트라 부르려 하지 않는 사람도 지난 몇 년간 자신의 사역 형성에 이머전트가 끼친 영향을 인정했다. 이 같은 점이 이머징 교회의 범주를 논하는 데 어려움을 준다.[378] 이머징 교회에 대한 비판의 목소리는 국내 여러 번역서들을 통해서 소개되고 있다. 도널드 카슨(D. A. Carson)의 『이머징 교회 바로 알기』(부흥과 개혁사), 로저 오클랜드의 『이머징 교회와 신비주의』(부흥과 개혁사), 캐빈 드영·테드 클럭의 『왜 우리는 이머징 교회를 반대하는가』(부흥과 개혁사), 게리 존슨·로널드 글리슨 편역의 『이머징 교회는 교회 개혁인가 교회 변질인가 바로 알기』(부흥과 개혁사) 등 다수의 책에서 도움을 받을 수 있다.

(1) 경험에 대한 비판

이머징 교회 신봉자들의 대체적인 생각에 목적지에 대한 염려와 같은 문제는 부차적인 문제다. 레너드 스윗의 표현대로 '포스트모던의 길'은 경험이다. 여행이란 방향이 있다기보다는 방황하는 것이고 믿음이라기보다는 행동하는 것이며 명확한 것이라기보다는 모호한 것으로 규정한다. 믿음의 여정을 설명하고 정의하는 것은 그 여정을 값싸게 만드는 일이 될 수 있다는 것이다.[379] 이머징 교회가 여행을 함에 있어 목적지를 중심에 두기보다는 경험이라 여기기 때문에 신앙생활은 교리적 고찰보다는 개인적 자기 관찰을 더 많이 요구한다. 따라서 여행에 대한 포스트모던적인 심취는 우리 자신의 이야기에 몰두하도록 자양분을 공급한다는 차원에서 경험 지향적인 이머징 교회를 비판한다.

우리 세대는 자기도취와 자기사랑 사이 그 어느 수준쯤에 와 있을 만큼 자기 관찰에 몰두한다. 자신의 역기능과 상처와 개별성 등 우리 자신에게 너무 몰두한 나머지 그 때문에 종종 더 이상 성장하지 못한다. 건강보다 상처를 더 중시하는 세상에서는 성숙이란 위선과 동의어이다.[380] 이 점에 대해서 데이비스 웰스 역시도 영적 순례의 개념과 포스트모더니즘에 나타난 영적 여행의 관념 간에는 차이가 있으며, 포스트모더니즘의 영성의 핵심은 여행의 체험에 있을 뿐 지향점에 도달하려는 목적에 있지 않다고 지적했다.[381] 이것은 우리의 모든 감정을 억제해야 한다는 뜻이 아니라 자기

표현과 자기자신에게 충실한 것이 그리스도를 닮기 위한 가장 확실한 기준일 수 없다는 점을 배워야 한다는 것이다.

이머징 교회의 여행에 대한 관점이 지닌 문제는 하나님을 인식할 수 있는 가능성을 손상시킨다는 점이다. 신학자들이 하나님의 무한하심과 우리의 지식이 유한함을 인정하는 가운데 하나님의 광대하심에도 하나님에 대한 인식 가능성을 함께 고수해 왔다. 그러나 이머징 교회 지도자들은 하나님의 광대하심이 하나님을 인식할 수 있는 그 가능성을 삼켜 버렸다는 것이다. 특히 맥클라렌이 말한 "신학에 대한 우리의 절대적이고 오만한 확신이 아니라 하나님에 대한 올바르고 겸손한 신뢰"가 필요하다는 식의 대조적인 방식을 통해 하나님에 대한 지식은 확신 있게 알 수는 없다는 뉘앙스의 표현 자체에는 문제가 있다는 지적이다. 또한 지식에 대한 이머징 교회의 개념이 너무 잠정적이라서 우리가 하나님을 경험할 때를 제외하면 실제적이고 정확하게 하나님을 안다고 상상하기란 쉽지 않다.[382] 하나님에 관해 진정으로 알고 이해하는 것에 대해 회의적인 이머징 교회의 입장은 언뜻 보면 경건한 겸손과 하나님의 광대하심을 높이는 것처럼 보이나 그것은 사실 하나님의 주권적 능력을 약화시키는 것이라는 비판을 피하기란 어렵다.

(2) 언어에 대한 불신에 대한 비판

포스트모던주의자들은 언어에 대한 불신감이 대단하고 인간의 지성에 진리를 전달하는 하나님의 능력을 불신한다. 톰린슨(Tomlinson)의 다음의 말은 하나님께서 인간의 언어를 사용하여 자신에 대한 정확하고 알 수 있는 진리를 전달하실 수 있으시다는 사실을 부정한다.

> "성경이 하나님의 말씀이라고 말하는 것은 곧 하나의 은유를 사용하는 것이다. 하나님을 문자 그대로 말씀을 하시는 분으로 생각할 수는 없다. 말이란 무한하신 하나님의 말씀을 전달하는 수단으로서는 결코

적합하다고 입증될 수 없는 전적으로 인간적인 현상이기 때문이다."[383]

캐빈 드영은 성경에 기록된 말씀하시는 하나님에 의해 하나님을 이해하는 것을 부정하는 것은 하나님은 얼마든지 인간의 언어를 사용하여 자신에 대한 정확하고 알 수 있는 진리를 전달하실 수 있으시다는 사실을 부정하는 것에 불과하다고 했다.[384] 하나님의 인식 불가능성에 대한 이머징 교회의 암시적인 교리 때문에 '신비'에 대한 왜곡된 이해가 발생한다. '신비'라는 말은 그 자체로 훌륭한 낱말이다. 그럼에도 불구하고 그들의 언어와 명제에 대한 왜곡된 이해가 '신비'로 출발하려는 기독교 이야기를 수용하는 것을 어렵게 한다는 비판도 받는다.[385] 이머징 교회 지도자들이 기독교 신앙과 진리를 종종 '신비'로 정의하는 것이 인간이 알 수 없고 측량할 수 없는 유한성을 표현하는 말과는 전혀 별개로 표현된다. 즉, 하나님과 계시된 진리에 대한 근본적인 무지로서의 '신비'이며, 그리스도인의 믿음에 대한 책임을 저버리는 수단으로서 기독교적이 아니며 교회를 지탱해주지도 않을 것이라 우려한다.[386] 이머징 교회가 기독교 핵심을 '신비' 속에서 출발하려는 것은 경건한 혼란과 지적인 나태함의 절묘한 조합을 발생시킨다고 비판한다.[387]

(3) 불확실성과 겸손에 대한 평가

이머징 교회는 겸손을 불확실성과 동일시한다. 그들이 지향하는 겸손을 불확실성의 맥락에서 이해할 때 확신은 예수님을 명확히 정의하고 하나님을 요약 정리하는 일로 여기는 반면, 불확실성은 한 줄기 신선한 바람과 같다. "확신, 증거, 논증 따위와의 모든 관계를 청산하고 그 자리를 대화, 불가사의, 모색 등으로 대체하라. … 실재는 좀처럼 분명치 않고 보통은 흐릿하고 신비로우며 흑백이 분명치 않은 총천연색으로 존재하기 때문이다."[388]라고 말한 맥클라렌의 주장이 그것을 증명한다. 왜 불가사의와 모색이, 질문과 대화가 확신의 가능성마저 부정해야 하는가? 하나님의 뜻과 지식에 대한 확실성에 대한 경멸은 인간의 언어로 자신에 대한 진술을 전달할 수 있으신 성령에 대한 공격이며, 하나님의 능력에 대한 불신이지 겸손의 표시라 할 수 없다는 비판을 낳는다. 이러한 거짓된 이분법에 바탕을 두게 될 때, 비록 진리에 대한 우리의 지식이 아직 전지하거나 완벽할 수는 없지만 참되고 믿을 만한 방식으로 하나님의 오류 없음에 접근할 수 있음을 부정하는 것이 된다.[389]

이머징 교회 지도자들이 이성과 논리와 특정한 가설을 멀리하는 것 같은 포스트모던적인 주장은 여전히 어떤 해석은 좋고 나쁘다는 믿음을 전제하고 있으니 불확실성에 대한 그들의 주장과의 모순을 납득할 수 없게 한다. 자신의 견해가 틀릴 수도 있다는 점을 인정하는 것은 겸손의 표시이겠지만, 자신의 견해가 틀릴 가능성이 높다는 데도 어떤 판단의 전제된 믿음을 고수하는 것은 일종의 괴상함으로 치부된다.[390] 따라서 이머징 교회의 불확실성의 춤은 재미있기는 하나 계속 추기에는 어려운 춤에 불과하다. 그도 그럴 것이 하나님의 광대하심으로 진리에 대한 우리의 인식론적인 불확실성은 인간적인 한계에 비추어보면 하나의 미덕일 수 있으나 하나님의 말씀에 비추어보면 위험천만한 함의에 불과하다.

소위 이머전트 담론의 주제로서 동성애를 용인하는 주장이 실제적인 예라 할 것이다. 벨의 『성의 신』에 수록된 "예수님은 동성애에 대해 어떤 말씀도 하신 적이 없다. … 이성애적인 죄를 무시한다면 우리는 위선자다. … 성경에서는 성적 취향에 대해서는 아무 말도 하지 않는다." 등과 같은 주장과 더불어 동성애 행위가 죄가 될 수 있음에 넌지시 말하기조차 싫어하는 많은 이머징 교회의 입장이 그러하다. 이머징 교회 지도자들이 동성애 문제를 놓고 내부적으로 분열되어 있다는 생각에 아무도 상처 주기를 원치 않아 어떤 입장을 취하기를 거부하는 태도는 한편 성적인 유혹을 극복하려고 몸부림치는 이들과 동성애자들에게 회개를 촉구해 오던 이들에게도 상처가 될 수 있다. 그런 욕구와 싸우도록 격려하는 것이 목양적으로 어떤 대상에게는 해로운 결과를 초래하겠지만, 반대의 경우 격려하기를 꺼려도 또 다른 대상에게는 마찬가지의 결과가 초래될 것이다.[391]

(4) 문화적 수용에 대한 비판

이머징 교회 운동은 변화하고 있는 문화와 관련해서 스스로를 앞으로 나타날 새로운 경향으로 간주한다. 이 운동에 속한 대부분의 사람들은 이 운동을 전통적인 교회의 온갖 명제와 가르침 또는 구도자 중심적인 교회의 오락 지향적인 천박함에 대한 반작용으로 보고 있다는 것은 문제가 될 수 있다.[392] 도널드 카슨(D. A. Carson)은 종교개혁 당시 지도자들이 이끌었던 개혁은 기존의 문화 속에 새롭게 형성된 문화적 특성에 접근할 수 있도록 교회가 적응해야 한다는 인식에서가 아니라 교회 안에 자리잡은 성경에 위배되는 새로운 신학과 관습에 대한 개혁의 필요성에 대한 인식 때문이었음을 강조했다.[393] 하지만 이머징 운동의 지도자들은 30대 이하 세대 층이 신앙적인 체험과 감정 등 초자연적인 감각에는 관심이 많은 반면, 조직 신학과 변증적 논거와 논리적인 이론에는 흥미가 없다는 것이 문제라고 말한다. 심지어 이들이 교회에 가는 이유를 "초월성이 변화된 … 사람이 되게 한다."는 비그리스도인의 주장까지를 논리적 적절성으로 받아들이는 것은 비판을 키우는 것이다. 게리 길리(Gary E. Gilley)는 이러한 초월적인 것에 대한 접근에 따라 찬송가 부르기, 십자가를 거는 것, 성경봉독의 고상한 중세의 의식, 기도처, 미로 명상, 초, 향, 성상, 스테인드글라스, 관상 기도, 주문, 베네딕트 수도회 성가, 어두움의 조합 등은 "빈티지 교회"(vintage church)로의 회귀라 지적했다. 그는 이러한 것은 신약성경으로의 회귀가 아니라 중세 가톨릭 교회에 의해 숨겨져 왔던 배교 신앙이었다는 극단적인 해석마저 내놓는다.[394] 구도자 지향적인 교회가 느끼는 필요를 불신자들과의 연결 수단으로 생각했던 것처럼 이머징 교회는 영적 체험을 그런 수단으로 보고 있는 것이다.

(5) 모더니즘에 대한 입장 비판

이머징 교회는 계몽주의로부터 비롯되는 모더니즘의 재앙이 교회를 억압하기 시작했다는 주장이 누구보다 강하다. 특히 서구 기독교는 현재 쇠퇴하고 있는 근대 문화와 결합했기 때문에 가장 좋은 행동 방침은 근대적 형태의 기독교를 포스트모던적인 모델로 바꾸어야 한다고 주장한다. 하지만 케빈 드영은 이러한 이머징 교회의 주장은 몇 가지 이유에서 재고되어야 한다고 말한다. 우선 과거의 기독교가 자신들의 해석 능력을 너무 과신했음을 동감한다. 또한 오늘의 문화가 어떻게 예수님이 기적을 일으키실 수 있는지를 묻기보다 어떻게 예수님이 유일한 길일 수 있는지 묻기를 더 좋아한다는 주장에도 동의할 수 있다. 하지만 이머징 교회의 역사관은 편향적이라는 비판을 피하기는 어렵다. 신조적 진술이 과연 근대적 영성의 산물이라 할 수 있는가? 신앙고백을 비롯한 교리들이 모더니즘보다 앞선 시대의 것이거늘 마치 계몽주의의 여파로 갑자기 교리에 사로잡히기라도 한 듯이 주장하는 것은 문제가 있다는 것이다. 또한 이머징 교회 지도자들이 전통적인 복음주의 교회가 지나치게 객관화되어 하나님은 해부하고 분석해야 할 존재로 한정하고 개인적 관계에 대한 관심이 전혀 없다는 듯이 비판하는 것은 극단적인 과도한 집착으로밖에 볼 수 없다. 게다가 이머징 교회의 모더니즘과 포스트모더니즘의 차이점에 대한 지나친 과장은 이원론에 빠질 수밖에 없으며, 모더니즘은 언제나 그렇게 나쁜 것이 아니었을 뿐 아니라 포스트모더니즘도 언제나 그렇게 좋은 것만은 아니라는 주의가 요구된다는 주장이다.[395]

특히 댄 킴볼이 근대 교회와 이머징 교회를 대조해 놓은 표는 잘못된 과장을 범하고 있다는 평가다. 이머징 교회에서의 설교는 "성경의 오래된 지혜가 그리스도의 제자로서의 천국적인 삶에 어떻게 적용되는지를 가르치는"반면, 현대의 설교자는 "현대 상황 속에서의 개인적인 문제들을 해결하는 데 도움이 되는 성경적 진리의 분배자 역할을 한다."는 식의 대조는 현대 교회에서 좋은 점을 발견하는 일을 불가능하게 만들 뿐만 아니라 불공평하다는 것이다.[396]

이머전트 교회는 성경을 연구하거나 분석하고자 하는 의도보다는 성경이 내러티브나 시나 이야기로 기록된 사실을 증거로 예술이나 하나의 이야기로 받아들이고자 하는 것도 성경에 대한 편협한 이해에 불과하다는 비판을 낳는다. 성경의 상당부분은 "법, 애가, 교훈, 지혜, 윤리적 명령, 경고, 묵시적 묘사, 서신, 약속, 보고, 신조, 의식, 그리고 이외에도 여러 가지로 구성되었다."[397]는 사실을 왜곡하는 것에 불과하다는 것이다.

(6) 모던적 설교방식 이해의 비판

이머징 교회에 속한 많은 사람들이 개신교 예배에서 설교가 차지하는 핵심적 위치를 개탄한다. 소위 패짓이 설교가 '연설'이 되어버렸다고 비판하며 설교의 역할에 대한 정기적인 정의가 필요하다는 주장은 수동적인 청중에게 전달이라는 일방적인 의사소통 방법에 대한 지적이다. 하지만 이것은 로버트 웨버가 말한 추론적인 의사소통과 공동체적인 의사소통에 관한 이야기로 접근해 볼 수 있다. 추론적인 의사소통은 계몽주의의 영향을 받은 정보적인 의사소통이라 할 수 있고, 공동체적인 의사소통은 사실 추론적인 의사소통보다 오래 되었을 뿐만 아니라 개인과 공동체의 성숙을 관심사로 삼고 있다는 웨버의 분석에 대한 이머징 교회의 공감은 많은 우려를 발생시킨다. 이는 수많은 잘못된 이분법을 강화시키며 우리는 머리와 가슴, 합리성과 믿음, 진리와 경험 사이에 쐐기를 박는 잘못된 이분법을 만들어낸다는 비판이 야기된다. 또한 추론적 의사소통의 모든 단서를 근대적 계몽주의의 타락에서 찾는 것 역시 잘못된 주장에 속한다는 견해다. 칼빈은 길고 신학적으로 치밀하며 이야기 없는 추론적인 설교를 전했다. 하지만 그것은 계몽주의의 산물이 아닐 뿐더러 그와 같은 설교가 오로지 정보 전달만을 설교의 목적으로 삼았다는 주장은 정확한 지적이라 보기 어렵다는 것이다.[398]

설교에 대한 이머징 교회의 주장에는 강해와 대지가 있는 전형적인 설교를 현대적 창작물로 규정하는 교묘한 비난을 포함하고 있다. 하지만 이들이 조롱하는 지나치게 단선적이고 단지 '문제 해결'에 불과하다는 설교는 교회사 초기 2세기까지 그 기원을 거슬러 올라간다. 당시 한 평범한 예배는 낭독자가 낭독을 마치면 모임 진행자가 설교로 사람들에게 그 내용을 그들의 삶의 기초로 삼으라고 촉구하고 권면했다. 이러한 추론적 강론과 가르침은 계몽주의가 아닌 유대교에서부터 이어져 온 것이라는 사실이다. 하나님의 백성은 언제나 성경의 가르침을 통해 든든히 세워졌고, 기독교 예배는 언제나 하나님의 말씀에 대한 명확하고 권위 있는 강해적 설교를 중심으로 삼아왔다는 것이다.[399]

또한 설교에 대한 이머징 교회의 경멸은 사실 대부분 권위와 통제에 대한 거북함이다. 토론, 대화, 분별력에 대한 이머징의 선호는 과연 모더니즘에 대한 거부인가의 질문이라는 것이다. 설교의 쇠퇴는 진리 주장의 중요성에 대한 확신의 상실과 밀접한데, 설교는 선포하고 믿어야 할 메시지가 있다는 것을 전제한다. 그것은 또한 한 사람의 의미 있는 전달이 하나님의 백성에게 전하는 하나님의 말씀의 전달에 관한 것이지 모더니즘에 관한 것이 아니라는 것이다.[400]

(7) 이머징의 하나님 나라에 대한 비판

이머징 교회에 속한 이들에게 예수님의 하나님 나라 메시지는 인류를 위한 지금 여기에서의 하나님의 계획에 대한 선언이다. 하나님이 땅 위에서 평화와 정의와 긍휼을 위한 하나님의 계획을 실행하고 계신다는 공표에 인류에 대한 하나님의 꿈, 사랑, 화해의 혁명에 하나님과 더불어 참여하라는 요구이다. 이머징 교회의 이러한 하나의 삶의 방식과 예수님의 본을 따르라는 일에 대한 강조가 하나님 나라의 두 측면인 제단 초청과 영혼 구원에 묻혀 버렸다는 과잉반응에 따른 것이라는 느낌이 강하다는 판단이다. 하나님 나라의 하나님은 단순히 윤리적 의도를 가지신 하나님이 아니다. 그분은 찾으시는 하나님, 초대하시는 하나님, 아버지 같은 하나님이시다. 그런데 이머징 교회 지도자들에게서 악을 정복하러 오신 예수님에 대해서는 많은 내용을 볼 수 있는 반면, 그분의 죽으심과 부활을 통해 우리의 삶 속에 있는 악의 세력으로부터 건지시기 위해 오신 예수님에 대한 내용, 하나님 나라의 복을 경험하려면 예수님을 어떻게 믿어야 하는지에 대한 내용, 현재의 이 시대를 넘어선 하나님 나라에 대한 내용은 거의 찾아볼 수 없다는 것은 문제가 된다. 저주받은 이 세상에 도덕적 갱신을 위한 계획 이상의 무엇인가가 필요하다. 즉, 세상의 유익을 위해 제자가 되라는 요청으로서의 복음이 하나님의 은혜, 용서, 구원의 값없는 선물을 알려주는 복음보다 더 풍부하고 웅대하며 생기가 있다 할 수 있다는 주장에 의구심을 갖게 된다는 것이다. 이머징 교회의 정의와 긍휼에 대한 강조가 영원한 형벌과 영원한 상급, 인간의 생명이나 심판으로의 부활, 예수 그리스도를 믿는 믿음의 필요성을 축소시킬 수 없다. 그러나 이머징 교회의 '이미'의 측면이 지나치게 강조되는 반면, '아직'의 측면을 별로 강조하지 않는 불균형은 '과다 실현된 종말론'에 기운다는 분석이다.[401]

겔리 길리(Gary E. Gilley) 역시도 그리스도와 같은 삶은 구원의 열매이지 원인이 아니라는 단호한 입장이다. "우리는 그리스도인이 아니면서도 도덕적 또는 품위있는 사람이 될 수 있다. 그러나 구원받은 자로서 진정 역사적이고 성경적인 그리스도 예수의 인격과 사역을 부인하거나 무시할 수는 없다."[402]며 이머징 교회는 이런 진리를 완전히 뒤집어 버렸다는 비난을 쏟아낸다.

이머징 교회의 많은 지도자들은 형벌적 대속을 내던지면서 그와 더불어 성경적 구원론의 다른 중요한 측면들, 즉 초크의 원죄에 대한 거부, 톰린슨의 전적 타락에 대한 부정적 생각 등은 그리스도의 고난과 죽으심이 우리가 하나님께 얼마나 소중한지를 보여주는 증거를 훼손하고 있다고 볼 수 있다.[403] 특히 천국과 지옥에 대한 선포는 자신의 선교적 부르심에 적합하지 않다 했던 맥클라렌의 주장은 이머징 교회 지도자들의 지옥과 하나님의 진노에 대한 의도적인 불가지론의 대표적인 증거라 할 수 있다. 그들의 설교나 저술이 사람들을 지옥으로 보내는 판결을 내리기를 원하지 않는 것까지는 좋으나 그들이 아브라함의 복을 나눠주는 데 진정으로 관심을 가진다면 사람들을 예수 그리스도를 믿는 믿음으로 초청하여 그들에게 이 믿음이 없으면 저주 아래 놓이게 된다는 경고가 포함되어야 하지 않느냐고 되묻게 된다. 복음이 무엇보다도 예수님이 행하신 일에 대한 메시지이고 자기 죄를 회개하고 예수 그리스도를 주님으로 부르는 일을 위한 것이라 언급하기를 소홀히 하고 심지어 노골적으로 부정하는 것은 이머징 교회의 최대 실수라는 평가다.[404]

3부

블랜디드 예배, 창의적 융합의 길

I. 예배 전쟁과 예배 융합

1. '예배 전쟁'의 현안

예배에 관한 질문에 답할 때 우리 사이의 견해차는 문화와 관련이 있다. 로마 제2 바티칸공의회 이래로 로마 가톨릭은 토착문화화(inculturation) 혹은 토착화(indigenization), 즉 교회의 예전의 지역문화 적응에 큰 관심을 갖게 된다. 루터세계교회협의회는 문화화와 관련된 이슈에 깊은 관심을 갖는다. 많은 경우에 지역의 상징과 관습을 기독교 예배에 사용하기 위해 개조할 수 있으리라는 데 일치된 입장이다. 우리의 문화가 바뀐 이래로 예배는 변화할 필요가 있다는 주장이다. 그러나 이와는 달리, 다른 한 부류는 그러한 토착화의 위험이 너무 크다며 걱정어린 반응을 보인다. 항상 주의할 사항이 존재하기 마련이다. 기독교 신앙을 왜곡시킬 정도의 위험을 야기시킬 만큼 지역적 상징과 관심에 너무 강하게 결부되어서는 안 된다. 심지어 오락과 상업적 모델에 의해 형성된 문화에 예배가 적응하는 것은 복음을 왜곡하는 것과 다를 바 없다. 여기에 또 다른 한 부류는 새롭게 떠오르는 문화의 궁극적인 형태가 무엇일지 아직 명확하지 않기 때문에 우리는 인내하고 신중해야 하며 개발을 기다려 보아야 한다고 말한다.[405]

로날드 바이어는 리차드 니버가 제시한 복음과 문화 사이의 관계이해의 다섯 가지 모델에 관한 내용을 언급하면서, 복음이 문화를 대적하는 (against) 관계 설정은 문화와는 부적절한 관계가 될 위험이 있다고 했다. 그런가 하면 문화의(of) 그리스도의 형태는 문화의 우상을 창조하게 되고, 문화를 변혁하기 위해 문화를 받아들이는 그들은 문화가 그들을 변혁시킬 위험을 지니게 된다는 것이다. 따라서 리차드 니버의 모델의 어떤 것도 어렵지 않은 것이 없으며, 아무것도 완벽하고 위험으로부터 자유로운 모델은 없다. '예배 전쟁' 속에서 어디든지 그곳에는 위험이 도사리고 있다는 의미이다. 담을 두르고 문화를 거절하는 분파주의의 형태로 보통의 사람에게 접근 불가능한 경우에도, 무비판적인 포용의 경우에도, 문화적인 관용구를 사용하는 우상숭배적인 경우에도, 고결함에 사로잡히는 경우와 역효과를 낳는 변혁적인 선교의 경우에도 그 각각의 위험은 매우 다양하다.[406]

문화에 손쉽게 접근 가능한 예배는 쉽게 문화에 의해 포획될 수 있고, 문화에 저항하는 예배는 문화 속에서 살아가는 사람들의 레이더망을 쉽게 벗어나게 된다. 따라서 로날드 바이어는 여기에 다음과 같은 많은 질문이 따르게 된다고 말한다. 문화가 복음의 생산자가 되는 것은 가능할까? 문화는 중립적일까, 무관심의 문제일까? 문화의 본성 그 자체가 불가피하게 세속화의 생산에 영향을 미치는 걸까? 현대적인 문화가 그 자체 안에 복음을 소통하기 위한 수레바퀴로서가 아닌 오히려 와해시키는 세계관을 실어 나르고 있는 것일까? 어떠한 문화적 도구가 복음을 섬기는 기능을 하게 되는가? 도구가 메시지인가? 문화적 인공물들은 중립적인가?[407] 여기에 관해서는 오늘날 현대적인 문화에 보다 적극적인 입장에 서 있는 '현대적 예배'에 대한 평가에서 부분적으로 그 해답을 모색해 볼 수 있을 것이다.

2. '예배 융합'

1) 예배의 새로운 동향

앞에서 언급한 바와 같이 현대 교회의 예배에 대한 두 가지 상반된 관심은 예배의 역사적 뿌리를 배경으로 한 예배(historic worship)와 '현대적 예배'(contemporary worship)로 지칭되며 나타났다. 따라서 어떠한 사람은 역사적인 예배에, 어떠한 사람은 '현대적 예배'에 전혀 관심을 두지 않는 양극단의 사람들이 존재한다. 이러한 양극단에도 불구하고 역사적 예배에 관심이 있는 사람이라고 해서 예전적인 것만을 따르려는 것이 아니라 역사적 예배 속에 담긴 풍부한 전통, 유산, 아름다움, 질서, 내용, 기도서의 중심 주제들에 관심을 보이는 경우도 있다. 또한 '현대적 예배'에 관심이 있는 사람도 현대적인 문화나 현대적인 찬양 중심의 예배만을 주장하지 않고 현대 예배에서 경험하는 자유로움, 즉흥성, 기쁨, 따뜻함, 공동체감에 더욱 관심을 가지는 경우도 있다. 이러한 관심에서 나타나는 공통적인 현상이 있는데, 그것은 예배의 여러 전통들을 탐구하고 '현대적 예배' 분위기를 내려는 전통적인 교회가 있는가 하면, 전통적인 예배 흐름의 현대적인 교회들을 보게 되기도 한다. 오늘날 많은 현대 교회 예배자들은 예배의 내용이 더 충실해지기를 바란다. 뿐만 아니라 예배의 성격이 전통적인 것도, 현대적인 것도 아닌 교회들이 많은데, 예배를 갱신하면서 전통적 유산과 현대적인 문화 형식을 섞어 예배의 통합을 이루는 교회들이 일어나고 있다.[408] 이것이 우리의 또 다른 중요한 관심 사항이다.

로버트 웨버는 이 분야에 대표적인 저명한 학자이다. 그는 모든 교회가 다른 교단에 대한 자기 나름의 선입견이 있다는 점을 지적한다. 그리고 교회는 각 교단을 초월해서 자유롭게 교류하며 서로의 경험을 듣고 배우는 근래의 동향을 고무적인 현상으로 보았다. 그는 자신이 경험한 선입견, 여러 전통들과 나눈 대화, 그리고 교회의 역사적 자각을 향한 연구와 노력 등을 중요한 자산으로 삼고 예배 전통의 통합과 새로운 개방성을 자세히 설명하였다.[409] 또한 교회의 풍요로운 예배 유산과 대화할수록 과거의 유산과 역사에 개입하시는 하나님의 현재적 개입을 더욱 기대할 수 있다고 했다.[410] 그토록 다양한 전통을 지닌 예배들과의 대화의 필요성을 강조했다.

하나님은 우리 시대에 새로운 일을 하고 계시고, 그 일은 사람들이 새롭게 될 때 일어난다. 하나님은 사람들을 함께 모으시고 서로를 통해 각자의 선입견을 무너뜨리신다. 그 속에서 새로운 사건을 이루시고 또한 교회의 공통된 역사에 연합하게 하신다. 이는 예배에서 이루어지는 일이다. 예배에서 전통이 교차하고, 그들을 한 예식에 참여하게 하고, 여러 다른 전통의 회중이 서로 독립된 교회가 아닌 하나 된 교회로 예배하게 된다. 로버트 웨버는 미래의 예배가 전통적 교회와 현대적 교회가 경배와 찬양의 역동적인 경험으로 섞이는 특징이 지배적일 거라 했다. 그리고 이러한 예배 전통의 통합은 교파간의 선입견의 장애물을 무너뜨리고, 하나님의 임재에 대한 새로운 감각을 회복시키기 위한 '예배 갱신'을 이루게 될 거라 기대했다.[411]

2) 새로운 흐름의 '예배 갱신'

예배의 새로운 전환은 1960년대에 떠오르기 시작했다. 기독교 세계는 예전적 '예배 갱신'과 새로운 '현대적 예배'의 접근이라는 두 가지 방향의 '예배 갱신'이 부상했다고 증언해 왔다. 예전적 갱신은 로마 가톨릭에서 1963년에 신성한 예전 설립을 공포하면서 일어났다. 이것은 획기적인 제 2 바티칸공의회의 기습공격으로 16세기의 가톨릭 내부에서 일어난 자기 개혁운동이다. 반종교개혁 기간에 세워진 트리엔트(Trient) 미사에서 새로운 미사로 전복되었는데 예배의 내용과 구조와 스타일 등에 일대 혁명이 일어난 것이다. 이러한 가톨릭 '예배 갱신'은 개신교 주류 교회들에 결정적인 충격을 가했다. 이후 30년 동안 모든 전통적인 교단은 새로운 예배서와 찬송가집을 만들어내며 제2 바티칸공의회의 개혁을 모방했다. 이 혁명을 일컬어 '예전적 갱신'이라 했다. 가톨릭 예배의 갱신처럼 개신교 '예배 갱신'은 그 방향을 성경적인 내용과 예배의 4중 구조의 회복으로 정했다. 이렇게 가톨릭과 주류 개신교 교회들에서 '예배 갱신'으로 함께 부상한 것이 예배의 에큐메니칼 연합이다.[412]

한편 오순절, 은사적 찬양예배에서는 전혀 다른 접근에서 '예배 갱신'이 일어났다. 그들의 관심은 예배에서 보다 주관적이고 경험적인 측면을 회복하자는 것이었다. 오순절은 방언을 말하고 성령의 은사를 강조했으며, 찬양예배 운동은 새로운 장르의 음악을 만들어냈다. 이러한 교회들은 기타와 드럼과 신디사이저와 같은 새로운 도구들은 물론이고 드라마와 회중적 댄스와 같은 새로운 커뮤니케이션의 형식을 소개했다. 회중은 손을 들고, 원을 그려 기도하고, 간증의 시간을 통해 예배로 더 참여하게 했다. 또한 손을 얹어 치유하는 의식들과 같은 예배 외적인 요소에 속했던 사역을 예배의 필수적인 부분으로 포함시켰다.[413]

'예배 갱신'의 이 같은 두 흐름이 독립적인 역사를 갖고 있다가 1990년대에 이르러 블랜디드(blended) 또는 컨버전스(convergence) 예배 형식이 발전을 시작하기에 이른다. 블랜디드 예배는 예전적 예배와 20세기 현대적 '예배 갱신' 운동의 종합이다. 전통적인 예배에서 변화의 원동력이었던 성경적이고 역사적인 원천을 끌어오고 동시에 현대적인 예배의 것에도 관심을 쏟는다. 이러한 이유로 블랜디드 예배는 다음의 세 가지 차원의 특징으로 요약되기도 한다. 첫째는 성경적이고 초대교회적인 전통에 뿌리를 두고, 둘째로 범교회적인 자료들을 끌어오며, 셋째는 현대적인 적절성에 과격하게 몰두한다는 것이다.[414]

로버트 웨버는 혼합된 예배 운동의 흐름을 전통과 현대적인 예배가 한 곳으로 모이는 '수렴점'(convergence)이라 일컬었다. 그것은 소위 다양한 영적 단계에 있는 사람들이 함께 모여 하나님의 말씀으로 성장하고 하나님의 식탁에서 자양분을 받는 수렴점이다.[415] 다양한 발전 단계를 거쳐 전통과 현대적인 워십 형태를 혼합한 온전한 경험으로 나아가는 것이다. 이러한 블랜디드 예배의 범주는 '현대적 예배'에 기댄 예전적 예배에서부터 예전적 예배를 활용한 '현대적 예배'에 이르기까지 다양하다. 그리고 주요한 점은 그 예배 안에 본질과 타당성 모두를 갖추어야 한다는 점이다.[416] 로버트 웨버는 '현대적 예배'가 내용이 빈약하다는 점을 거론하면서 거만과 자긍심에 대한 태도를 경계할 것을 지적했다. 거기에 성경적이고 역사적이고 신학적인 의미와 다양한 예배 요소에 대한 연구가 요구된다는 점도 보충했다. 그런가 하면 '현대적 예배'의 열정, 불, 열망, 감정, 느낌의 깊이 등은 배울 점으로 평가했다. 그리고 '콜로라도 스프링스'(Colorado Springs)를 중심으로 일어난 평신도 중심의 참여적 측면을 갱신운동의 또 한 사례로 강조하며 장려했다.[417] 이렇듯 미래교회는 현재에 대한 비판, 과거로부터 배움, 미래 형성이라는 갱신의 표지를 포함하여 개개인의 재능에 따라 기여하는 교회로 변화해 갈 것을 권고한다.[418] 이러한 20세기 '예배 갱신'은 많은 사람들이 수동적인 예배 자세에서 자유를 얻어 하나님의 성령에 의해 초대교회 그리스도인들이 경험하고 알았던 방식의 예배를 지향한다. 그리고 예배의 성경적 기초와 과거의 사람들이 예배드렸던 방식, 하나님께 영광을 드리기 위한 목적에서의 예배 그 모든 것들을 통전적으로 연구하여 예배하는 것이다.[419] 이러한 갱신은 이전 세대들이 알지 못했던 새로운 방식이다.

3) '예배 융합'의 음악적 기능

음악은 '현대적 예배'의 두드러진 요소이다. 현대와 전통의 가장 깊은 갈등이 바로 음악에서의 싸움이다. 하지만 로버트 웨버는 '예배 전쟁'으로서 음악에 관한 싸움은 그리스도의 몸으로서의 교회가 취할 문제 해결을 위한 방법이 아니라고 했다. 그는 여기에 대한 기독교 예배 음악의 기준을 말했다. 그는 음악의 힘을 인정했다. 그리고 '예배 전쟁'의 한복판으로 들어가서 현대적 논의에 대한 신학적인 고려가 중요하다고 했다. 그는 일전에 북미에서 가르치고 강연할 때 음악을 어떻게 실행할지에 관한 수많은 질문을 쏟아냈는데 그것에 대한 실질적인 해결방안에 접근이 용이한 다양한 기준을 설명한 바 있다. 존 위트블리트(John D. Witvliet)는 그러한 로버트 웨버의 기준을 토대로 다른 신학자들의 의견을 함께 수렴하여 질문과 답변 형식의 여섯 가지 항목[420]으로 정리했다. 주로 기독교 예배의 상황에서 음악의 타당성과 건전한 사용에 관한 목록에 속한다.

Q1. 신학적 질문: 우리는 음악을 표현하는 창의력과 결단력에 있어서 음악이 지닌 하나님을 경험하도록 하는 전도자적인 기능을 축하하면서도 한편 제한하는 방식을 가졌는가?

A. 오늘날 교회는 찬양사역자들이 교회 회중에게 하나님의 현존을 나타내 보이도록 주문한다. 교회는 창의성과 카리스마적인 은사로 보통의 순간을 거룩한 순간으로 바꿔놓을 수 있는 사람을 찾고 있다. 그런데 하나님의 현존을 파이프오르간으로나 마이크와 드럼세트로 갈구한다. 오늘날 강력한 성례전적 언어가 설교단과 세례반과 성찬상에서 일어나는 것이 아니라 오히려 드럼, 신디사이저, 오르간의 중음기통 등으로부터 오는 줄로 여긴다. 심지어 많은 예배 공간 건축에서 설교단과 세례반과 성찬상과 제단을 위한 공간인 전방과 중앙이 지금은 예배 밴드나 파이프오르간을 위한 공간이 되어버렸다. 음악이 예배에서 하나님과 인간의 만남에 매우 중요하다는 것은 의심의 여지가 없다. 하지만 문제는 음악이 하나님에 대한 경험을 발생시킬 수 있느냐이다. 음악은 하나님이 아닐 뿐만 아니라 하나님의 현존을 발생시키기 위한 자동화된 도구가 아니다. 음악은 로버트 웨

버의 말대로 "하나님의 초월성에 대한 증거이자 … 하나님과의 만남을 동반하는 경외감과 신비를 이끌어내는 것"[421]으로 엄청나게 중요한 것인 반면 절대적으로 필요한 것은 아니다. 연주자들은 스스로 파이프오르간이 가진 음악의 힘, 아름다움, 중요성에 대해 흔쾌히 증진시킬 수도, 제한할 수도 있을 때 신뢰를 얻게 된다. 하나님과 인간의 만남이 결국 우리의 음악적 성취에 달린 것이 아니라 성령의 은사라는 사실을 우리가 경축할 때 그리스도 안에서 영적으로 놀라운 자유를 얻게 된다.

Q2. 예전적인 질문: 우리는 그리스도인의 주요한 예배 행위가 음악을 통해 더욱 가능케 할 수 있도록 음악을 개발하여 연주할 만큼의 창의력과 집요함을 가지고 있는가?

A. 우리는 예배에서 음악을 기도나 그리스도의 복음의 수단으로서가 아니라 그 자체를 목적으로 경험한다. 이러한 관심은 인기 있는 문화를 감정적이고 오락적인 가치에 의해 선택하듯이 교회음악에도 동일하게 적용하게 된다는 것이다. 하지만 로버트 웨버는 "음악을 말씀과 성례전이 타고 가는 수레바퀴"로, "예술을 그리스도께서 만나시는 수단"이라고 했다.[422] 음악은 예배의 주요한 행동이다. 예배의 기능적인 관점은 회중의 실천에 직접적인 영향력을 갖게 된다. 참회하는 기도에 한 토막의 음악은 실상 회중이 자신의 죄를 고백하게 한다. 음악은 그것이 동반하는 행동을 가능하게 한다. 예배 인도자는 그 같은 방식으로 주어진 찬양/찬송이 지닌 깊은 목적을 회중에게 명확해지도록 해야 한다. 음악은 실로 우리로 하여금 보다 정직하게 기도하도록 돕는다.

Q3. 교회적 질문: 우리는 음악이 연주자, 작곡가, 그에 관한 마케팅 회사보다도 오히려 모인 회중을 섬기기 위한 창의력과 집요함을 가지고 있는가?

A. 예배가 하나님의 백성의 사건이라는 의미에서 음악은 예배가 지닌 공

동체적인 차원을 뚜렷하게 해준다. 예배에서 음악이 지닌 최대 절정은 전회 중이 정직하게 상상력을 담아 기도가 가득한 노래를 아름답게 부르는 것이다. 예배에서 음악은 회중 개개인에 관한 것일 뿐 아니라 그리스도의 몸과 보편적인 교회 전체에 관한 것이다. 개인적인 선택과 선호를 중시하는 문화에서 이러한 비전은 우리에게 음악을 새롭게 경험하는 방법을 일러준다. 이 비전은 우리에게 "내가 그 음악을 좋아하는가?"와 같은 질문을 할 수 없게 만든다. 오히려 "그 음악이 내게 또 다른 시간과 장소에서 그리스도인들과의 연합이라는 강력한 의미를 제공하는가?"라는 질문을 하게 한다.

Q4. 심미적인 태도에 대한 질문: 우리는 "심미적인 장점"에 대한 이해를 풍부하게 하고 이를 실천할 만한 집요함과 창의력을 가지고 있는가?

A. 교회에서 음악에 관한 대부분의 대화는 음악 자체에 집중되어 있다. 이러한 관점은 중요하긴 하나 불완전하다. 중요한 것은 예술을 향한 태도에 있다. 프랭크 버치 브라운(Frank Burch Brown)은 예술에 관한 네 가지[423] 태도에 대한 문제를 찾아냈다. 첫째는 탐미주의자(Aesthete)다. 그들의 주된 목표는 하나님께 영광을 돌리거나 그분을 즐거워하는 것이 아니라 피조물의 탐미적인 즐거움으로 영광을 누리는 것이다. 둘째는 교양이 없는 속물(philistine)이다. 이들은 실천적이거나 도덕적이거나 특별히 종교적인 용어로 번역할 수 없는 예술적이고 탐미적인 그 어떤 것에 개인적으로 집착한다. 또한 하나님이 주신 창조의 능력으로 즐기기를 거절하고 음악을 사람들을 매혹시키는 도구로 취급한다. 셋째는 편협한 사람이다. 탐미적인 표준치에 대한 예리한 인식에도 불구하고 자신의 표준을 절대치까지 끌어올리는 사람이다. 이것을 버치 브라운은 오만함의 죄에 동등한 탐미적 경향이라 했다. 넷째는 무분별한 사람들이다. 과격하게 탐미적인 상대주의를 받아들인 사람이다. 이 경우는 그들 자신의 경험에서 지속적인 가치와 인위적인 매력 사이의 구별이 불가능한 사람이다. 버치 브라운의 비전은 우리에

게 편협함, 탐미주의, 무분별, 속물주의 모두를 동시에 줄이라고 도전한다.

Q5. 문화적인 질문: 우리는 예배(음악)와 문화(어떻게 예배가 존재하게 되었는지에 대해 설명하기 위한) 사이의 복잡한 관계-문화초월적(transcultural), 상황적(contextual), 반문화적(countercultural), 문화교류적(cross-cultural)-에 대해 충분히 이해하고 있는가?

A. 20세기 기독교 예배에서 제2 바티칸공의회의 많은 공헌 중의 하나는 예전적 표현이 지역 회중의 특별한 문화적 상황을 반영하도록 강조한 점이다. 제2 바티칸공의회 이래로 소규모의 전례학자들은 얼마나 이 적응-상황화(contextualization), 토착화(indigenization), 토착문화화(inculturation)라는 다양한 용어로 표현된-이 잘 일어날 수 있을까를 자각하도록 했다. 포스트모던적 관심에 의해 원동력이 된 이 프로젝트는 많은 기독교 전통에 의해 열렬히 받아들여져 세계교회의 예전들에서 발굴한 문화적 표현들이 셀 수 없을 정도의 공헌을 보여주고 있다.[424] 중요한 것은 이러한 문화화에 대한 최근의 움직임은 표현상의 토착적인 형식을 증진시키면서도 때로는 제한하는 방식을 취한다는 것이다. 기독교 예배가 자연스레 문화적 환경으로부터 나와야 하지만 기독교 신앙과 대항 문화적인 측면에 대해서는 비판적 평가를 취해야 한다는 주장이다. 이러한 운동으로부터 나오게 된 완숙한 성명서 중의 하나가 예배와 문화에 관한 "나이로비 선언문"이다. 이 선언문이 주장하는 것은 건강한 회중은 예배가 자의식적인 동시에 문화초월적, 상황적, 반문화적, 문화교류적이어야 한다는 것이다. 버치 브라운은 예배와 문화에 관한 나이로비 선언문은 이것 혹은 저것이라는 수사학에 의해 지배되어 네 가지 형용사 중 하나에 너무 흥분하게 되어서는 안 되며, 이 네 가지의 미덕이 동시에 고려되어야 한다는 주장이다.

Q6. 경제적인 질문: 우리는 사회·경제적인 계층에 의한 교회 내 깊은 분리

를 극복하기 위한 창의력과 집요함을 가지고 있는가?

A. 우리 앞에 있는 이 문제는 돈을 모으고 사용하는 데 너무 강박감에 있는 문화에서 어떻게 우리가 하나님을 잘 예배하기 위해 훌륭한 예배 음악을 발전시킬 수 있는가의 문제이다. 엄청난 재정을 들이지 않을 수도 있다는 생각, 어떻게 대성당과 대형 교회에서나 가능한 음악을 그저 그들이 가진 자원만으로 하나님께 드릴 수 있느냐에 관한 문제이다. 예배의 경제적인 영향에 대한 사려 깊은 숙고는 회중을 꽤 다른 전략으로 이끌곤 한다. 대성당과 대형 교회가 오케스트라, 사운드 시스템, 오르간 없이도 축제적인 예배를 열 수 있다면 어떻게 될까? 예배에서 음악적 자원을 위한 막대한 기금 분배를 소수의 자원을 가진 교회에 동등하게 분배한다면 어떨까? 우리가 대형 교회 관계자들과 교회와 관계되어 있는 대학들이 예배 컨퍼런스를 작은 시골교회에서 열어 작음과 단순함의 미덕에 관해 열렬히 배우게 되면 어떠할까? 우리는 이러한 기준에 관해 너무 낙관해서도 안 된다. 그들이 증진시키고자 의도한 담론이라는 보트는 공격적인 마케팅의 조류와 예배 음악의 개인적인 취향에 의해 쉽게 뒤덮이게 되기 때문이다.

많은 교회에서 음악을 구성하는 데 가장 비중 있게 작용하는 힘은 집요하게 전통적인 실천에 붙들리려 하거나, 역으로 음악적 형식의 최첨단을 유지하고픈 강한 갈망이다. 따라서 하나님의 현존을 중재하는 음악의 역할에 관한 신학적 질문은 예배 인도자로 하여금 어떻게 노래를 소개할지에 대한 변화를 가져올 수 있다.[425] 어느 한쪽에 편향적이지 않은 방식을 취하는 음악에서의 융합은 현대 예배의 중요한 과제이다. 그것은 음악의 형식에서의 출발이 아니라 심도 있는 신학적 질문에 대한 고민에서 시작해야 하며 그 과정에서 우리에게 요구되는 것은 바울이 말한 '지식'과 '사랑'에 의해 구축된 상상력이다. 결국 음악에 대한 폭넓은 지식과 깊은 이해와 넉넉한 사랑이 상상력의 창조적 은총을 통해 새로운 형식의 예배 음악을 하나님과의 친밀함의 예배를 섬기는 자리로 기꺼이 초대할 수 있을 것이다.

20세기 예배의 다양한 전통의 부활과 함께 새로운 '현대적 예배' 동향의 출현이 '예배 전쟁'의 소용돌이를 불러왔음에도 불구하고 적어도 새로운 흥미로운 출현은 명제와 반명제의 통합에 의한 '예배 융합'이다. 분명히 전통과 '현대적 예배'는 둘 다 뭔가가 빠져 있었다. 전통교회는 실제적이고 필수적인 하나님의 경험이 부재하고, 현대적인 운동에는 본질이 빠져 있다. 그러나 그것은 그 이면에 존재하는 서로의 강점에 관심을 기울이도록 겸손을 요구하는 것이기도 하다. 따라서 '예배 갱신'의 새로운 대안은 이 두 흐름인 예전적 예배 운동의 내용과 현대적 운동의 경험 모두를 융합한다.

컨버전스로서의 이 같은 '예배 융합'과 함께 로버트 웨버는 새로운 '예배 갱신'에 동반되는 여섯 가지의 특징을 제시했다. 그것은 예배 신학에 대한 회복, 예배에서 역사적인 4중 구조에 대한 새로운 관심, 성찬식에 대한 새로운 생각, 기독교 절기에 대한 회복, 예배에서의 예술과 음악의 역할, 회중의 참여 강화이다. 로버트 웨버는 이러한 '예배 융합'과 '예배 갱신'의 특징을 그의 블랜디드 예배에서 새로운 대안으로 탄생시켰다. 그는 블랜디드 예배를 통해 찬양과 코러스, 하나님의 임재와 성령의 신속성, 예배의 본질과 적절성, 진리와 경험, 신성과 인성의 통합의 모델로 제시했다.

II. '예배 갱신'으로서 로버트 웨버의 블랜디드 예배

로버트 웨버의 블랜디드 예배는 '예배 융합'과 '예배 갱신'의 목적에서 출현하였다. 따라서 블랜디드 예배는 다분히 현대 예배와 문화에 대한 반향을 나타낸다. 로버트 웨버의 블랜디드 예배에 대한 연구는 먼저 그 출현 배경을 살피고, 로버트 웨버가 예배와 문화에 대해 어떻게 이해했는지를 통해 블랜디드 예배의 연구 배경을 이해한 후 블랜디드 예배의 원리, 예배의 구조와 내용, 그리고 예배 기획을 위한 지침을 차례로 살펴볼 것이다.

1. 블랜디드 예배의 출현 배경

1) 로버트 웨버에 대해[426]

로버트 웨버(1933-2007년)는 미국의 신학자이다. 현대 예배의 이론과 실제를 연구해 초기 교회와 연결하고자 했던, 그래서 교회 예배에 지대한 공헌을 한 예배 전문가이다. 그는 자신의 독자들에게 예배의 커뮤니케이션적인 측면과 신학적 측면에 대해 생각하라고 독려하곤 했다. 그의 이론은 시대를 초월한 그리스도의 전 인격과 몸을 그 내용으로 하고 있는 하나의 복음이었다. 로버트 웨버는 컨버전스 운동의 중요한 공헌자이다. 이 운동에서는 공동기도문(The Book of Common Prayer)으로부터 성례전이 포함된 은사적(Charismatic) 예배와 또 다른 성례전 자료들까지를 잘 조화시켰다.[427]

그는 침례교 목사이자 아프리카 내륙 선교회, 선교사의 아들로 콩고와 벨기에에서 성장기를 보냈다. 그의 다양한 신앙전통의 학문적 배경은 블랜디드 예배 신학과 무관하지만은 않다. 그는 밥 존스(Bob Jones) 대학에서 문학사(B.A)를 받았고, 개혁주의 성공회 신학대학원(Reformed Episcopal Seminary)에서 신학을, 커버넌트 신학대학원(Covenant Theological Seminary)에서 석사(M.A.)과정을, 컨콜디아 신학대학원(Concordia Seminary)에서 신학박사과정을 공부했다. 그리고 1968년 휘튼 대학(Wheaton College)에서 신학을 가르치기 시작했다. 초기에 실존주의에 집중하였지만, 나중에는 초기 교회와 현대 예배와의 연결에 그의 관심과 학업을 재집중하였다. 로버트 웨버의 이러한 개인적 역사와 연구는 그의 풍부한 통찰력을 형성하는 기초가 되었다.

그는 1978년에 『복음주의란 무엇인가?』(Common roots)를 저술했는데, 그 책에서 2세기 기독교가 근대 교회에 끼친 영향을 논했다. 1985년 "복음주의 캔터베리 백서"(Evangelicals on the Canterbury Trail)에 포함된 그의 저술들은 다음과 같다. 『복음주의는 왜 전례적 교회들에게 매력이 있는가?』(Why Evangelicals Are Attracted to the Liturgical Church), 『예배학 : 하나님의 구원 내러티브의 구현』(Ancient-future worship : proclaiming and enacting God`s narrative), 『복음주의 회복: 내일을 위한 어제의 신앙』(Ancient-future faith : rethinking evangelicalism for a postmodern world), 『(교회력에 따른) 예배와 설교』(Ancient-future time : forming spirituality through the Christian year), 『고대-미래 복음주의』(Ancient-Future Evangelism), 『젊은 복음주의자를 말하다』(The younger evangelicals : facing the challencges of the new world), 『하나님의 포용 : 진정한 기독교 영성의 회복』(The divine embrace : recovering the passionate spiritual life) 등이다.[428]

로버트 웨버는 또한 『기독교 예배 전집』(The Complete Library of Christian Worship, 1995)의 편집자로 섬겼다. 이 시리즈는 전 8권으로 구성되어 교수, 학생, 목회자 워십 리더들을 위한 종합적인 자료를 제공한다. 그 내용으로는 신구약의 예배와 음악, 예술을 위한 현대적 적용과 같은 주제를 다룬 수천 가지의 본문자료와 출판물, 표지주제들이 수록되어 있다. 20년간 그는 예배에 대한 칼럼을 기고했는데, 초기에는 「워십 타임즈」(The Worship Times)에 기고하다가 그 후에 「워십 리더 매거진」(Worship Leader magazine)에 기고했다. 출판계와의 이러한 오랜 동거는 두 잡지의 설립자이자 출판자인 척 프롬(Chuck Fromm)과의 깊은 우정과 교회와 함께 예배를 소통하고 협력하고 창작하고자 한 그들의 상호 헌신에서 유래했다.

척 프롬은 1998년에 플로리다(Florida)의 오렌지 파크(Orange Park)에 "로버트 웨버 예배 대학원"(The Robert E. Webber Institute for Worship Studies)을 설립하고, 예배학 박사과정과 석사과정을 개설했다. 그 당시에 이곳은 예배 교육에 전적으로 집중하는 미국에서 유일한 대학원이었다. 그는 죽을 때까지 이 연구소의 대표로 있었다. 2006년, 그는 "고대 복음주의 미래로의 초대"(Call to an Ancient Evangelical Future)를 구성하고 편집했는데, 여기서 역사 속 하나님의 행위를 다룬 성경 이야기(신적 영감을 받은)의 우선권을 회복하고자 했다. 로버트 웨버는 2007년 4월 27일, 미시간(Michigan) 소이여(Sawyer)에 있는 그의 집에서 향년 73세의 나이로 하나님의 부르심을 받았다.

그후 2012년, 펜실베니아(PA) 엠브리지(Ambridge)에 있는 복음주의 성공회 신학대학인 "트리니티 스쿨"(Trinity School for Ministry)은 고대 복음주의 미래를 위한 로버트 웨버 센터(The Robert E. Webber Center for an Ancient Evangelical Future)를 설립했다. 이 센터는 로버트 웨버의 비전, 즉 오늘의 교회를 위해 고대 기독교의 신학적, 영적, 전례(典禮)적 자료들을 회복하는 사역을 계속하고 있다. 「크리스채너티 투데이」(Christianity Today)의 편집장인 데이비드 네프(David Neff)의 로버트 웨버에 대한 다음의 평가가 예배에 대한 로버트 웨버의 마음을 잘 반영해 준다.

로버트 웨버는 결코 순수파가 아니었다. 문화적 상황이 변함에 따라 예배의 실천도 변할 필요가 있음을 그는 알고 있었다. 또는 그는 순수파가 아니었을 뿐만 아니라 그렇다고 해서 절충주의자도 아니었다. 변하는 문화적 상황 때문에 근본적 원칙을 희생시키지 않았다. 교회의 성장 추세가 교회를 힘들게 할 수 있는 어떤 것, 비교회적인 것을 제거하려고 했을 때, 그는 예배는 복음을 선포해야 하지만 그렇다고 해서 예배가 복음주의 서비스는 아님을 우리에게 상기시켰다. 교회는 비교회적인 것을 위해 다른 것을 하도록 부름 받았다. 현대 예배의 음악이 노래하는 사람의 자아에 중심을 둘 때, 로버트 웨버는 우리에게 예배는 하나님, 즉 전적으로 거룩한 타자에 대한 것임을 상기시키셨다. 그리고 새로운 예배 음악을 위한 열광주의가 찬양하기 원하는 우리의 예배 개념을 축소시키고자 위협했을 때, 로버트 웨버는 균형감 있고 원칙에 기초를 둔 교정자로 우리와 함께했다. 그는 어떤 예배 질문에 대해서도 확정적인 대답을 제공하지는 않았다. 왜냐하면 문화적 상황과 예배 인도자의 삶, 그리고 예배드리는 공동체의 경험은 역동적이고 또한 갱신될 필요가 있었기 때문이다.[429]

2) 로버트 웨버의 예배와 문화의 관계 이해

로버트 웨버는 우리의 예배 예식에 표현되는 그리스도의 이야기가 문화와 사회의 다양성만큼 다르게 소개되고 재현된다고 했다. 기독교 예배는 아주 빈약한 예배에서부터 화려한 행사나 상징, 예식이 넘치는 예배까지 전반적인 것을 모두 가지고 있다. 하나의 예배 전통은 이러한 다양한 범위 중 하나에 위치하게 되는데, 그 전통을 낳은 문화에 크게 의존한다. 고대 헬레니즘 문화는 미적 의식을 떠올리게 되는 반면, 고대 로마 문화는 실용주의적 사고방식의 유산을 남겼다. 이러한 차이는 서방과 동방의 예배에 그대로 반영되어 차이를 극명하게 보여준다. 로마인의 예배는 솔직하고 간단명료하며 상대적으로 단순한 반면, 그리스인의 예배는 화려하고 복잡하며 의례에 있어서 정교하다. 그것은 특히 언어와 건축, 그리고 의례에서의 성경과 성만찬 등 세 가지 영역에서 두드러지게 나타난다. 이렇듯 예배는 문화적 맥락과 일치를 추구하며 각 예배 공동체는 반드시 그 이야기를 우리의 문화에 맞는 방식으로 그 이야기에 응답해야 한다고 말한다.[430] 문화의 한 부분인 우리에게 예배는 문화 속에서 상황화 됨을 의미한다.

하지만 이러한 예배와 문화의 상관관계는 언제나 문화 속에 있는 예수 그리스도의 복음을 뜻하는 것이었지 문화의 복음은 아니었다. 이는 문화의 덫과 함정으로부터 복음을 순수하게 지켜오는 것이 얼마나 중요한가를 말해준다. 따라서 로버트 웨버는 역사의 각 시대에 어떻게 문화가 기독교 복음을 일그러뜨리려고 했는지를 반드시 물어보고 또한 경계하고 적절히 응답할 수 있어야 한다고 말한다.[431] 여기에 관해서 로버트 웨버는 크게 세 가지 측면을 분석하고 그 방안을 제시했다.

(1) 현대 문화에 대한 반응

로버트 웨버는 현대 문화가 우리의 예배에 미치는 영향에 대해 언급하면서 그리스도의 임재와 성령의 능력에 장애가 되는 특징을 말했다. 제2차 세계대전 이후 '후기 기독교 시대'(the post-christian era)가 당면한 문제는 초대교회 당시 로마제국에서 뿌리를 내릴 때와 매우 유사한 세속주의, 쾌락주의, 점성술, 신비요법, 사탄숭배, 뉴에이지 운동 등의 문화적 토양이었다. 이러한 토양에서 그리스도인들에게 가장 먼저 요구되는 것은 문화의 변화를 다루는 문제이다. 단지 지적이거나 감정적인 차원이 아니라 성경적이고 역사적인 전통을 현대적인 스타일로 회복하려는 수용적이고 참여적이고 적극적인 믿음을 요구했다. 하지만 가장 중요한 예배가 현대사회에서 영적인 생명력을 가지지 못했다. 계몽주의적 도전으로 일어난 이성, 증거, 과학에 의한 반초자연주의(antisupernatural)가 만들어낸 초자연적인 요소의 제거와 이성주의적 사고, 과학적인 증거의 틀이 문제의 주된 원인이었다.[432]

이러한 계몽주의적 관점에 보수주의에서 두 가지 서로 다른 대응책을 내놓았다. 그중 하나는 신앙의 사실성을 증명하려는 보수적인 주지주의자들(conservative intellectuals)이었고, 다른 하나는 감정주의(emotionalism)였다. 보수적인 주지주의자들은 신앙의 주된 임무가 믿음을 증거하는 것이라며 예배를 신앙을 입증하기 위한 교육으로 바꾸었다. 예배가 계몽주의에 의한 변증적 신앙에의 지적 충족의 형태가 된 것이다. 로버트 웨버는 이를 성경에서 지시하는 예배일 수 없다고 단언했다. 그런가 하면 또 다른 보수적인 그룹은 부흥론자(Revivalist)들이다. 그들은 믿음을 경험으로 정의하고 감정적인 것들을 끌어왔다. 이 전통은 성령의 임재 경험을 위해 음악을 가장 중요한 수단으로 생각하고, 음악을 통해 하나님의 존재를 실제적으로 체험하고자 했다. 하지만 지적인 면에 치중한 예배처럼 감정적인 반응에 관심을 둔 예배 역시 쉽게 싫증을 일으키고 실속 있는 새로운 것을 찾게 되는 한계를 드러냈다. 참된 예배란 현대인에게 영향을 미치는 적절성을 가진 예배이어야 하되 변혁을 일으키는 하나님의 능력을 지닌 예배로서 진리, 경험, 생활양식 모든 영역에 관심을 둔 예배라야 했던 것이다.[433]

로버트 웨버는 아인슈타인의 '상대성 원리'와 '양자물리학'에서 유래한 새로운 세계관에 의한 우주관의 일대변혁이 예배에 미친 영향에 대해서도 피력했다. 과거 정지되어 불변하는 우주관과 달리 역동적이고 팽창하는 우주관에 대한 사고가 사람들을 열려 있고 정지되지 않은 새로운 차원을 확신하게 만들었다. 그리고 그것은 초자연적인 것과 신비적인 경험을 비롯해 만물의 상호관계성, 인간의 관계지향성에 대한 상당한 관심을 불러일으켰고 의사소통의 욕구로까지 나타났다. 더욱이 성경에 바탕을 둔 열린 우주관, 초자연적인 속성, 창조 사역에서 보인 만물의 상호관련성, 하나님과 이웃과의 관계, 진리에 대한 시각화된 증언과 같은 신앙적 세계관을 새롭게 발견할 수 있게 했으며 역동적 세계관으로 전환할 수 있는 경험을 가능케 했다. 바로 이러한 경험을 위한 최적의 장소가 예배로 모인 그리스도 공동체라는 사실이다.[434]

이러한 변화는 궁극적으로 예배의 갱신에 대한 요구로 이어졌다. 전인격적으로 응답하고, 기쁨이 넘치고, 삶의 생동감이 느껴지는 참여적인 예배로의 갱신이다. 그리고 하나님이 회중의 매일의 삶에 들어오셔서 일으키는 변혁의 힘을 포함한다. 또한 특정한 교회의 전유물이 아니라 세계교회 전체를 위한 예배로의 갱신이다.[435] 미래의 예배는 바로 이러한 갱신에 기초하여 우리에게 신비의 측면을 전달하고 초월의 경험으로 이끌 수 있는 예배이기를 기대한다.[436]

(2) 기술문명에 대한 반응

계몽으로 귀결되는 모더니티의 시대로부터 새로운 시대로 변화한 포스트모더니즘의 중심부에는 신비로움과 역동적인 삶, 확장된 창조성을 포괄하는 사고가 자리잡게 되었다. 이러한 사람들의 의식과 세계관의 변화는 우리가 예배하는 방식에 영향을 미쳤다. 비잔틴 예배는 초대교회 시대의 플라토닉하고 신비한 영향력의 반영이었고, 로마 가톨릭 예배는 중세시대의 아리스토텔레스적인 영향을 드러냈다. 개혁주의 예배는 개인주의를 강조하는 명목주의가 반영되었고, 17-18세기 예배는 당대의 합리주의의 반영이었다. 한편 19세기 예배는 로맨틱한 시대의 감정주의를 표현하는 식이었다. 오늘날 예배에서 경험하는 다양한 차이점들은 과거의 예배 스타일을 형성했던 문화적인 영향력에 기인한다. 이러한 예배에 대한 접근법들 사이에서 우리 시대 예배는 동시대의 대중문화적 이미지를 입게 되었다. 물론 세대의 변화에 따른 예배 스타일의 변화는 합법적이고 유용한 것이나, 그럼에도 불구하고 고전적인 기독교적 메시지의 내구력은 지속되어야 하며, '성서 신학', '역사 신학', '조직 신학', 그리고 '목회학'이라는 네 개의 틀이나 예배 구조의 가치는 유지되어야 한다는 게 로버트 웨버의 주장이다.[437]

우리는 뛰어난 기술문명시대의 새로운 기술 분야에서 일어나는 문화적 변화에 적응해 왔다. 그런 상황에서 예배와 기술 사이의 관계성을 고려할 때, 현대 교회는 기술적으로 운영되고 있다. 성전 내부에서 일어날 일을 보고자 모여든 관객은 그들을 위해 설계된 극장에서 기술 친화적이고 참여적이고 세속적인 기독교 이후 사회와 커뮤니케이션에 적응하고 있다. 하지만 이러한 예배는 거의가 연주 밴드, 계산된 이미지, 커뮤니케이션적인 요소를 통해 엔터테인먼트적인 측면을 고양시키는 일종의 프로그램이다.[438] 예배의 기술은 자칫 사람들을 위한 쇼로 전락한다. 하지만 토저(A. W. Tozer)가 말했듯이 예배는 쇼가 아니다.[439] 하나님과의 관계의 리허설(rehearsal)이다. 로버트 웨버는 여기에 대한 자신의 견해를 분명히 밝혔다.

예배는 프로그램이나 발표가 아니며 청중을 위한 것도 아니고 우리가 하는 것을 보는 자리도 아니다. 예배의 진정한 본성은 주관자 되신 하나님께 찬양과 예수 그리스도를 통하여 이 세상을 구원하시는 '하나님의 사명'에 대해 감사의 반응을 표현하는 회중의 참여인 것이다.[440]

포스트모던은 양초와 아이콘으로 구성된 환경에서 고요함과 조화로움, 그리고 멜로디가 어우러지며, 찬양으로 예배드리는 소규모 그룹에 더 이끌린다. 뿐만 아니라 하나님께 예배드리는 것에 목적을 두고 있는 교회들에서는 기술이 크게 필요 없다는 사실도 염두에 두어야 할 점이다. 그들에게 중요한 것은 기술적인 장난감이 아니라 진정한 영성을 갖춘 창조적인 각고의 노력에 있다.[441]

(3) 커뮤니케이션 환경의 변화

현대사에서 커뮤니케이션 스타일은 몇 번이고 변해 왔다. 각각의 경우마다 예배는 새로운 커뮤니케이션 스타일에 적응해 왔다. 히브리인들과 초기 기독교 공동체는 구전문화로 이야기, 우화, 금식, 성찬을 통해서 그 정보를 전달했다. 중세시대에 와서 구전 커뮤니케이션은 시각적인 것으로까지 확대되었다. 로마 가톨릭은 전례에서 복음을 전했으며, 벽화, 창, 문 같은 공간에 표현된 예술을 통해서도 그 일을 수행했다. 하지만 구텐베르크 활자의 발명과 함께 소통의 급격한 변화가 일어나 새로운 형태의 읽고 쓰는 커뮤니케이션 방식의 도입으로 400년 동안 기독교는 말씀에 중점을 두게 되었고, 설교는 예배의 주된 행위가 되었다. 최고의 예배는 최고의 설교에 의해 평가되었다.[442]

하지만 마샬 맥루한이 말한 "미디어는 메시지다."라는 정의에서와 같이 미디어는 새로운 소통의 형태가 되었다. 포스트모던 세계에서 그 미디어는 상징적인 메시지로 평가되고 있다. 21세기는 경험적 차원인 드라마로서의 예배 회복을 위해 구전 방식의 소통에 대한 중요성을 재발견하고 중세의 시각적 소통이 주는 통찰력에 한걸음 더 다가서서 이제 시청각적인 시대를 향해 서 있다. 이러한 새로운 방향성은 미래를 향한 길이 과거를 통해 흐른다는 사실을 보여주었다. 가까운 미래에 이성에서 신비로, 개인주의에서 공동체로, 인쇄에서 상징으로 옮겨갈 것이다.[443] 특히 구도자 이후 세대는 시각적으로 편향성을 지니고 있으며, 예배에서 상징적인 커뮤니케이션에 훨씬 더 관심이 있다. 이것은 단순한 외형적인 의식의 출현이 아닌, 역사적이고 성경적인 영적 경험을 회복하고자 하는 마음의 표현이다.[444]

역사적으로 교회들은 신약성경의 사역들을 많은 것들을 통해 설명해 왔다. '케리그마'(Kerygma)는 설교사역에 속한다. '디다케'(Didache)는 가르치는 사역을 말하며, '코이노니아'(Koinonia)는 교제사역, '디아코니아'(Diaconia)는 섬김의 사역, 그리고 '레이투르기아'(Leiturgia)는 예배사역을 말한다. 이러한 사역 가운데 교회의 주요 사역인 복음주의 케리그마는 예수님의 위대한 명령(마 28:18-20)에 의해 만들어졌다는 이유에서 가장 중요한 것으로 여긴다. 그러나 사실 케리그마는 밖을 향해(outreach) 있다. 그것은 다른 사람들에게 복음을 전하거나 선포하여 그들이 그것을 듣고 반응하고 그리스도 안에서 새로운 삶을 발견하게 한다. 반면에 레이투르기아는 위를 향해(upreach) 있다. 우리의 사역은 복음 안에서 역사 속에 행하시는 하나님의 구원사역을 기억하는 것이다. 우리는 그것을 예배 안에서 읽으며, 설교하고, 노래하며, 기도한다. 우리는 성찬의 식탁에서 그것을 행한다. 이것을 행하는 주요한 이유는 바로 위를 향해 있기 위해서이다. 케리그마는 교회가 없는 곳을 향하는 사역이지만, 레이투르기아는 하나님을 향한 우리의 사역이다. 우리는 복음전파의 소명과 예배로의 소명 사이의 차이점은 물론이고 그 중요성에 대해 더 깊게 생각할 것을 요구받는다.[445]

(4) 현대 문화에 대한 대응

로버트 웨버는 예배가 문화적 맥락을 고려하고 거기에 맞는 방식으로 문화 속에서 그리스도의 복음이 표현되어야 한다고 했다. 하지만 문화가 복음을 훼손해서는 안 된다는 점 또한 분명히 경계한다. 그리고 교회가 영적 분별력을 가지고 문화적인 상황을 고려할 때 지혜로운 대응이 중요하다며 적절한 대응을 위한 여섯 가지[446] 조언에 대해서도 말했다.

첫째는 기술적이고 디지털 형식의 커뮤니케이션에 의한 포스트모더니즘의 사회학적인 변화이다. 우리의 경험에 낯선 문화인 이 세계에서 우리는 다원주의가 부상하며 상호 경쟁하는 많은 메타 내러티브의 지식에서 기독교 예배의 독특함이 무엇인가에 대한 새로운 의문들을 겪고 있다. 여기에 대한 기독교의 메타 내러티브의 보다 더 명확한 이해를 필요로 한다.

둘째는 과거가 미래와 무관한 것으로 간주하는 역사 진화론적 관점이 복음주의자들에게 혁명적인 영향을 미쳐왔다. 1960년대의 혁명의 산물인 베이비부머 세대는 모든 전통으로 되돌아가서 현대적이고 구도자 지향적인 예배를 기독교를 위한 새로운 브랜드로 소개했다. 복음주의 교회의 차세대 리더인 X세대와 밀레니엄 세대 젊은이들은 그들 부모의 신앙을 공유하지 못한 상황에서 미래를 묻고 과거를 존중한다. 그들의 특징은 과거에 대한 향수를 가지고 고대교회의 예전으로 되돌아가려거나 깊은 본질에 대한 향수를 가지고 있다.

셋째는 아인슈타인(Albert Einstein)의 상대성이론과 양자 물리학에 의한 과학적 혁명이 새로운 세계관을 형성했다. 뉴턴(Isaac Newton)의 물리학적 세계관은 이해 가능했으나 이제 훨씬 더 역동적이고 복잡성과 신비의 특징을 가진 상호관계적인 세계관으로 변화했다. 이러한 세계관은 새로운 공동체를 강조하고 우리의 가능성에 대해 보다 겸손한 자세를 취하고 생태에 대한 새로운 관심과 자연 질서의 생존에도 관여한다.

넷째는 포스트모던 문화의 출현에 영향을 주는 혁명과도 같은 철학에서의 변화이다. 모든 상호 관계적 이해가 이전의 주관과 객관 사이의 절대적인 구별에 대한 개념에 의문을 제기한다. 포스트모던 과학은 주관과 객관을 일관성의 철학이론으로 붕괴시켜 우리를 신비와 애매모호함에 대해 보다 겸손한 태도를 가지게 한다.

다섯째는 과학적이고 철학적인 변화의 과정에서 일어난 혁명은 곧 종교적인 혁명이다. 포스트모던 시대의 과학과 철학은 근대과학과 철학이 보였던 종교적인 회의론과 무신론과는 반대적인 효과를 보인다. 초월성, 영적인 실재, 자신의 영성과의 접촉이 신비를 회복하는 데 분명한 반응을 일으키고 있다.

여섯째는 커뮤니케이션 혁명이 더 많은 시각적 활용을 강조하는 방향으로 움직이고 있다. 우리는 그래픽과 상징의 세계에서 이미지와 창의성에 새로운 관심을 구애하고 있다.

결국 포스트모던 트랜드는 초자연적인 것의 회복을 원하고 신비적인 경험을 비롯해서 참여를 요구하며 상호관계적인 공동체를 갈망한다. 미래를 위해 과거와 연결되고자 원하고, 상호문화에 대해서 서로를 지지하며, 커뮤니케이션의 보다 시각적이고 상징적인 형식을 통한 의사소통을 추구하는 특징적인 면들을 보이고 있다.[447]

2. 블랜디드 예배의 원리

1) 로버트 웨버의 예배의 정의

로버트 웨버는 예배의 정의에 Te Deum(테 데움)[448]보다 더 좋은 표현은 없다고 했다. 초대 교부들의 글과 예전에서는 모두 하나님의 초월성에 대한 주제, 창조에서의 하나님의 영광, 구원역사를 통한 하나님의 행위 등을 표현하고 있다는 것이다. Te Deum에 의해 표현된 예배의 또 하나의 특징은 예배가 영원히 행해지는 곳, 곧 천국에서의 예배이다. 우리가 예배할 때 우리는 천국의 군중, 천사와 천사장과 체루빔과 세라핌과 예언자와 사도들과 순교자들과 같은 거룩한 무리와 연결된다는 것이다. Te Deum의 또 다른 특징은 하나님의 예배가 단지 천국에 앉아 머무는 예배가 아니라 창조하실 뿐 아니라 개별적으로 창조에 참여시키시는 하나님의 예배라는 데 있다. 예배에서 우리는 천국에 올라가 천국의 주재께 하나님의 영광을 선포한다. 하나님을 창조주로 외치고 하나님의 위대하신 구원의 행위를 기억한다. 그리고 악에 대한 하나님의 최후의 승리를 기대하며 하나님의 영원한 왕국을 세우게 된다. 예배의 말씀과 행위를 통하여 세계는 재정비되고 창조의 질서는 창조주로부터 피조물에 이르기까지 뜻하신 형태로 세워진다. 이것이 초대교회에 의해 이해된 예배의 본질이다. 로버트 웨버는 오늘날 이 예배가 회복되면 우리의 예배에 혁명을 일으킬 강력한 힘을 가지게 되고 현대 교회는 변화된다고 말한다.[449]

　기독교 신앙의 고전적 전통에서 예배는 창조의 하나님께서 우리의 개인과 가족과 믿음의 공동체에 행하시는 하나님과의 만남이다. 이러한 꾸준한 하나님의 행위는 우리가 천상의 예배와 연결될 때 일어난다. 우리는 천상의 곳에 연결하여 경외함으로 상상력을 촉발하고 몸을 자유롭게 열어놓은 채 예배한다.[450] 따라서 로버트 웨버는 이러한 지상의 예배를 천국의 하나님 보좌 주변으로 들어가는 이동수단으로 이해했다. 예수 그리스도 안에서 우리는 하나님과의 만남, 천국의 지성소를 경험한다. 이러한 경험은 우리가 지상의 예배에서 성경을 읽는 중에, 설교 중에, 떡과 포도주를 뗄 때, 그리고 우리가 노래로 찬양하는 중에 경험하게 된다. 우리가 지상에서 예배할 때 흔히 우리는 하나님께서 모인 군중 사이에 오신다는 의미로 이해하나, 로버트 웨버는 사실상 하나님께서 내려오신다는 의미보다 올라간다는 이미지가 더 적절한 표현이라 했다. 다음의 표현은 그 개념을 잘 설명해 준다.

> 즉, 우리가 천국에 계신 하나님의 임재 안으로 올라가서 모든 성인들과 함께 모여 잠깐 동안 하나님을 향한 영원한 찬양 속으로 들어간다. 이 상승의 이미지는 예배 행렬과 회중의 움직임을 나타내며 심지어 이 이미지는 예배의 구조, 혹은 순서, 즉 우선 사람들을 모으고, 그 다음에 말씀을 듣기 위해 하나님께 가까이 올라가고, 그 다음에 떡과 포도주를 같이 먹기 위해 하나님의 보좌에 아주 근접하게 다시 올라가는 것을 보여준다.[451]

2) 로버트 웨버의 '예배 갱신'

(1) '예배 갱신'에 대한 이해

그리스도인들이 예배를 위해 모일 때 그들은 하나님의 영광을 선포하고 예수 그리스도를 통한 하나님의 궁극적인 구원에 관한 성경의 이야기를 기억하고 선포하고 재연하게 된다. 이때 두 가지 사건이 일어나게 되는데 그것은 신령한 역사가 위로부터 내리게 되는 일이며, 인간의 반응이 아래로부터 위로 향하게 되는 일이다. 이것이 그리스도인의 예배의 마음이다.[452] 우리는 예배하기 위해 모일 때 인간의 역사에서 가장 중요한 사건, 곧 하나님이 세계에 구원을 일으키신 사건을 경축하게 된다. 우리의 이러한 역사적 사건에 대한 경축은 우리에게 현재적인 사건이 된다. 정확히 같은 방식으로, 유대 백성들은 이집트로부터의 해방을 경축했다. 교회는 그리스도 안에서 찬송과 찬양, 성경봉독과 설교, 사도 신조의 고백과 떡과 잔에 대한 감사의 기도를 통해 구원을 경축하게 된다. 우리는 하나님의 구원행위를 과거로부터 현재 우리의 변위(displacement)[453]에까지 적용하여 경축한다. 성령은 하나님의 과거 구원의 행위를 우리의 현재적인 경험의 실재로 이끄신다. 하나님의 구원행위를 기억하고 반복(rehearsal)하는 것은 하나님의 편에서의 예배이고 예배의 다른 편에는 우리의 응답이 자리하고 있다. 하나님의 과거와 현재의 구원행위를 우리는 찬양과 감사로 응답한다. 이것이 우리의 예배를 보증하는 전형적인 특징(hallmark)이다. 예배 설계자는 '예배 갱신'을 위해서 예배가 과거와 현재의 역사 속에서 하나님과 회중 사이에 지속적으로 반복하는 대화임을 주지해야 한다. 진정한 예배에서 하나님과 우리의 관계는 세워지고 유지되고 수리되고 변혁된다.[454]

(2) '예배 갱신'의 8가지 원리[455]

1963년 이래로 예배의 성경적 뿌리와 역사적 모델에 기초한 갱신과 현대적 교회의 경험적 갱신이라는 두 갱신의 흐름은 전 세계에 두루 나타난 예배 현상이다. 로버트 웨버는 그 현상에 대한 실질적인 조사를 통해 공통된 요소들을 발견했다. 그리고 '예배 갱신'에 충분한 성숙함을 가져올 수 있도록 다음의 여덟 가지[456]를 제안했다.

① **성경적 기원**: 교회를 통틀어 역사에서 하나님의 구원행위에 뿌리를 둔 예배를 회복해 왔다. '예배 갱신'은 "얼마나 과거에 행하신 하나님이 현재 우리의 예배에서 행하시느냐?"에 대한 질문이 대부분을 차지한다.
② **과거 예배 전통에 대한 관심**: 우리는 미래로 나아가기 위하여 과거라는 기초 위에서 시작해야 한다. 이러한 트랜드는 아주 최근에 일어난 비판적 연구로서 로마 가톨릭과 동방정교회를 포함한 고대교회의 예배에 대한 새로운 평가에서 얻은 결과이다. 하지만 가장 큰 관심은 초대교회의 예배로, 특히 처음 5세기 안에 이루어진 모든 기독교 공통의 기간이다.
③ **주일예배에 새로운 초점을 생성**: 어떠한 교회에서는 예배가 암기와 지

루함과 죽은 듯한 예배이다. 노래는 노곤하고, 설교는 따분하고, 기도는 단조로우며, 성찬은 장송곡과 같다. 주일 예배는 한 주에 행해지는 교회의 정점에 위치하고 있는 사건이다. 따라서 목회자와 회중은 새로운 생명을 주일의 사건으로 초대할 필요를 자각한다.

④ **새로운 음악의 사실상의 폭발적인 증가:** 음악은 예배의 감정적 본질을 제공한다. 예배는 이제 하나님과 우리의 관계의 리허설로 이해되기 때문에, 음악은 사람들의 모임을 하나님의 임재로 움직이는 바퀴이다. 그것은 회중이 하나님의 말씀을 듣고 반응하도록 도우며 또한 성찬상에서 살아계신 그리스도와의 만남을 돕는다. 두드러진 것은 전자음악이 고전적 찬송과 성경봉독송, 챈트, 복음과 현대적 찬양들을 이끈다는 점이다. 새로운 종류의 악기 사용을 오르간 하나의 사용에서부터 피아노, 신디사이저, 기타, 타악기, 금관악기 등을 포함시켜 확대하는 것이다.

⑤ **예술의 회복:** 개신교 예배는 구텐베르크 혁명의 도가니에서 시작한다. 역사적으로 그것은 주로 항상 말씀 중심적이었다. 중세에는 커뮤니케이션과 예배가 극도로 시각적이었으나 개신교는 시각적 커뮤니케이션을 거절하고 보다 구두적인 접근을 선호했다. 오늘날 새로운 커뮤니케이션 혁명에 기인하여 개신교는 시각적인 예배를 다시 회복하고 있다.

⑥ **교회력의 회복:** 초림(Advent) 때 우리는 메시아의 오심을 기다린다. 크리스마스 때에 우리는 그분의 나심을 기념한다. 공현 대축일(Epiphany)에 우리는 전 세계를 구원하신 그분의 능력을 시현한다. 사순절에 우리는 그분과 함께 죽음을 준비한다. 고난주간에 우리는 그분과 함께 죽는다. 부활절에 우리는 그분과 함께 부활한다. 오순절에 우리는 장래의 일로 우리를 인도하시는 성령의 오심을 경험한다. 이러한 짧은 요약은 역사적인 교회력의 복음적 본질을 강조한다. 그것의 핵심은 하나님의 역사적인 구원행위를 기념하는 데 있다.

⑦ **교회의 성만찬**: '예배 갱신'의 그리스도 중심적인 핵심은 두 가지 성례전으로서 세례와 성찬을 강조해 왔다. 그것은 교회의 모든 거룩한 행위에 대한 갱신의 감사를 발전시킨 것이다. 거룩한 입교예식이었던 고대 교회의 세례의 행위가 최근 회복되고 있고 우리의 예배에서의 부활에 대한 경축은 성찬식 갱신의 핵심이다. 세례와 성찬뿐만 아니라 성령의 인치심, 사죄선언, 결혼, 사제서품, 도유의 갱신에서 우리는 이러한 것들이 죽은 예식이 아니라 우리 가운데 임재하신 하나님과의 커뮤니케이션의 신령한 행위라는 것을 인식하게 된다.

⑧ **예배를 교회의 목회사역과 연결**: 예배는 하나님이 십자가를 지시고 부활하신 그리스도 안에서 우리를 위해 행하신 것을 교회에 행하는 것이다. 그것은 개개인의 하나님과의 관계회복이자 교회와 하나님과의 관계회복이다. '예배 갱신'은 이제 우리의 삶을 치유하며, 우리가 다른 사람에게 다가가 도움과 위로의 손을 내미는 목회적인 공적 임무를 회복하는 것이다.

3) 성경적·역사적 예배 원리

로버트 웨버는 성경적이고 역사적인 예배 원리에 관해 세 가지를 말했다. 첫째, 사건 지향적이다(event-oriented). 둘째는 그리스도의 사건을 말씀으로 선포하고 성찬상에서 드린 감사로 응답하는 것이다. 셋째로 예배의 구조는 네 가지 행위로 예배를 통해 하나님의 변혁시키는 능력을 경험하도록 돕는 것이다.

첫째, 로버트 웨버가 말하는 사건 지향적이라 함은 히브리 예배를 그 배경으로 한다. 히브리 예배의 가장 큰 특징은 출애굽 사건을 회상하고 약속의 땅을 바라보게 한다. 이 역사적 이야기를 여러 가지 방법으로 재현할 때 하나님의 신실함을 공고히 하고 그 백성들은 이 이야기 속에 살며 개인적이고 공동체적인 삶의 소망을 품게 된다. 히브리 예배처럼 초대교회 예배 역시 사건 지향적이다. 로버트 웨버가 말한 예배의 포괄적인 정의에서와 같이 "예배란 예수 그리스도 안에 있는 하나님의 구속행위를 경축하는 것"이다. 즉, 이 말은 예수 그리스도를 다시 나타내는 것(re-presentation)이다. 그리스도의 삶, 죽음, 부활을 선포하고 그와 함께 행하는 것이자, 악에 대한 그리스도의 승리, 사탄에 대한 확실한 심판, 새 하늘과 새 땅에 대한 약속을 경축하는 것이다. 이를 통해 초월성, 창조, 편재성, 성육신, 사망, 부활, 승천, 종말이라는 신학적 테마들을 새롭게 재발견하는 것이다.[457] 또한 이것은 그리스도의 사역에 나타난 세 가지 이미지인 승리자 예수, 희생자 예수, 모범자 예수를 선포하며 이를 우리 자신의 삶에 적용하는 것을 뜻한다.[458] 이러한 사건에 의한 그리스도 지향적인 예배(Christ-driven-worship)는 목표지향적인 예배(goal-driven-worship)와 다르며 정적이거나 지적인 예배가 될 수 없다. 예배를 통한 그리스도의 사건은 인간들을 새롭게 세워 주고, 중심에 서게 하며, 인간 역사에서 의미와 목적에 대한 약속을 상기시켜 열정을 일으키고 악을 징벌하신 하나님께 대한 찬양과 감사를 이끌어 낸다. 이러한 예배를 통해 하나님은 회중의 삶에 영적으로 직접 개입하셔서 회중을 새롭게 창조하신다.[459]

두 번째 요소인 말씀선포와 성만찬을 통한 감사의 응답은 최초의 예배에 그 기원을 두고 있다. 최초의 예배는 회당과 집에서 드렸다. 회당 예배는 말씀에 초점을 맞춘 말씀 예전의 기원이 되며, 가정예배는 떡을 떼기 위한 모임으로 다락방 예전의 기원으로 볼 수 있다. 말씀 봉독과 선포에서 항상 옛 언약 안에서 새로운 언약을 강조하고, 반대로 새 예전인 다락방 예전에서는 그리스도의 죽음과 부활에 참여하고 있음을 느끼며 항상 옛 언약의 성취를 강조한다. 이런 이유로 교회는 예배에서 말씀의 중심성을 유지하고, 성찬상의 감사의 응답을 덧붙이게 된다. 여기서 십자가에서 죄악을 멸하시고, 예배를 통해 성령의 능력으로 죄에서 승리를 주신 하나님께 그리스도의 사역에 대한 감사와 찬양을 드리게 된다.[460]

'예배 갱신'의 세 번째 요소인 예배의 네 가지 행위는 초기 그리스도인의 예배에 입례(Entrance)와 파송(Dismissal)의 필요성이 포함되어 예배의 4중 행위의 구조-하나님의 임재에 입례, 하나님의 말씀을 들음, 하나님의 식탁에서 경축, 파송-를 다시 회복하는 것을 의미한다.[461] 여기에 대한 자세한 내용은 "블랜디드 예배 요소와 기획"에서 다루기로 한다.

4) 삼위일체적 예배 원리

로버트 웨버는 예배의 삼위일체적인 본성이 재발견되어야 한다고 역설했다. "우리는 신비한 언어로 성부께 예배를 드리며, 이야기의 언어로 아들 예수께 예배하고, 상징의 언어로 성령께 예배드린다."[462]라고 설명한다. 교회가 시작될 때부터 예배는 성부와 성자와 성령의 이름으로 드려졌다. 그것은 삼위일체적 예배를 발전시키기 이전부터이다. 따라서 로버트 웨버는 본질상 삼위일체적인 복음적 예배의 방향을 주창한다.

첫째, 성부의 예배이다. 그것은 하나님의 불가해성과 관련한 것이다. 역사를 통틀어 하나님의 불가해성은 예배에서 분명히 표현된다. 성부의 예배는 하나님의 신비와 우리의 경외감, 놀라움, 숭배의 감각을 불러일으킨다. 모든 존재를 뛰어넘는 신비한 모든 존재의 근원이신 성부의 예배는 우리에 의해 우리의 미미하고 어설프고 불완전한 찬양의 언어로 드려진다. 왜냐하면 찬양의 언어만으로 우리는 우리가 알 수 없는 것에 다가갈 수 있기 때문이다.[463]

둘째, 성자의 예배이다. 우리는 성육신(요 1:14) 안에서 온전히 표현된 계시적인 역사를 인식하며 한 분 하나님을 세 분 하나님으로 예배하며 고백하게 된다. 하나님의 타자성의 신비와는 달리 역사 속에서 하나님의 역사를 알 수 있다. 동방교회 교부들은 역사 속에서의 하나님의 역사를 창조, 성육신, 재창조라는 세 개의 단어로 나타냈다. 한편 서방교회는 창조, 타락, 구속이라는 단어를 사용하여 동방교회와는 서로 다른 강조점을 가졌다. 하지만 역사 속에서 하나님의 행동에 대한 이야기의 공통된 이미지는 신약성경의 사도행전 2장 42-47절, 고린도전서 12-14장에 나타난 예배하는 공동체에 대한 표현에서 발견된다. 우리가 성자를 예배할 때 생명의 신비에 관한 진리에 담긴 이야기를 기억하고 선포하고 표현한다. 공적인 예배 안에서 성자의 예배에 주어진 중요한 역할이 증언되며 바로 그 속에서 하나님의 영광을 드러내고 그 영광과 은혜를 증언할 사람으로 세우는 하나님의 선교(missio dei)를 이루게 된다.[464]

셋째, 성령의 예배이다. 성부 예배가 신비의 근원을 드러내고 성자 예배가 생명의 신비에 관한 사건을 회상한다면, 성령의 예배는 주로 임재의 개념을 통해 이해된다. 우리는 하나님의 임재를 상징적 언어를 통한 성령의 경험 안에서 만나게 된다. 구약성경에서 하나님은 산에서도 성막에서도 특별히 법궤의 가장 거룩한 곳에서도 임재하셨다. 신약성경에서 하나님은 말씀이 하나님의 형상이신 육체가 되셔서 임재하셨다. 불가시적인 것이 가시적인 육체를 입으셨다. 비물질이신 하나님은 실제로 물질을 통해서 우리와 의사소통하셨다. 이렇듯 육체를 입으신 하나님은 우리에게 성령의 능력으로 가시적이고 유형적인 방법으로 나타나셨다. 우리가 고백하는 하나님은 교회 안에 거하시고, 하나님의 백성은 성령이 거하시는 전이다. 결과적으로 예배에서 하나님의 임재의 주된 장소는 회중이다. 우리가 예배하려 모일 때 우리는 실재인 교회가 되며, 예수 그리스도의 몸은 신비롭게 그리스도이신 교회의 머리와 연합한다. 역사적으로 교회는 성령의 역사와 성령의 예배를 말씀과 사역과 성례전이라는 가시적 증거를 통해 알았다. 성령은 말씀을 읽고 선포할 때 계시고, 목회자에게 권능을 베푸시고, 물과 떡과 잔과 기름을 통해 커뮤니케이션하신다. 이러한 이유 때문에 모임의 행위, 기름부음 받은 목회자의 참여와 사역, 말씀 봉독과 선포, 세례예식, 성례전, 기름부음의 예식, 축도 등이 공허한 상징이 아니라 실재 속에 참여하는 성령의 수행적인 상징인 것이다.[465]

요약하면 삼위일체적인 복음적 예배를 위해서는 찬양의 언어로 성부 하나님의 신비를 예배하고, 이야기의 언어로 성자의 사역을 감사함으로 기억하고 재연하며, 가시적이고 유형적인 증거를 통해 권능을 부으시는 성령의 임재를 그 통로로 한다. 이러한 방법으로 교회와 각 믿는 자들은 개인적으로 삼위일체 하나님의 연합의 경험 속으로 들어간다. 이러한 예배는 기독교 믿음의 "소소하고 재미있는 일화"를 듣는 '구도자적 개념' 대신 예수 그리스도 안에서 세상을 구원하시는 하나님의 진리가 말씀에서 선포되고, 성만찬에서 행해지며, 교회의 위대한 찬양 속에서 불린다.[466] 따라서 이 같은 일은 예배를 그저 관망하는 공연의 방식으로가 아니라 삼위일체 하나님께 참여의 방식을 통해 성도들을 진리에 잠기게 할 때 가능한 일이다.

3. 블랜디드 예배 요소

로버트 웨버가 강조하는 예배의 4중 구조-모임, 말씀 예전, 성찬 예전, 파송-를 토대로 각 구조에 속한 예배의 내용과 그 의미를 이해하고 예배의 각 구조마다의 표현 가능한 다양한 스타일을 전통적인 예배와 현대적인 예배, 그리고 블랜디드 예배의 관점에서 로버트 웨버가 제시한 내용에 접근하고자 한다. 내용의 많은 부분이 그의 책 *Planning Blended Worship: The Creative Mixture of Old and New*(블랜디드 예배 기획: 옛것과 새것의 창의적인 혼합)[467]에서 언급하고 있는 내용이다.

1) 모임 예전
(1) 모임의 내용[468]
예배는 항상 하나님의 임재의 처소로 올라감으로 시작한다. 기독교 예배에서 올라감의 모습은 구약성경 시편의 "성전에 오르는"[469]이라 표현된 예루살렘에 올라가는 형식을 취한다. 지상에 있는 하나님의 백성이 천국 보좌, 왕국, 하나님의 임재의 영광에로 올라가는 형태가 모임의 본질이다. 모임의 목표는 예배의 행위를 통해 하나님의 임재 속으로 들어가는 것이다. 그 예배 행위는 영원한 예배의 처소인 천국으로 올라가는 영적인 움직임의 상징이다.[470] 우리는 항상 하나님의 임재 가운데 거하지만 예배하는 중에 더욱 그 임재를 알 수 있다. 모임은 하나님의 임재로 나아가는 내적인 경험을 지시하는 외적인 과정의 내용과 구조에 주의를 기울인다. 이러한 하나님께로 나아가는 행동은 인간의 의도에 의한 것이 아니라 하나님의 권한에 따라 행해진다. 하나님은 예배하는 공동체를 눈부신 천국 보좌 앞으로 부르신다. 예배 공동체는 천국에서 영원토록 찬송하는 천사들에 둘러싸인 그 하나님의 거룩하심과 뛰어나신 초월성을 알게 된다. 그 하나님의 임재 안에서 예배자들은 자신이 창조주에 의한 피조물이고 반역의 자식이며 상처입고 죄 많은 존재라는 것을 보게 된다. 따라서 그들의 유일한 반응은 겸손한 고백뿐이다. 하나님은 그러한 그들의 마음에 용서와 치유의 말씀을 들려주신다. 일단 이러한 행동이 취해지면 회중을 대표하는 기도를 통해 '모임'에서 이제 '말씀을 들음'의 자리로 옮겨놓게 된다.[471]

(2) 모임의 구조와 경험[472]

모임의 구조와 질서는 항상 내용의 운송수단으로 두 가지 일반적인 절차가 있다는 것을 명심해야 한다. 첫째, 예배의 행위가 하나님의 임재로의 부르심에 3중적 과정의 흐름을 유지한다는 것이다. 즉, '찬양을 드림', '자신의 죄를 고백함', '하나님의 치유와 사죄의 말씀을 들음'이 그것이다. 둘째, 예배 설계자는 모임이 내러티브라는 것을 명심해야 한다는 것이다. 프로그램이 아니다. 프로그램은 일련의 체계도 없고 분명한 연결도 없는 예배 행위라면, 내러티브적인 모임은 특정 흐름과 목적의식을 가진다. 하나님의 임재로의 여정은 단순하지만 심오하고 강력한 관계 세우기의 역할을 이루는 하나님의 부르심이다.

영원한 영광이 머무는 하나님이 계신 곳으로의 여정은 또한 설명, 갈등, 해결로 특징지을 수 있다. 설명은 하나님의 임재 속으로의 의사소통의 행위로 성취된다. 갈등은 하나님의 초월성과 영원한 거룩하심의 경험과 예배자의 무한한 죄인 됨의 직면이다. 해결은 위로가 되는 복음의 말씀을 들음이다. 여기에 아무도 그 여정이 일어나고 있는지에 관해 설명할 필요는 없다. 예배자가 스스로 이해하게 될 것이며, 그 결과 하나님과의 관계의 신비는 회중의 내면의 영혼에서 받게 될 것이기 때문이다.[473]

그림 1) 모임의 내용과 구조

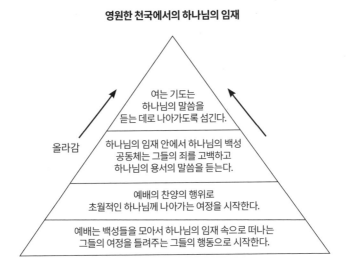

2) 말씀 예전

(1) 말씀의 본질

예배의 4중 구조에서의 두 번째 부분인 말씀은 모임과는 상당히 다르다. 말씀 예전에서 예배는 하나님의 현존으로 나아가 이제는 그 현존에 머무는 단계이다. 예배는 하나님의 현관으로부터 거실로 이동하게 되었다. 이제 주요 행동은 커뮤니케이션이다. 하나님은 우리에게 말씀을 통해 말씀하시고 우리는 거기에 응답한다. '예배 갱신'은 새로운 것을 말씀 예전에 가져와 사실상 과거 300년 넘게 잃었던 내러티브의 기초를 회복한다.[474] 후기 계몽주의 예배 설계자들은 계몽주의시대에 상실했던 스토리를 회복하기 위해 성경 그 자체의 기원으로 되돌아가고자 하여 근동의 문화로부터 배우고 있다. 역사 속에서의 하나님의 구원행위의 이야기[475]가 말씀 예전에 담길 내용이다. 말씀 예전의 그 내용은 불변한다. 공동체에 위탁하신 그 이야기를 낭독하고 선포하고 노래한다. 예전의 마음과 본질은 바로 그 이야기 그 자체이다. 성경의 모든 이야기에 담긴 구속과 희망의 메시지인 그 이야기의 능력으로 되돌아감은 성경의 내러티브의 토대를 회복하는 데 있다.[476]

(2) 말씀 예전에서의 경험

말씀 예전에서 예배자들의 내적인 경험은 하나님의 말씀이 자신의 삶에 거하여 그리스도를 닮아가는 모습이 되게 하시길 원하는 것이다. 말씀 예전에서 예배자들의 실질적인 경험은 선택된 말씀과 교회력에 따른 내용에 의해 형성된다. 선포된 말씀은 항상 예배자가 처한 특별하고 역사적이고 문화적인 상황 속에 들어간다. 예배자의 주된 요구는 과거로부터 현재에 이르기까지 하나님의 말씀과 연결된다. 여기에는 필수적으로 예배자의 귀와 마음이 하나님이 말씀하시는 것을 적극적으로 경청하려는 의도와 결심을 행해야 한다.[477] 하나님이 말씀하실 때 우리는 듣고 그분이 행하신 것을 우리가 또한 행하는 것이기 때문이다.

3) 성찬 예전
(1) 성찬 예전의 의미

성찬 예전은 말씀에 대한 교회의 응답이자, 삼위일체 하나님께 찬양과 감사를 드리는 봉헌의 시간이다. 성찬 예전은 성부를 찬양하고 성자의 사역을 기억하고 성령의 임재를 기원하는 것이다. 성찬 예전의 심장은 그리스도 중심적이다. 그리스도는 악한 자의 속박으로부터 그의 피조된 자들을 구원하셨기에 그리스도는 영원히 예배받으시기에 합당하시다. 신약성경에는 예수 그리스도를 통한 하나님의 구원에 관해 말씀하신 네 개의 이미지를 기록하고 있다. 이러한 이미지는 우리에게 성찬 예전의 내용을 이해하는 열쇠를 제공한다. 그것은 떡을 떼심(the breaking of the bread, 행 2:42), 주의 만찬(Lord's Supper, 고전 11:20), 교제에의 참여(Communion, 고전 10:16), 감사의 성찬(Eucharist, 고전 14:16)이다.[478] 이 이미지에 대한 설명은 우리에게 충만한 성찬 예전을 열어줄 것이다.

① 떡을 떼심(the breaking of the bread)

떡을 떼는 것의 의미는 엠마오로 가는 제자들의 경험(눅 24장)에서 처음 표현된다. 그 이야기에서 제자들은 함께 동행하던 예수님을 알아보지 못했다. 말씀을 설명했을 때 그것이 그들의 질문에 대한 대답이었을 뿐 아니라 그들의 마음을 만지는 사건이었다. 그들은 예수님을 집으로 초대하여 식사를 하고서야 모든 것이 변했다. 갑자기 부활하신 예수님을 알아보았다. 그가 떡을 떼었을 때(문화적 전례), 말씀은 기록한다. "그들의 눈이 밝아져 그인 줄 알아보더니 예수는 그들에게 보이지 아니하시는지라"(눅 24:31). 그 후 두 제자는 예루살렘으로 달려가 다른 제자들에게 예수님이 결국 살아나셨다고 증언했다. 그들의 증언은 "예수께서 떡을 떼심으로"(35절) 알려진 것이었다. 학자들은 이 본문이 떡을 떼는 동안 초대교회가 가졌던 경험을 이해하는 열쇠를 제공한다는 데 동의했다. 결과적으로 떡을 떼는 것은 항상 부활하신 그리스도의 임재와 연결되었다.[479]

② 주의 만찬(Lord's Supper)

주의 만찬의 기원을 찾기 위해 우리는 A.D. 57년경 고린도에까지 거슬러 올라가야 한다. 분명히 아가페 축제(부활에 대한 강조와 관련된)는 여전히 실행되고 있었다. 바울은 떡과 잔의 상징을 식사와 분리시켰다. 그리고 예수님의 부활로부터 그분의 죽으심으로 초점을 옮겼다. 결과적으로 바울의 주의 만찬에 담긴 내용은 부활의 즐거움과 관련되기보다는 진지함에 더 강하게 연결되어 있다. 이 예식을 통하여 여전히 죽음과 부활의 이야기를 말하고 있는 것이다.[480]

③ 친밀한 교제의 성찬(Communion)

"우리가 축복하는 바 축복의 잔은 그리스도의 피에 참여함이 아니며 우리가 떼는 떡은 그리스도의 몸에 참여함이 아니냐."(고전 10:16)라는 바울의 기록은 주님과 함께하는 식사에서의 경험을 묘사하고 있다. 많은 성경 학자들은 이 용어를 언약의 식사라고 보고 있다. '참여함'이라는 용어를 사용하는 번역본의 경우가 그렇다. 떡과 잔은 하나님이 예수 그리스도를 통해 우리와 함께 계시다는 것을 나타낸다. 그의 복음과 부활은 구원의 약속이다. 그분은 악의 권세를 정복하셨고, 그는 사망을 밟으셨고, 궁극적으로 사탄의 모든 권세를 깨뜨리셨다. 이 '식사'는 오실 하나님의 나라를 미리 맛보는 것이다. 우리가 맛봄으로 우리는 관계를 세우고, 고치고, 변혁한다. 함께 먹는 것은 관계와 하나 됨과 성취를 상징한다. 따라서 성만찬은 부활하신 그리스도와의 우리가 가진 친밀한 관계를 말한다.[481]

④ 감사의 성찬(Eucharist)

성만찬은 '감사한다'는 의미다. 바울은 이 단어를 고린도전서 14장 16절에서 사용했으며, 교회에 잘 알려진 언어였다. "그렇지 아니하면 네가 영으로 축복할 때에 알지 못하는 처지에 있는 자가 네가 무슨 말을 하는지 알지 못하고 네 감사에 어찌 아멘 하리요." 여기서 우리는 감사함의 주제를 발견한다. 성찬상에 서서 감사하는 목회자는 본질상 예수 그리스도를 통한 구원의 선물에 대해 하나님께 감사를 드리고 있는 것이다.[482] 달리 말하자면 성찬 예전의 내용은 복음이다. 기도로 말하고, 행동으로 취하고, 떡으로 먹고, 잔으로 마시고, 구원역사의 역사적 회고와 상징적 재연으로 가장 강렬한 복음의 절정에 달한다. 회중은 가장 열정적인 찬양의 헌신으로 예수 그리스도의 구원과 치유에 이르고, 그것을 성령에 의해 우리 안에서 완전히 실현하게 된다.

(2) 성찬 예전의 구조와 내용[483]

성찬 예전의 역사적 구조는 그리스도 안에서 우리를 위해 생명을 주시고 삶을 변화시키는 내용이 전달되는 수단들이다. 바른 시행은 내용을 전달하지만 잘못된 시행은 내용을 왜곡하여 진흙탕에 빠뜨린다. 성찬 예전의 초대교회 형식은 다양성과 창조성을 허락하기에 충분할 만큼 단순하다. 마태복음 26장 26-29절의 최후의 만찬에 기원한 예전은 일곱 부분-떡을 들고, 떡을 축사하고, 떡을 떼고, 제자들에게 떡을 주고, 잔을 들고, 감사하고, 잔을 제자들에게 준다-으로 구성된다. 그러나 이러한 일곱 행동의 과정을 네 가지로 압축했다. 누가복음 24장 30절의 말씀에 기록된 성찬 예전의 네 가지 행동은 그가 떡을 들고, 축사하시고, 그것을 떼어 제자들에게 준다. 오늘날 성찬 예전은 개혁교회의 단순성에 대한 관심은 유지하되, 5세기 교회에서 발전시킨 성찬 예전의 본질에 대한 회복을 강조하고 있다. 성찬 예전의 갱신은 단순히 고대 예전의 회복을 위한 것이 아니라, 이러한 예전의 형식이 성경적 이미지에 일치하고 그것이 전하는 의미전달에 강력한 힘을 보유하고 있다는 데 중점을 둔다. '예배 갱신'에서 성찬의 중요한 점은 성경적이고 역사적인 전통에 충실하고 성찬의 네 가지 상징-죽음, 부활, 그리스도와의 친밀한 연합, 감사의 표현-에 대한 경험을 전달한다는 것이다.[484] 이러한 성찬 예전의 중요성은 그것의 구조와 그것이 의미하는 내용을 통해 다시 확인할 수 있다.

- 첫 번째 구조는 '가져오는 것'이다. 가져오는 행동이 성찬 예전의 주요한 행동임을 아는 것이 중요하다. 오늘날 갱신하는 많은 교회들은 떡과 잔을 말씀 예전 후에 회중 안으로 가져오는 행동을 성찬 예전으로 다시 가져오고 있다. 이러한 행동은 예배를 시작하기 전 식탁을 준비해 두는 현 교회의 실행에 새로운 도전을 가한다. 떡과 잔을 가져오는 것은 '축제의 감각'을 만들어낸다. 이러한 과정은 예배자의 영적인 여정에 강력한 충격을 낳게 한다.[485]

- 두 번째 구조는 '감사 기도'이다. 감사 기도의 내용은 삼위일체적이다. 성부께 구하고 성자의 역사를 기억하고 성령의 임재를 기원한다. 이러한 삼위일체적 기도의 기원은 히브리어 베레카(berakhah) 기도에 있다. 그 기도는 찬양, 기념, 탄원의 삼중형식을 취한다.[486]

- 세 번째 구조는 '떡을 뗌'의 역사적인 회상과 상징적 재연이다. "이것은 너희를 위한 내 몸이라."는 역사적인 회상의 말씀으로 떡을 뗄 때, 이 말씀은 상징적 재연에의 참여를 뜻한다. 성찬 예전의 드라마는 떡을 뗀 후에 떡을 들고 잔을 모든 사람이 볼 수 있도록 하여 성찬 예전을 구조적인 절정과 전환점으로 이끈다. 앵글리칸 전통에서 이러한 행동은 "할렐루야! 우리의 구원자 그리스도께서 우리를 위해 죽으셨도다."라는 축하의 외침 이후 사람들이 "그러므로 우리 모두 축제를 지키세. 할렐루야!"를 이어간다. 이러한 말씀과 행동은 성찬 예전이 공동체로 하여금 찬양과 감사와 떡과 잔을 받는 즐거운 경험으로 들어가, 구원이 실재하는 상징을 위장으로 소화시켜 그들의 생명에 수혈되도록 한다. 초자연적인 하나님의 임재와의 강력한 만남은 떡과 잔을 받을 때 일어난다. 그러니 떡을 뗌에 대한 사람들의 반응에 하나님의 어린양을 노래하는 것이 합당하다.[487]

- 네 번째 구조는 '성찬의 노래'를 통해 성취된다. 사람들이 앞으로 나와 떡과 잔을 받는 그 순간 연합 찬양을 시작한다. 성찬 찬송은 선포

의 노래가 아니라 그리스도와의 친밀한 경험으로 들어가도록 하는 기도의 노래이다. 주의 만찬에서 강력한 경험은 기름부음을 통해서 일어난다. 이 순서에서 예배자는 치유와 권한이 부여되는 경험을 하게 될 것이다. 성만찬과 기름부음은 한 생명이 죽음을 극복하는 예식이다. 부활의 능력에서 예배자는 치유와 위임으로 미래를 향해 담대히 나아가도록 하며 예수 그리스도의 능력에 의해 새롭게 태어나는 경험을 한다. 성찬 예전은 구원 역사를 위해 삼위일체 하나님께 드리는 송영으로 마무리된다.[488]

4) 파송 예전

(1) 파송의 의미[489]

바울은 로마서 12장 1절의 기록에서 로마 그리스도인들에게 예배를 통해 위탁받은 존재의 본질에 대해서 말했다. 바울에게 예배는 삶의 방식이다. 예배는 교회에서 끝나는 것이라기보다 집, 일터, 심지어 여가 등의 우리의 삶의 모든 영역에서 지속된다. 예배는 삶의 모든 영역으로 확대되는 것이기에, 우리가 회중을 보낼 때 파송을 분명히 할 필요가 있다.[490] 만일 우리가 예배자들에게 파송이 더 많은 것을 의미하길 원한다면, "파송이 해야 할 것이 무엇인가?"라는 단순한 질문을 묻는 것으로부터 시작해야 한다. 파송은 축복(bless)이다. 예배에서 우리가 실제로 찬양하고 예배할 때 하나님을 송축(bless)한다. 하나님을 송축한다는 것이 의미하는 바는 우리가 하나님께 하나님의 이름의 위엄과 놀라움을 고백하는 것이다. 우리가 찬양과 예배를 통해 하나님을 송축할 때 그분을 기쁘시게 하는 것을 행함으로써 송축한다. 대조적으로 하나님이 우리를 축복(bless)한다 했을 때 하나님은 우리에게 권능을 베푸셔서 예수 그리스도 안에 있는 의로움과 거룩함으로의 부르심을 충만히 채우신다. 그 축복은 성령을 선물로 우리에게 부어주시는 실질적인 것이다.

하나님의 부어주심의 개념은 구약성경 아론의 축복(민 6:24-26)에 토대를 두고 있다. 모든 성경적인 축복의 열쇠는 민수기 6장 27절 "그들은 이같이 내 이름으로 이스라엘 자손에게 축복할지니 내가 그들에게 복을 주리라."는 말씀에 있다. 축복에서 하나님은 우리에게 하나님의 이름을 수여하신다. 그리고 그것은 우리가 우리의 삶을 어떻게 사느냐와 관련된다. 왜냐하면 매일의 삶에서 우리가 의식적으로 "나는 하나님의 이름을 가졌다."라고 의식하게 된다면 우리의 삶이 어떻게 변할지를 생각해 보면 알수 있기 때문이다.[491]

(2) 파송의 구조

파송은 단순히 공적인 예배를 마치고 사람들을 그들의 삶에서 예배를 이어가도록 보내는 것이다. 여기에서 세 가지 행동이 이 내용을 성취하게 된다. 전통적인, 현대적인, 블랜디드 모든 예배에서 파송은 이 세 가지 동일한 형식의 행동-축도, 파송의 노래, 파송의 말씀-을 취한다.

첫 번째 행동은 축도이다. 예전적 전통에서 목회자는 그의 오른손을 앞으로 뻗어 십자가의 상징적인 몸짓을 만들고, 파송의 말씀을 선포한다. 사람들은 십자가의 신호를 반복하고 아멘으로 화답한다. 현대적인 예배에서 목회자는 그의 손을 머리 위로 올려 손으로 안수하는 것을 상징하는 몸짓을 취하고 축도하며, 사람들은 선 채로 아멘으로 화답한다.[492] 오늘날 '예배 갱신'에서는 축도의 진정한 의미를 되찾는 데 강조를 두고 있다. 축도가 선언되면 사람들은 서서 축도를 받는다. 일부 목회자들은 삶의 특별한 부분에 관한 간단한 언급을 엮어 축도함으로 예배자들이 매일의 삶의 모든 부분에 하나님이 현존하신다는 것을 상기시킨다.

두 번째 행동은 축도 이후 찬송 곧 파송의 노래가 이어진다. 가장 적절한 것은 선교적인 그리스도인의 삶을 고무시키는 위임의 찬송을 부르는 것이다. 찬송이 불리는 동안 예배 인도자들은 성소 뒤쪽으로 물러난다. 예전적인 전통에서는 그 물러남의 순서가 등장하는 순서와 동일하다. 십자가를 드는 사람-배너를 드는 사람-성경봉독자-찬양대-목회자의 순이다. 파송이 진행되는 동안 목회자는 성소의 후미에서 마지막 찬송을 이끈다.

세 번째 행동은 파송의 말씀으로 마무리한다. 이러한 말은 예배가 마쳤다는 것과 예배가 세상에서 예배자의 삶과 연결된다는 두 가지 사실을 뜻한다. 마지막 찬송이 불리고, 설교자, 예배 인도자, 찬양대는 교회 뒤편으로 가고 설교자나 평신도는 손을 들어 "세상으로 나아가 주를 사랑하고 섬기라."라고 외친다. 그런 후 사람들은 열정적으로 "하나님께 감사하라, 할렐루야!"라고 화답한다.[493]

4. 나이로비 선언문에 비춰본 블랜디드 예배

여기서는 예배와 문화의 상관관계에 대해 종합적이고 균형잡힌 접근모델로 나이로비 선언문의 4가지 방식-문화초월적, 상황적, 반문화적, 문화교류적-의 관점에서 로버트 웨버의 블랜디드 예배를 다시 조명해 보는 것도 의미있는 일이라 여긴다.

1) 문화초월적 요소

로버트 웨버는 그가 주창한 블랜디드 예배에서 문화초월적인 요소의 중요성을 강조했다. 그가 말한 문화초월적인 요소에는 다음과 같은 특징들이 있다.

첫째, 로버트 웨버의 문화초월적 요소는 그가 예배를 하나님의 초월성, 하나님의 영광, 구원 역사에 나타난 하나님의 행위, 악에 대한 하나님의 승리, 천국에서의 예배 등으로 정의하는 그 사실에서 확인할 수 있다. 예배에서의 이러한 사건은 철저히 초월적인 하나님의 주권과 은혜를 통해서만 가능하다.

둘째, 로버트 웨버는 예배의 성경적인 기원을 중시한다. 그가 말한 성경적 기원은 하나님의 구원행위에 뿌리를 둔 예배 행위를 회복하는 데 있다. 특히 그의 성경적이고 역사적인 예배 회복에 대한 사건 지향적인 예배원리는 구약성경의 히브리 예배를 그 배경으로 출애굽 사건을 회상하고 약속의 땅을 바라보는 이스라엘의 구속의 사건의 재현에 기초하고 있으며, 예수 그리스도 안에 나타난 하나님의 구속의 행위를 경축하는 데 있다. 즉, 그 경축의 내용을 구성하는 그리스도의 삶과 죽음과 부활을 선포하고 그와 함께 행하고 악에 대한 승리와 새 하늘과 새 땅에 관한 그 모든 것들은 블랜디드 예배의 중요한 토대로서 문화초월적이다.

셋째, 블랜디드 예배의 삼위일체적 본성에 대한 강조 또한 문화초월적이다. 그는 초월적 성부께 인간의 불완전한 언어로 신비와 경외감을 찬양으로 올리고, 성자의 하나님의 형상으로의 성육신적인 구속의 사건을 기억하고 선포하며, 불가시적인 것의 가시적인 것을 통해 드러내시는 성령의 임재는 예배가 문화초월적 요소라는 것을 드러낸다.

넷째, 블랜디드 예배의 성찬의 예전에 대한 회복의 강조 또한 문화초월적이다. 로버트 웨버는 초대교회의 성찬의 본질을 회복하기 위해 성경적이고 역사적인 전통에 충실했던 성찬의 네 가지 상징-죽음, 부활, 친밀한 연합, 감사-에 대한 경험의 회복을 강조했다.

다섯째, 블랜디드 예배에서 로버트 웨버는 교회력의 회복을 강조한다. 예수 그리스도의 생애 주기를 내용으로 한 사순절, 부활절, 오순절, 성탄절과 주현절의 교회력의 회복은 그리스도의 생애에 나타난 복음의 본질을 강조하며 예배의 문화초월적 본질의 다른 표현이라 할 수 있다.

2) 상황적 요소

로버트 웨버는 예배가 문화적 맥락을 고려해서 문화가 복음을 훼손하지 못하도록 경계하되 문화 속에서 복음이 표현될 수 있어야 한다고 말했다. 로버트 웨버의 블랜디드 예배는 상황화에 대한 고민에서 탄생했다. 그의 예배는 전통과 현대가 한 곳에 모이는 수렴점에서 만들어진 예배로, 예배 상황의 양편의 요소 모두를 고려한 상황적 이해를 포함하고 있다. 그는 '현대적 예배'에 기댄 예전적 예배로부터 예전적 예배를 활용한 '현대적 예배'에 이르기까지 다양하게 열어놓는다. 그러나 한편 그 과정에서 현재를 비판적으로 바라보고 죽은 예배에 대해서는 예언자적 선언을 쏟아내고 예배가 현대적인 기술에 장난감과 오락적 도구가 되는 부분에 대해서는 냉혹하게 평가한다.

블랜디드 예배의 상황적 측면에 대한 접근은 현대 문화에 대한 관심의 맥락에서 이해할 부분이다. 레너드 스윗은 포스트모던시대의 특징을 네 가지로 간추렸으며, 그 특징을 첫 글자로 하여 포스트모던시대의 교회를 'EPIC Church'라 명명했다. 즉, 경험적이고(Experiential), 참여적이며(Participatory), 이미지 지향적이고(Image-driven), 공동체적(Connected)이다.[494] 로버트 웨버는 이러한 포스트모던시대의 상황적 특성을 예배의 본질적 속성과 연결시킨다. 예배에서의 그 특징을 살펴보면 다음과 같다.

첫째, 블랜디드 예배의 음악에서 나타난다. 그는 현대적인 예배 못지않게 음악을 중요하게 언급한다. 하지만 그 음악은 편향되어 있지 않다. 초대교회 전통에서 기원한 예전 음악의 사용에 대해서도, 현대적인 예배 음악의 사용에 대해서도 형식에는 제한을 두지 않는다. 예배 환경을 적절히 고려하여 적용하도록 열어놓는다.

둘째, 로버트 웨버는 예배에서 경험을 강조한다. 이는 현대적인 예배에서 특히 강조하는 것이다. 그러나 현대적인 예배와의 차이점은 예배자 중심이 아니라 초월적 하나님의 임재를 통한 그분과의 만남을 경험하는 데 있다. 그 경험은 초대 그리스도인들이 경험했던 메타 내러티브의 사건을 현재적인 경험으로 재현하는 것이다. 이러한 경험은 예배자가 처한 특별하고 역사적이고 문화적인 상황 안으로 들어갈 때 가능하다.

셋째, 로버트 웨버의 예배에는 참여를 강조한다. 특히 말씀 봉독과 성찬에서의 평신도의 참여를 적극적으로 권장한다. 그는 말씀 봉독이 말씀을 소통하는 창조적인 방법이라고 말한다. 그리고 예배에서 커뮤니케이션의 역할을 위해 평신도들의 다양한 은사 활용의 기회를 부여해야 한다고 했다. 뿐만 아니라 성찬식 또한 축제와 감사에의 참여를 강조하고 있다. 그에게 예배 회중은 수동적인 관람객이 아닌 적극적인 참여자이다.

넷째, 로버트 웨버는 예배의 관계적인 요소들을 회복한다. 그에게 예배하는 공동체야말로 하나님과의 관계, 이웃과의 관계, 만물의 상호관련성 등을 경험할 수 있는 최적의 장소이다. 예배의 평화의 인사는 회중이 다른 사람에게 인사를 표하며 화해의 즐거움을 나누는 시간이자 신앙 공동체의 따뜻함과 사랑을 표현하는 순간이다.

그 밖에도 로버트 웨버의 예배의 상징적 특징도 또한 상황적 측면을 보여준다. 대표적인 상징의 요소는 모임 예전의 행렬에서부터 파송 예전까지 일관되게 의도하고 있다. 상징은 인간의 언어로 표현할 수 없는 초월적인 성령의 역할에 의지하는 언어이다. 특히 상징이 강조되는 성찬 예전에서 성찬의 떡과 잔의 의식적 행위와 그 떡과 잔에 담긴 의미는 감사 예전으로서 회중의 일상의 삶(곡식과 과실)을 대표한다.

3) 반문화적 요소

예배의 반문화적인 요소는 문화변혁적 특징에 속한다. 이러한 반문화적인 예배 도구들은 세상에 만연한 문화적 양식을 복음의 관점에서 비판하고 변혁을 요구한다. 로버트 웨버는 역사 속에서 문화가 예배의 덫과 함정이 되고 복음을 일그러뜨리려 했는지를 묻고 거기에 대해 경계하고 적절한 응답을 준비할 수 있어야 한다고 했다. 또한 세속주의, 쾌락주의, 신비요법, 뉴에이지, 사탄숭배 등과 같은 문화는 그리스도의 임재와 성령의 능력에 장애가 되는 토양이라고 했다. 그리고 지적이고 감정적인 차원이 아닌 성경적이고 역사적인 전통의 기초 위에 현대적인 형식을 회복할 수 있도록 해야 한다고 했다. 그는 예배가 현대적인 스타일로 변화하는 것은 합법적이고 유용한 것이지만 여기에 대한 신학적인 검증과정을 매우 중요하게 보았다.

여기에 대해서 로버트 웨버는 구체적으로 몇 가지의 내용을 지적했다.

첫째, 그는 현대 예배 요소와 예배 음악이 오락적인 가치로 선택된 문화를 예배 음악에 적용하는 것에 대해 음악이 말씀과 성례전이 타고 가는 수레바퀴라는 것과 예술이 그리스도께서 만나시는 수단이어야 한다고 말했다. 또한 현대적인 예배에서 예배 공간신학에 가한 공격에 대해서도 언급했다. 설교단과 세례반과 성찬상의 자리를 대신해 파이프오르간과 마이크, 드럼세트 등이 그 자리를 차지하게 됨으로 하나님과의 만남에 중요한 자리라는 공간의 의미가 공격을 받게 된 부분에 대해서도 석연치 않게 바라보았다.

둘째, 로버트 웨버는 예배의 반문화적인 요소에 대한 중요성을 염두에 두고 '예배 갱신'과 예전적 요소의 회복에 힘썼다. 특히 현대 문화적 반응으로 나타난 '현대적 예배'의 한계에 대한 그의 지적은 예배의 반문화적 특징의 중요성을 재확인시켰다. 그는 이러한 예배의 반문화적인 특징을 위해 먼저 '예배 갱신'의 원리에 그 내용을 포함시켰고, 이로써 그는 성경적이고 역사적이고 삼위일체적인 예배의 본질을 예배의 중요한 원리로 삼았다.

셋째, 로버트 웨버는 현대적인 예배의 오락적인 특징을 예배의 반문화적인 요소로 들었다. 여기에 대한 '예배 갱신'으로 예배의 교회력의 회복을 주장했다. 제프리 웨인라이트가 지적한 대로 한겨울의 축제가 되어버린 크리스마스, 성령강림절을 봄 공휴일로 공표한 영국국회, 공예배에 가끔 참석하는 사람들에게 추수감사절이 가장 인기 있는 예배가 되어버린 제도적 교회의 현실 앞에서 교회력의 회복은 그리스도가 인간의 필요를 위해 있는 것이 아니라 그리스도의 생애의 주기 속에 우리의 삶이 존재한다는 고백을 낳게 한다.

넷째, 포스트모던의 다원화된 사회 속에서 상호 경쟁적인 지식들이 저마다의 가치를 주장할 때, 그가 말한 성경적 메타 내러티브의 회복은 반문화의 대표적인 요소에 속한다. 또한 설교에서 성경 대신에 그들이 이해하기 쉬운 방식의 자료들을 활용하는 식으로 예배가 추락할 때 오히려 메타 내러티브의 회복은 인간을 새롭게 세우고 그들의 삶에서 의미와 목적을 다시 상기시켜 하나님을 찬양하게 한다는 측면을 강조했다.

다섯째, 로버트 웨버는 '현대적 예배'의 축소주의를 반대했다. 로버트 웨버에게 '현대적 예배'에서 지나친 음악 지향적 예배는 음악 안으로만 하나님의 임재를 축소하는 것을 성경적이거나 역사적이지 않은 것으로 평가했다. 또한 성경의 이미지가 가득한 장르의 찬양을 통해 현대 문화적 특징으로서 상대주의와 자기중심적 낭만주의에 반문화적 메시지를 주고자 했다. 그리고 예배의 상징적 요소들의 회복 역시도 '현대적 예배'의 축소주의에 대한 거부운동에 속한다. 즉, 로버트 웨버가 말한 예수님의 죽음과 부활을 기억하는 침례탕과 세례반, 하나님의 임재의 상징인 설교단, 빵과 포도주를 통해 지성소로 나아가는 성찬상에서의 임재 경험의 회복 등이 그것이다. 이를 통해 자기중심적이고 불완전하며 개인주의적이고 환원주의적인 신앙관을 회개하고 돌아서게 하려는 것이다.

4) 문화교류적 요소

예배의 요소 가운데 지구상의 예배를 위한 문화의 보고들은 전체 교회를 부요하게 하고 교회 간의 성도의 교제를 가능하게 한다는 점에서 예배의 내용에는 문화교류적인 요소들이 있다. 로버트 웨버는 특히 문화교류적인 요소로서의 예술과 상징을 중시했다. 예배 안의 예술의 문제는 선택이 아니라 반드시 시행해야만 하는 명령이며 단순히 실용적이거나 기능적인 측면의 것이 아닌 그 이상의 것으로서 구원의 메시지를 포함한다고 보았다.[495]

또한 십자가, 십자가 앞의 세례를 위한 물, 물그릇 등의 상징은 그리스도인들을 예수님의 죽음과 부활과 하나님의 임재의 자리로 이끌고, 삼위일체 하나님께 경배와 찬양을 드리도록 하는 의미교환의 도구이다. 하지만 중세교회가 상징적 의사소통을 그릇되게 사용함으로 물리적인 예배의 기호 사용에 대한 상실이 일어났는데 로버트 웨버는 이를 하나님을 경험하고 소통의 확장을 이루는 것으로 다시 회복시켰다. 그리고 상징을 소통의 언어라고 정의했다.[496] 또한 이러한 상징은 지역문화와의 소통의 도구가 될 수 있다. 지역문화를 예배에 활용하기 위한 토착문화화는 신앙의 본질에서의 하나 됨을 지역교회가 가진 문화적 다양성을 창조적으로 공유하는 과정에서 문화적 유사성을 발생시키고 코이노니아의 풍요와 예배의 의미를 넓혀주는 문화교류적 긍정의 효과를 얻어낸다.

이러한 상징적 커뮤니케이션은 과거로부터 미래를 향해 흐르는 고대-미래적인 문화교류적 언어이기도 하다. 고대와 중세의 시각적 소통이 구도자 이후의 이머징 세대의 시각적 편향성과 만나게 되고 역사적이고 성경적인 영적 경험을 회복할 수 있게 한다는 점은 상징적인 블랜디드 예배의 큰 강점이다.

또한 예배에서의 드라마의 활용 역시 16세기 르네상스에 의해 세속화의 도구로 전락했던 그 기능을 회복하면서 다양한 형식으로 여러 교회들에서 복원되고 있다. 특히 예전적인 교회에서는 종려주일에 고난에 대한 드라마를 연출한다. 또한 '현대적 예배'에서는 설교 전 드라마를 적극적으로 활용하고 있고, 블랜디드 예배에서도 드라마에 의한 말씀 봉독과 시청각적 메시지는 다양한 형식의 예배 교류, 다양한 시대의 역사적인 교류, 다양한 문화권의 커뮤니케이션의 교류를 가능하게 해준다.

4부

블랜디드 예배 기획, 창의적 제안

I. 성육신적 원리에 비춰본 블랜디드 예배와 창의적 제안

현대 다변화시대 속에서 '현대적 예배'의 그 한계성에 대한 지적을 외면할 수 없다. 그 대안적 '예배 갱신'의 예배 모델로서 로버트 웨버의 블랜디드 예배는 갱신 모델로서 타당성을 가질 수 있는가? 그 적절성은 예배와 문화의 상관관계 방법론의 토대 위에서 검증을 필요로 한다. 따라서 앞에서 그 검증의 형식에 비춰 로버트 웨버의 블랜디드 예배를 소개했다면 여기에서는 블랜디드 예배를 성육신적 원리에 비춰보고 창의적인 내용을 제안하고자 한다.

1. 성육신적 원리의 기초

1) 초문화적-문화적 커뮤니케이션

예배는 문화초월적이시고 절대적이신 하나님과 문화적 제약 속에서 살아가는 인간 사이의 커뮤니케이션이다. 이러한 커뮤니케이션은 궁극적으로 성육신적 자기계시를 지향한다. 찰스 크래프트는 이러한 커뮤니케이션을 다음의 세 가지 논거를 제시함으로써 하나님의 '상호관계적' 자기계시의 특징을 설명했다. 첫째, 인간은 전적으로 문화에 잠겨 있다. 둘째, 하나님께서는 스스로 문화적 제한에 따르기로 선택하시는 경우를 제하고는 전적으로 문화로부터 자유로우시다. 셋째, 하나님께서는 인간의 문화를 그가 인간들과 상호작용하시는 환경으로 사용하신다.[497] 인간이 하나님께 무엇인가 말할 수 있는 권한은 하나님이 주신 정보에 따른다. 종교개혁자 칼빈은 절대적인 하나님의 초월성과 인간관계에 있어서 하나님은 전적으로 타자라는 것을 전제로 신학이론을 전개했다.

칼빈에게 하나님의 실체는 인간이 이해할 수 없으며 하나님의 주권 역시 인간의 감각을 초월한 곳에 멀리 떨어져 감추어져 있다. 따라서 하나님을 증거할 수 있는 존재는 스스로를 알고 있는 자, 곧 하나님 자신뿐이다.

이러한 하나님에 대한 정보는 인간이 이해할 수 있는 문화적인 용어로 진술될 때만이 그것이 심지어 문화초월적인 진리일지라도 인식할 수 있다. 하나님은 특별히 인간의 언어와 문화의 상호작용을 통해 수신자들로서 인간과 커뮤니케이션하신다. 그리고 하나님의 효과적인 커뮤니케이션의 목적은 단지 정보전달에 그치지 않는 상호관계를 지향한다. 하나님은 인간을 참된 상호관계의 자리로 초청하신다. 그리고 그 과정에서 하나님은 예기치 않은 일들과 예측할 수 없는 일들을 행하신다. 그것은 발신자이신 하나님에 의해 제시된 메시지를 수신자인 인간이 그 의도와 본질적으로 같은 방식에 의해 이해할 수 있을 때 비로소 상호관계를 이루는 커뮤니케이션이 가능한 방식이라는 이유에서다.[498] 인간에게 그 궁극적인 커뮤니케이션을 실행하시기 위해 하나님은 인간이 되셨다.[499]

2) 하나님의 자기계시-성육신적 예배 원리

하나님은 그 존재의 본질상 인간에게 낯선 분이고 세상에 대해 전혀 새로운 분이며, 초월적 존재이고 전적인 타자이다. 사람들은 그분의 능력, 위엄, 전적인 타자성에 깊은 인상을 받았고 경배받으시기에 합당한 분으로 여겼다. 그로 인해 많은 경배자들을 가지셨다. 하지만 친구들이 별로 없으셨다. 이러한 하나님과 인간과의 관계에 대해서는 찰스 크래프트가 케네디(Kennedy) 가문과 록펠러(Rockefeller) 가문의 부와 권세를 상속받은 사람과 일반 보통사람과의 상호관계에 대한 유비적인 설명을 통해 이해를 쉽게 한다.

> 케네디 가문의 사람들과 록펠러 가문의 사람들이 보통사람인 내가 겪어야 하는 인생의 고통을 어떻게 이해할 수 있겠는가? 우리는 그렇게 묻는다. 왜냐하면 그들은 나 같은 고통을 막을 수 있는 부와 권세를 항상 소유해 왔기 때문이다. 우리는 그들이 결코 우리가 바라는 것들, 우리가 원하는 것들, 우리가 필요로 하는 것들을 이해할 수 없을 것이라고 추정한다. 왜냐하면 그들은 우리가 얻기 위해 그렇게 열심히 일하고 있는 것들을 발버둥치지 않고도 이미 소유하고 있기 때문이다.[500]

인간은 사실 하나님을 이해하는 데 하나님의 문화초월적인 존재로는 어려움을 겪었다. 많은 사람은 심지어 종교 전문가들조차도 많은 고정관념에 갇혀 있었다. 하나님이 한 인간이 되어 우리 가까이 찾아오셨을 때, 그리고 33년을 보내시며 삶을 공유하시고 사람들에게 보여지고 만진 바 되셨음에도 그분을 메시아로 인식하지 못했다. 세례 요한마저도 끊임없이 찾아드는 의구심을 감당할 수 없었다. 이 모든 상황은 결국 그들이 정확히 알던 고정관념 속 메시아의 종교적이고 정치적인 탁월하심과 매우 달랐기 때문이다. 오늘날에도 성육신 사건은 "단지 신화일 뿐"이라 주장하거나, 그분의 인간성 그 자체를 신성시하려 하는 주장으로 나타난다. 하나님은 자기 계시의 수단으로 이렇듯 전혀 예측할 수 없는 방식의 위험한 선택을 하신다. 그러나 하나님은 인간과의 상호관계적 커뮤니케이션을 위해 인간이 되셨다. 인간과 동일시하시기 위해 인간이 되셨다. 인간의 시험과 고난에 자신을 허용하심으로 인간과 공감하시는 길을 선택하셨다(히 4:15). 이같은 위험한 선택은 하나님께는 분명히 위대한 선택이다. 성육신 사건을 통해 인간의 고정관념을 깨뜨리셨고, 모든 관계적 고립의 새로운 접근방법의 길을 여셨기 때문이다.[501]

칼 바르트는 인간의 죄성에 의한 인간 중심적 신인식의 한계로 인간에 대한 부정이 하나님 쪽에서만 가능한 하나님의 긍정을 자극하여 하나님과 인간의 무시무시한 간격을 극복하기 위한 새로운 관계(화해)의 중재자인 예수 그리스도를 말했다. 하나님은 관계의 주체자이시지만 철저히 수신자 지향적인 커뮤니케이션을 선택하신다. 오직 그 방법으로만이 하나님의 자기 계시의 더 많은 것들을 우리에게 무한하게 전달하실 수 있으시기 때문이다. 이러한 계시는 그저 정보 전달식 커뮤니케이션으로 축소될 수 없다. 하나님은 우리에게 정보를 전달하는 방식으로 관계하지 않으신다. 은혜와 진리로 충만한 말씀이 육신이 되신 사건은 정적인 정보가 아닌 하나님의 신적 활동이다. 인격적인 존재들이 하나님과 상호작용에서 이루어지는 사건으로서의 계시이자, 창조주에 대한 피조물의 자기 발견과 현재적 재창조이다.[502]

하나님은 끊임없이 수신자들로 하여금 발신자의 목적에 헌신하도록 커뮤니케이션하셨다. 성육신은 문화초월적 존재의 내문화적(inculturation) 사건이다. 그리스도는 초문화–문화적 커뮤니케이션을 위해 때로는 문화초월적인 신성의 충만함으로 뜻을 계시하셨고, 때로는 문화내재적인 방법을 사용하기도 하셨다. 문화적 왜곡을 저항하셨으며 문화를 변혁하셨다. 또한 문화초월적 방식으로 문화를 저항하시고, 문화를 대항하시는 방식으로 문화초월적 본질을 드러내셨다. 그런가 하면 문화내재적 방식으로 문화를 변혁하시고, 문화변혁을 위해 문화 속으로 깊고 철저히 들어가셨다. 그분은 문화를 초월하는 방식으로 문화를 통치하시고, 문화를 저항하시는 방식으로 문화를 변혁하시는 방식으로 하나님께 자기를 드리셨다. 여기서는 이것을 예수 그리스도의 '성육신적 예배 원리'라고 표현할 것이다.

3) 예배의 성육신적 속성

예배는 본래 성육신적이다. 모든 것에 초월하신 하나님께서 친히 예배 처소로 그의 백성들을 부르시고 그곳에 '임재'하신다. 그곳에 현현하시고, 또한 자기를 계시하시고, 가르치시고, 고치시고, 치유하신 그의 공적 생애를 재연하신다. 또한 주님의 죽으심으로 살과 피를 나누신 사건을 주의 오실 때까지 전하는 예식[503]으로 그의 백성을 그의 식탁에 초대하신다. 거기서 기꺼이 떡과 잔을 나누사 먹이시고, 매 순간 새로운 사명의 자리로 파송하신다. 그 사건 모두는 명백히 성육신적이다. 일찍이 하나님은 제사장, 왕, 선지자들을 통해 친히 성육신적 사건을 행하셨으며, 급기야 하나님은 그의 아들을 통해 성육신의 구원역사를 완성하셨다. 하나님은 언제나 그의 백성을 만나기 위해 거룩히 구별하시고 부르셔서 그들과 말씀을 나누시고 고치시고 회복하시고 먹이시고 그들을 복 주사 증인으로 보내시는 일들을 반복하신다. 또한 그의 백성을 그리스도의 몸 된 교회로 지속적으로 부르셔서 그들로 성전 삼으시고 그들을 통해 성육신적 사건을 행하신다. 따라서 그분을 예배하는 그리스도인들은 본질적으로 '그리스도의 몸'이며 '하나님의 전'이자 '임재의 처소'이다.

이러한 성육신적 사건은 예배 신학의 본질과 원리와 구조를 형성한다. 예배의 성육신적 재현은 예배 전체의 내용과 구조뿐만 아니라 하나님과 그의 백성과의 관계를 이루시는 중요한 예배 신학적 원리이다. 하나님의 백성이 그들의 하나님께 나아가 예배함에 있어서 그 백성은 철저히 하나님의 성육신적 관계로 나아가게 된다. 이러한 예배의 성육신적 원리는 4가지 요소의 균형을 추구한다. 하나님은 모든 것에 초월하신 분이다. 그래서 초월적이다. 모든 것에 뛰어나신 하나님은 초월적 신성의 신비의 사건을 위해 사람의 몸을 입고 사람들 상황 속에 오셨다. 따라서 내재적이다. 성육신하신 하나님은 그의 백성을 변화시키시고 그들을 통해 세상의 문화를 변혁하신다. 따라서 변혁적이다. 하나님은 그의 백성들을 부르시고 우주적인 통치를 행하신다. 따라서 일치와 연합을 지향하시며 교류를 행하신다. 이러한 성육신적 예배의 4중성은 로버트 웨버의 블랜디드 예배의 지지기반 위에 놓인 창의적인 제안이다.

2. 성육신적 예배의 초월성

1) 하나님의 자기계시적 수단

예배에서 초월자이신 하나님의 자기계시적 사건으로 예배가 가진 초월적 요소는 가장 중요한 요소이다. 하나님은 인간과 세상을 초월하신다. 초월하신 하나님은 내재적 사건으로서 성육신으로 나타나실 때조차 그 초월성은 포기되지 않으신다. 그는 그 초월적인 하나님의 속성으로 인간에게 다가가시고 초월의 신비로운 경험으로 초청하시고 그의 백성들을 참여시키신다. 따라서 예배는 인간이 하나님의 초월적 신비에 머물 수 있도록 초대하시는 하나님의 은총의 수단이다. 이 같은 이유에서 로버트 웨버는 예배를 통한 하나님의 임재를 하나님의 내려오심이라기보다 하나님의 백성이 천상에로의 오름이라 했다. 이는 예배를 천상에서의 초월적 사건의 현현이자 하나님의 성육신적 사건이라는 함축적 의미의 표현이다. 결국 예배의 성육신적 초월성의 요소들은 예배 신학적 원리와 교차한다. 예배의 원리는 예배 신학의 가장 중요한 토대로 예배 안에 담을 신앙과 교훈과 의미와 가치 등을 내포한다. 그것은 예배에서 기대되는 하나님의 자기계시의 내용인바 하나님의 속성이며 이름이고 사건이자 광휘의 영광 앞에 응답적 행위로 나아가 듣고 고백하고 나누고 드리고 새로운 미래를 여는 창조적 사건이다. 예배는 인간이 하나님의 초월성의 내재적 계시로 나타나시는 신의 성품과 조우하게 되는 특별한 순간이다. 이러한 예배 신학적 이해를 통해 예배의 내용의 표현방식으로서 예배의 성격과 형식과 방향을 설정하고 실현한다.

그렇게 구성된 예배를 통해 초월자이신 하나님의 천상에서의 사건에 대한 회중의 경험은 예배에서만이 가질 수 있는 신비로운 체험이다. 이러한 성육신적 초월성에 해당하는 예배 요소들은 변함없는 절대성을 가진다. 왜냐하면 하나님의 그 초월성은 어떠한 시대 상황에서도 변함없는 하나님의 영원한 속성이기 때문이다. 따라서 이러한 삼위일체 되신 하나님과의 초월적 신비와의 대면은 소소한 일상의 이야기로 채울 수 없는 특징을 갖는다.

2) 성경적 기원

성육신적 초월성은 성경에 기원한다. 성경은 하나님의 절대적 진리며 변함없는 하나님의 초월적 신비에 대한 계시이다. 하나님의 임재는 전적으로 성경에 나타난 계시적 실체의 현현이며, 어제나 오늘이나 영원토록 동일하신 하나님의 영원성의 현현이다. 때문에 성경적 기원의 예배는 다변화시대의 불변적 원리에 속한다. 성경적 예배는 성경의 내러티브에 나타난 하나님의 거룩에 대한 경이로움의 고백이며, 하나님의 영광의 충만함과 그 앞에 엎드림이며, 전능하신 이의 구원행위이다. 또한 그리스도인에게 절대적 권위의 상징적 기반이 된다. 따라서 성경적 기원의 성육신적 초월성은 만물

위의 뛰어난 지혜와 재능의 사건 지향적인 예배의 절대적인 원리이다. 예배
하는 사람들은 그 하나님의 초월성을 표현하는 시와 찬미의 신령한 노래들
속에서 신적 초월에 연합하며 천상의 예배로 나아가며 하나님의 절대적 주
권과 통치에 복종하게 되고 악에 대한 승리의 확신 가운데 나아가게 된다.

이러한 하나님의 초월적 신성에 관한 성경적 기원을 예배에 반영하기 위
해서는 예배 구조의 성경적 원리와 초대교회적인 전통을 회복하는 것이
중요하다. 또한 예배 기원과 기도와 찬양과 선포되는 말씀이 회중의 삶의
이야기를 하나님의 이야기 속으로 이끌고 하나님의 사건 속에 참여시키는
데로 나아가야 한다. 그 속에서 회중은 성경의 초월적 신비의 세계를 새롭
게 경험할 수 있게 된다.

3) 삼위일체적 신비

성육신적 초월성은 삼위일체적 신비로 표현된다. 삼위일체는 하나님의
신비이다. 예배에서의 삼위일체적 자기계시는 하나님의 현현으로서 예배
가 가진 성육신적 본질에 속한다. 예배의 삼위일체적 자기계시는 예배로
드러내시는 하나님의 초월성과 그의 백성과의 만남을 이루는 내재적 사
건이다. 예배를 통해 하나님의 백성 공동체는 하나님의 초월성의 계시적
사건과 그 영광에 압도되어 초자연적 은총에 참여하게 된다. 비록 인간의
불완전한 언어일지라도 하나님의 신비와 그분을 향한 인간의 경외감과 놀
라움, 숭배의 감각을 찬양의 언어로 초월적인 성부께 드린다. 또한 초월적
인 하나님이 역사 속에서 성육신하심을 기억하고 선포하고 표현하여 하
나님의 영광을 드러내신다. 보이지 않으시는 성령께서는 예배에 운행하시
며 임재와 고백의 계시적 사건을 성취하시고 떡과 잔을 나누는 성만찬의
상징적 실체를 통해 가시적이고 유형적 방법에 의한 그리스도인의 존재론
적 변화를 일으킨다.

예배에서 삼위일체적 신비의 경험은 삼위일체적 예배 원리를 통해서이다.

따라서 블랜디드 예배 기획에 있어서 로버트 웨버도 제안했듯이 찬양의 신비한 언어로 성부께 예배드리고, 생명의 신비가 담긴 구속의 이야기의 언어로 아들 예수께 예배하고, 성령의 임재로 소통하시는 상징의 언어로 성령께 예배드리는 경험이 일어날 수 있어야 한다. 또한 삼위일체적인 신비는 삼위일체송과 같은 찬송을 통해, 성부께 성자의 이름으로 성령의 능력을 통해 드리는 기도를 통해, 축도의 삼위일체적인 내용에서도 그 신비를 경험케 할 수 있다. 이러한 삼위일체적 신비는 예배 공간의 상징을 통해서 표현하고, 교리교육과 설교에서 이해를 돕고, 앎과 상징적 교감과 영적 체험으로 나아가 하나님과의 신비적 교감을 가질 수 있게 한다.

4) 교회력과 성서정과의 회복

성육신적 초월성은 교회력과 성서정과에 따르는 예배 회복을 포함한다. 주요 절기인 대림절, 성탄절, 주현절, 사순절, 부활절, 오순절의 교회력과 함께하는 '성서정과'는 그리스도의 고난, 죽음, 부활, 승천의 선언이며,[504] 초대교회로부터 기원한 예배 전통이다. 또한 성서정과는 예배 회중의 개인의 삶과 하나님의 구속사적인 메타 내러티브와의 지속적인 만남을 통한 성육신적이고 창조적인 사건을 이뤄간다. 또한 매주 회중의 삶에 다가오시는 하나님의 초자연적인 사건의 실재가 된다.

예배가 교회력에 따른 예배로 기획될 때, 회중은 매주일 예배에서 예수 그리스도의 생애에 자신들의 삶을 하나로 연합하게 된다. 그 속에서 그리스도인과의 진정한 연합을 배우고 실천하게 된다. 예배 시작 전 교회력에 대한 안내는 그 예배의 주체가 회중이 아닌 하나님이심을 알게 되고, 그분의 은혜로 나아가 초월적인 하나님의 은총을 기대하게 된다. 또한 성서정과로 들려지는 하나님의 말씀 속에서 회중은 자신들의 삶이 온 인류를 섭리하시는 하나님의 통치에서 일탈할 수 없게 됨을 새롭게 고백하며 경험하게 된다. 이러한 교회력과 성서정과를 따르는 예배 기획을 위한 자료로는 매해 WPA에서 발행하는『예배와 설교 핸드북』과 기독교문사 목회교육연구원에서 발행하는『예배와 강단』이 도움을 줄 수 있다.

5) 성찬 예전의 회복

성육신적 초월성은 성찬의 예전을 회복한다. 성례전은 예배의 초자연적 실체성을 보증한다. 그것은 초자연적이지만 현실적이고 현재적인 실체를 매개하는 은혜의 수단으로 실체와 존재론적 교통을 가능케 한다. 특히 성찬의 상징은 그저 인식적 차원의 것이 아닌 이러한 존재론적 실체와의 긴밀한 관계를 형성한다.[505] 블랜디드 예배는 이러한 성찬 예전의 상징성을 회복하며 초대교회의 성찬의 본질을 회복하고자 성경적이고 역사적인 전통에 충실을 기한다. 성찬 예전에서 하나님은 그의 백성에게 그리스도의 몸과 피를 나누는 사건을 재연하고, 성찬에 대한 경험은 예수 그리스도의 죽음, 부활, 친밀한 연합, 감사에 참여하게 한다. 뿐만 아니라 일상적 삶의 양식의 공급자로, 구원과 치유의 전능자로 고백하는 예배의 수단이다.

예배의 성찬 예전의 중요성에 대한 새로운 인식은 하나님의 은혜의 수단에 참여하게 되는 기회를 가지게 된다. 개혁교회는 왜곡된 진리를 회복하고 예배의 독점적 행태에 대한 개혁과 성찬의 바른 시행을 외쳤지만, 초대교회 '말씀과 성만찬'의 균형 있는 예배 회복에는 실패했다. 블랜디드 예배에서 성찬 예전의 회복은 예배의 균형을 회복할 뿐 아니라 하나님의 초월적 신비에 담긴 폭넓은 상징적 사건에 참여할 수 있도록 초대한다. 성찬 예전 회복의 중요성은 꾸준히 '예배 갱신'에서 제기되어 온 내용이긴 하나 한국 개신교 예배 현실에서 소요시간과 매주 준비의 문제 등 극복해야 할 문제들이 있다. 하지만 그것은 예배가 하나님과의 만남을 이루는 경험과 사건이라는 목적의 성취 차원해서 접근하며 해소해 나가야 할 사항들이다. 성찬 예전에 내포된 하나님의 임재의 신비와 하나님과의 더 깊은 경험을 온전히 신뢰할 수 있다면 성찬 예전의 장애들은 극복 가능하다. 이것을 위한 하나의 제안은 성찬에 나타난 다양한 상징들을 말씀 예전과 긴밀히 연결하고 통합하는 것이다. 즉, 성찬 예전이 나타내는 상징을 말씀 예전에서 들리게 증언하고, 이어지는 성찬 예전에서는 보여 만질 수 있는 경험을 통합할 수 있도록 다감각적인 예배로 접근을 기획하는 것이다. 더 깊은 예배로 기획된 성찬 예전의 회복은 회중을 영광스러운 하나님의 충만함에 참예케 할 수 있다.

6) 예배 신학 원리를 위한 질문

'예배 갱신'을 위한 성육신적 초월성에 관하여 예배 신학의 원리를 결정하는 과정에서 다음과 같은 질문과 그 고민이 그 내용 구성에 필요할 것이다.

- 예배의 성경적 원리의 요소는 무엇인가?(성서 신학)
- 예배의 역사적 원리의 요소는 무엇인가?(역사 신학)
- 예배에서 삼위일체 하나님은 어떻게 표현되고 있는가?(조직 신학)
- 예배의 의미와 내용과 구조가 어떠한 맥락을 형성하고 있는가?(예배학)
- 예배 음악에서 하나님의 초월성을 어떻게 표현하고 있는가?(교회음악)
- 예배 공간과 상징에서 하나님의 초월성을 어떻게 표현하고 있는가?(예배 공간)

3. 성육신적 예배의 내재성

1) 성육신적 내재성의 근거

예수 그리스도 성육신적 사건에 관해 사도 바울은 빌립보서 2장 6-8절에서 다음과 같이 표현하고 있다.

⁶ 그는 근본 하나님의 본체시나 하나님과 동등됨을 취할 것으로 여기지 아니하시고 ⁷ 오히려 자기를 비워 종의 형체를 가지사 사람들과 같이 되셨고 ⁸ 사람의 모양으로 나타나사 자기를 낮추시고 죽기까지 복종하셨으니 곧 십자가에 죽으심이라

하나님은 사람들에게 자기를 계시하실 때 문화적 양식을 통해 표현할 뿐만 아니라 그들 문화를 향해 말씀하신다. 사도 바울은 복음을 위한 사도적 부르심을 받아 자신의 삶이 복음의 도구가 되고자 모든 행위로 복음에 참여했다고 밝혔다.[506] 그의 삶과 문화적 표현은 계시적 수단이었다는 것을 의미한다.

성육신적 내재성이라 함은 하나님의 자기계시로서의 복음이 등가 적용을 통해 문화의 옷을 입고 문화의 가치와 양식에 의해 표현된다. 하나님의 초월적 속성은 내재적 본질을 지향한다. 성육신은 그것의 실제이다. 따라서 성육신적 커뮤니케이션의 본질은 문화적일 수밖에 없다. 커뮤니케이션의 속성상 수신자와의 상호관계를 목표한 문화적 도구적 사용은 내문화화를 뜻하며 복음이 지역문화들 안에 토착문화화의 당위성을 뜻한다. 예배는 이러한 맥락에서 하나님의 행하시는 사건을 상황적 문화요소로 표현하게 되는 행위이며, 이것을 위해 시대문화에 적절성을 함께 고려하게 되는 신중함이 필연적으로 따르게 된다.

2) 현대 문화적 요소

예배가 하나님이 그의 백성과의 만남을 성취하기 위해 삶의 문화가 가지는 내재적 요소로 표현되기 위해서 고려할 사항에는 현 시대문화적인 특징을 이해하는 것이 필요하다. 로버트 웨버는 새로운 세계관에 의한 현대인들의 관심을 초자연적이고 신비적인 경험, 의사소통적 상호관계, 참여와 공동체성, 상징적인 커뮤니케이션을 지향한다고 했다. 로버트 웨버의 블랜디드 예배가 상황적 요소에 대한 고민 속에서 제시되었듯이 하나님을 향한 예배의 영광을 문화의 내재적 요소로 표현하는 것은 초월적 존재자가 그의 백성을 만나는 사건으로 예배 가운데 현현하심이 문화적 의사소통의 필연성을 요구하고 있기 때문이다.

따라서 그리스도의 이야기가 예배 예식에서 표현될 때 그 예배는 문화의 다양성만큼 다르게 표현될 수밖에 없다. 그리고 예배 전통이 그 전통을 낳는 문화에 크게 의존하기에 문화에 맞는 방식의 응답이 요구된다. 하지만 그것이 예배의 내용에 대한 신학적 제고와 문화적 번역과 등가의 토착문화화를 통한 문화의 복음화를 지향하는 것이지 문화에 의한 통제가 되어서는 안 된다. 따라서 예배는 성육신적 내재성을 가지면서 동시에 성육신적 변혁의 예배이다. 미래의 희망적인 예배는 세속적인 문화에 의한 소비자 지향적인 예배 왜곡을 거부하고, 예배가 오락과 프로그램과 쇼가 되어가는 것을 거부하고, 하나님의 신비와 초월적 경험에 의한 적극적인 응답과 생동감 넘치는 참여를 발생시킬 수 있다. 예배의 이러한 특징은 문화를 통한 문화에 의한 문화적 커뮤니케이션이라 할 것이다.

3) 지역문화적 요소

예배에서 표현하고자 하는 의미를 소통하기 위해서 내용을 구성하는 과정에 고려되어야 할 사항들이 있다. 먼저, 예배 회중에 대한 문화적 이해와 관련한 내용으로 역사적, 지역적, 교회적 상황을 살피는 것이다. 역사적 상황은 현재를 구성하고 있는 과거의 문화적 전통과 유산을 이해하는 것이고, 지역적 상황은 지역 문화적 상황과 내용을 이해하는 것이며, 교회적 상황은 교회의 과거의 기억과 현재의 경험과 미래의 기대를 포함한 다각적 접근을 의미한다. 이러한 연구를 위해서 전문적인 리서치 기관에게 의뢰하거나 교회 내 조사그룹을 조직하여 설문을 통해 정보를 수집할 수도 있다. 조사과정에서 정보 수집의 목적을 공개적인 혹은 비공개의 방법을 취할 수도 있다. 공개적인 방법을 취할 때 응답자의 정보에 개인적 의도를 개입시킬 수 있는 반면, 비공개로 진행할 경우에는 정보 수집에 대한 의혹이 제기될 수 있다는 점에서 한계를 갖는다. 설문 항목을 결정하는 과정에서는 예배와 문화의 전문가, 교회 리더십 그룹과 예배 회중의 대표 그룹 등의 '예배 연구 위원'을 구성하여 충분한 논의를 거쳐 진행할 필요가 있다.

4) 토착문화적 요소

토착문화는 역동적 등가의 적용을 통해 새로운 의미로 예배에서 재현된다. 우리의 모든 문화요소들이 하나님께 속하고 하나님을 향하기 위해서 토착문화에 내재된 의식과 내용은 허무한 데 굴복하는 의미의 변조를 필요로 한다. 예배는 토착문화가 가진 불완전하고 왜곡된 의미와 가치를 하나님께로 향하게 하여 문화의 변혁을 이룩할 수 있다. 예를 들면 한 해를 보내고 새해를 맞이하는 '송구영신예배'를 우리 고유문화와 전통의 의미와 결합하여 그 의미를 더 고취시킬 수 있고,[507] '추수감사예배'를 우리 문화적 전통에 내재된 추수의 기쁨과 감사의 의미를 하나님께로 향한 예식으로 승화시켜 표현할 수 있다. 이러한 토착문화적 요소를 통한 예배는 우리의 문화적 기원과 뿌리를 하나님의 섭리와 신앙고백적 행위에 수렴하여 토착적 형태로 나타낼 수 있다.

5) 문화적 원리를 위한 질문

문화적인 원리를 얻어내기 위해 고려할 사항에는 다음과 같은 몇 가지 질문이 도움이 될 수 있을 것이다.

- 지역의 사회문화적인 특징 중 두드러진 것은 무엇인가?
- 지역의 종교문화적인 특징 중 두드러진 것은 무엇인가?
- 지역과의 상황화를 위한 문화번역의 요소에는 무엇이 있는가?

- 지역의 토착문화화를 위한 역동적 등가에 대한 고려가 충분히 이루어졌는가?
- 교회 내 예배 문화적인 이해의 요소에는 무엇이 있는가?
- 교회의 연령 구성비에 따른 세대 예배 문화를 이해하는가?
- 교회 예배 회중의 신앙경험은 어떠한 내용을 가지고 있는가?
- 예배 구성에 예전적인 요소와 현대적인 요소를 어떻게 균형 있게 넣을 것인가?
- 회중과 의사소통의 도구로 활용될 수 있는 예배의 문화와 예술적 요소에는 어떠한 것이 있는가?

4. 성육신적 예배의 변혁적 요소

1) 변혁의 주체

하나님은 변혁의 주체이다. 변함없으신 하나님은 모든 것을 변화시키시는 분이다. 그리스도는 이 땅의 문화를 입고 성육신하셨으나 성육신하신 그리스도는 당대 세속화된 사회의 반문화적 주체로 사셨으며 그 삶은 문화변혁적이었다. 또한 예수 그리스도는 문화의 주체인 인간을 변화시키시고 그들을 통해 문화변혁의 사명을 분부하셨다. 그러한 의미에서 성육신적 사건은 한편 반문화적인 사건이며 문화변혁적인 사건이다. 하나님의 임재의 사건을 경험하게 되는 예배는 같은 맥락에서 문화의 그리스도적인 사건이나 문화변혁적 사건이면서 반문화적이다. 임재를 통해 사건을 행하시는 하나님은 예배를 통해 죄를 통한 세속화된 현대사회에 저항하는 반문화적인 하나님 나라로 초대하시며 문화변혁적 헌신으로 도전한다.

반문화적인 예배 도구들은 세상에 만연한 문화적 양식을 복음의 관점에서 조명하고 비판과 변혁적 기능을 수행한다. 이는 전통에 묶인 '화석'이

된 예배를 비판하는 동시에 '공연'이 된 예배를 또한 비판하는 것을 포함한다. 특히 블랜디드 예배는 현대 문화의 위험에 속하는 포스트모더니즘적 다원주의, 해체주의, 거대담론의 부정, 자본주의적 실용주의, 소비자중심주의적 요소, 인본주의적 자기중심주의, 예배가 쇼로 전락한 예배의 쇼핑몰적인 요소들에 대해 경계한다. 또한 현대 문화적 의사소통의 목적을 위해 예배의 문화초월적인 요소들이 예배의 장애물로 취급되는 현상에 대해서 대항하고 그 같은 예배 실종 현상을 배격한다. 그뿐 아니라 영과 진리의 예배와 반하는 샤머니즘, 물질주의, 세속화, 그리스도의 임재와 성령의 능력에 장애요소로서 세속주의, 다원주의, 기복주의 등의 문화적 요소들에 대해서는 문화변혁적이다. 이를 위해 예배의 문화 신학적 연구를 위한 앞에서 제기한 성서 신학, 역사 신학, 조직 신학, 예배학, 교회음악, 목회학 등의 다각적인 통합적 검증과정의 필요성이 제기된다.

2) 하나님의 선교

블랜디드 예배는 예배 공동체의 변혁을 통한 하나님의 선교(Missio Dei)를 목표한다. 선교를 통해 문화변혁을 이룬다는 것은 레너드 스윗이 말했듯이 예배를 통해 수행될 과제이다. 변화의 주체는 하나님이시다. 하나님의 현현을 뜻하는 사건을 통해 문화의 본질에 대한 실체적 진실을 발견하고 변혁의 주체인 하나님의 사건에 동역한다. 선교는 궁극적으로 회심의 사건을 발생시키는 하나님의 임재의 현장에서 일어나는 변화의 사건이다. 예배는 다른 의미의 선교이다. 모든 변화의 근본은 의식의 변화이며 그 변화의 주체는 하나님이시다. 하나님의 주체적인 사건은 변혁의 주체들로 일으켜 세우신다. 하나님은 변혁의 주체인 그의 백성들을 예배 공동체로 부르신다. 그리고 그들에게 말씀하신다. 그의 백성들은 감사로 응답하고 나아가 사랑하고 섬기기 위해 세상에 파송된다. 그 모든 일은 예배에서의 사건이다. 예배는 하나님이 그의 백성들을 불러 의사전달자로서 수용자인 회중에게 메시지를 전달하고 그 메시지를 받은 회중은 그 메시지를 가지고 무엇인가의 방식을 취하게 된다. 예배를 통해 그리스도의 사건을 현재적으로 경험한 그리스도인은 사람들을 새롭게 하여 중심에 서게 하고 역사 속에서의 의미와 목적을 다시 상기시켜 미래를 창조하는 일을 이룬다.

3) 예술을 통한 변혁

로버트 웨버는 예배에서 예술을 중요시하면서 예배와 예술의 관계를 이렇게 말했다. "예배는 결코 예술을 지향하는 것이 아니라 예술을 강화한다. 중요하게 여겨야 할 것은 예수 그리스도 안에서의 하나님의 위대한 구원행위에 대한 축하이다. 예술이 그 메시지를 섬길 때 예술은 우리의 예배를 섬기고 돕게 된다."[508] 이러한 예술에 대한 활용은 선택이 아니라 반드시 시행해야만 하는 명령이다.[509] 예배는 예술의 그 활용을 위한 문화변혁적 과정에서 예술의 실용적 접근을 넘어 복음적 수단으로서의 바른 기능에 한한다. 이것은 예술이 복음이신 예수 그리스도의 성육신적 사건을 위한 상징적 수단임을 의미한다. 따라서 예술은 예배에서 예수 그리스도의 상징으로 다시 태어나게 되며 그 예술은 하나님의 자기계시의 성육신적 사건을 재연한다. 다시 말해서 예술이 이 같은 창조주의 본래적 목적을 실현할 때 예술은 그 자체의 변혁을 낳을 뿐만 아니라 변혁을 이루는 중요한 매개체가 된다. 이것은 예술을 통한 기독교 문화의 예배화, 예배의 문화화라는 예배와 문화의 바른 균형의 실현이라 할 것이다. 예배에서 음악, 미술, 영상, 연극, 드라마, 각종 행위예술 등의 요소들이 하나님의 말씀을 표현하고 생명을 살리는 복음적 가치의 표현물이 될 때 그 자체로 예술의 상업적이고 세속적 수단화를 뛰어넘는 변혁의 창출이라 할 것이다.

4) 문화변혁을 위한 질문

이러한 문화변혁적인 예배를 위해 제기되는 질문들은 '예배 갱신'의 과정에서 함께 고려될 사항들이다.

- 전통적인 예배 요소에서 회중의 참여를 포기시키는 방해 요소가 있는가?
- 현대적인 예배 요소에서 회중을 자기중심적이고 호기심을 자극하고 짜릿한 감각에 취하게 하는 쇼와 오락적 요소가 있는가?
- 교회성장을 위한 방편에서 소비자 중심의 예배 요소가 존재하는가?
- 예배의 문화 예술적인 수용이 예배적 기능에 미치지 못하여 그저 무대와 관객을 위한 퍼포먼스에 그치고 있지는 않은가?
- 복음을 알기 쉽게 소통하기 위한 실용적인 추구가 메타 내러티브인 하나님의 이야기를 예배의 주변으로 내몰고 있지는 않은가?
- 예배에서 초자연적인 신비가 거부당하고 있지는 않은가?
- 시대문화에 대한 예언자적 선포가 이루어지고 있는가?
- 교회력을 대신해 인간을 위한 경축의 요소가 그 자리를 차지하고 있지는 않은가?

5. 성육신적 예배의 교류적 요소

1) 연합과 일치 추구

그리스도의 몸인 교회는 연합과 일치를 지향한다. 그리스도의 몸으로서 교회가 보여주는 것은 그리스도의 몸 된 지체의 다양성인 교회의 하나 됨의 통일성이다. 다양성의 통일성이라는 교회 본질의 불가능한 성취는 예수 그리스도의 성육신적 사건을 통해 궁극적으로 성취하고자 했던 목표이다. 즉, 교회의 연합과 일치는 성육신적 사건의 궁극적 완성이다. 칼 바르트는 교회의 일치를 강조했다. 그는 교회 일치를 교회가 살아있는 공동체의 조건으로 보았으며, 교회의 존재 의미에 대한 상실의 가시화된 위험을 교회 분열이라 했다.[510] 교회의 일치는 하나의 교제이며 공동의 고백이자 신앙과 직제에 대한 인정과 화해를 통해 공동의 삶과 공동의 선교를 지향한다. 그리고 교회의 일치에 대한 추구는 하나의 거룩하고 보편적인 사도적 교회를 향한 우주적 차원의 코이노니아의 실현을 추구한다.[511] 많은 다양성에 내재된 새로운 창조적인 공유와 교회의 하나 됨을 지향하는 예배 교류는 그리스도의 몸의 하나 됨과 예배의 성육신적 사건에 내포된 궁극적 기대를 추구한다.

2) '예배 융합'

예배에서 보편교회로의 인식은 시공간을 초월해서 고대와 미래, 동방과 서방, 현대 예배 등의 다양한 예배에 대한 이해와 대화를 시도하게 된다. 특히 현대 교회의 '예배 전쟁'의 상황에서 '예배 융합'은 또 하나의 현대 예배의 해결과제이며, '예배 갱신'을 위한 필요조건이다. 또한 다양성, 통일성, 질서, 포용성 등을 추구하는 것은 세계화 시대의 요청에 앞서 초대 기독교 예배에서부터 지녀온 예배적 유산이다.[512] 블랜디드 예배는 고대와 미래가 만나고, 전통과 현대가 한 곳에 모이는 수렴점이며 다양한 예배가 융합하는 상호교류적 특징을 가진다. 이것은 교회의 코이노니아적 교류의 확대를 가져오며 각 지역 교회가 각기 가지고 있는 문화적 다양성의 창조적인 공유를 통한 전체 코이노니아의 풍요로움과 나아가 예배 요소로서의 문화적 창조와 확대를 가능하게 한다. 그 같은 사건은 삼위일체 하나님의 연합과 본질적으로 맞닿아 있다. 뿐만 아니라 오순절 마가의 다락방에서 일어난 다민족 언어의 통일성이 보여준 하나님의 임재의 초자연적 역사의 가능성에 대한 기대를 포함하고 있다.

3) 예배 교류를 위한 질문

이러한 예배의 교류적인 기능을 확대하기 위해서 다음과 같은 연구들이 시도될 필요가 있다.

- 초교파적인 교회와의 교류와 왕래를 시도해 보라.
- 지역의 타 교단, 타 교회의 예배에 직접 참석해 보라.
- 지역 교회 목회자들에게서 예배에 대한 그들의 이야기를 들어보라.
- 현대 다양한 유형의 예배에서 블랜디드 예배를 위한 좋은 점을 찾아라.
- 블랜디드 예배의 예전적인 찬송과 현대적인 찬양을 위한 문화적 교류를 고려하라.
- 예배에서 복음을 위한 예술적 표현으로서 음악, 미술, 연극, 드라마, 뮤지컬, 발레, 문학 등을 지역교회와 교류하라.
- 십자가와 세례와 성찬 등과 같은 예배 요소에서의 교회의 일치와 연합요소가 더 많은 예배 요소와 다양한 상징을 통한 의사소통적 도구들을 통해서도 확대될 수 있도록 상호교류와 일치를 위한 노력을 기울이라.

II. 블랜디드 예배 기획의 성육신적 제안

1. 예배 기획을 위한 제안[513]

로버트 웨버는 '예배 갱신'을 위해 새로운 예배를 기획하고자 할 때 예배 기획자들에게 참고할 만한 실제적인 도구들을 일곱 단계로 제안했다.

첫째, 인식의 단계이다. '예배 갱신'을 향한 시작단계는 회중이 그들의 현재적인 예배 경험보다 경험할 더 많은 것이 남아있다는 느낌으로부터다. 이것은 성령의 역사이다. 그런 의식은 예배가 더 깊은 차원에서 드려지고 있는 교회를 방문하거나, 혹은 예배의 개념에 도전을 주는 글과 책에 의해 추동된다.

둘째, 분석의 단계이다. 첫 번째 단계에서 만나고 경험했던 더 만족스러운 예배를 위한 채워지지 않는 갈망으로부터 자란다. 그로 인해 예배자들은 자신의 교회에서 드려지는 예배를 거절하기 시작하고 그때로부터 사람들은 조용한 저항과 다른 교회를 찾아 떠나는 현상을 경험하게 된다. 이러한 이유들로 지역교회는 예배의 모든 국면을 평가와 피드백(feedback)으로 정직한 조언을 허락해야 한다.

셋째, 지식의 단계이다. 처음 두 단계가 교회 안에서 다양하게 일어난 발전을 위한 주관적 차원이라면 이 지식의 단계는 발전을 위한 객관적 차원이다. 이 지식의 단계는 예배의 성서적, 역사적, 신학적 자원을 포함해서 예술을 배우고 커뮤니케이션의 이론을 이해하고, 변화를 소개하는 방법 등의 예배를 위한 방대한 분야를 포함한다. '예배 갱신'은 보편적 교회가 지닌 공통적인 것이면서 지역 교회가 받아들일 수 있는 형식이어야 한다.

넷째, 자원 조달과 관련된 단계이다. '예배 갱신'을 위한 물리적인 자료를 모으는 시기는 얼마만큼의 지식의 양을 획득한 후의 일이다. 정보 수집과 같이 자원 조달은 교회가 점점 성장함에 따라 계속될 것이다. 회중이 예배에 대해 더 많은 지식을 가질수록 질문하는 방식의 수준도 올라가 회중을 돕고자 자연스럽게 예배의 발전을 위한 다양한 자원을 요구하게 될 것이다.

다섯째, 경험의 단계이다. 예배의 새로운 형태를 경험하는 것은 앞선 두 단계와 연계 하에 천천히 소개될 수 있다. 불행히도 어떤 교회는 부정확한 지식과 자원으로 이 단계에 이르기도 한다. 영구적인 변화를 이루어내기 위해서는 정확한 기초를 세워야 한다.

여섯째, 갱신의 단계이다. 회중에게 가장 중요한 시간은 예배를 위해 모이는 그 순간이다. 사람들은 더 이상 수동적인 관람객이 아니고 적극적인 예배자로 "나는 예배를 사랑합니다", "이 예배는 나를 힘 있게 합니다."라는 고백을 그때마다 듣게 될 것이다. 진정한 '예배 갱신'은 예수 그리스도 안에서 하나님의 구원의 사건이 진정으로 경축되고 치유의 사건이 경험될 때이다. 사람들은 예배하고 집으로 돌아가 좌절이나 분노가 아닌 평화를 누리게 된다. 그들은 하나님이 그들을 위해 존재하시고 예수 그리스도께서 실제로 예배 안에 계셔서 그들을 만지시고 치유하시고 그들을 하나 되게 하시는 것을 알게 될 것이다.

일곱째, 항상 개혁하는 단계이다. 살아있는 갱신을 유지하기 위해서는 이러한 과정 속에 회중을 꾸준히 참여시키는 것이다. 일단 회중이 다양한 단계를 거쳐 '예배 갱신'에 들어서게 되면 회중은 예배의 실행을 성실히 주시해야 한다. 개신교의 개혁가들은 이러한 행동의 표현으로 "개혁은 항상 이루어져야 한다(semper reformada)."라고 했다.

2. 모임 예전

1) '모임 예전'의 다양한 예배 형식

비록 모임의 내용과 구조의 역사적인 규칙은 있으나 모임의 스타일을 위한 어떠한 고정된 규정은 없다. 스타일은 항상 특별한 예배 공동체에 의한 적절성의 문제이다. 모임의 외적인 과정은 하나님 존전으로의 부르심이며, 예배 공동체로의 형성이자, 하나님의 초월성을 경험하는 것이고, 하나님 앞에 우리가 죄인임을 인식하는 것과 하나님의 용서의 말씀을 듣는 것이다. 이 과정을 통해 일어나는 내적인 경험은 하나님이 누구이며, 우리는 하나님의 눈에 누구인가를 깨닫는 것이다. 예배 기획자는 주의 깊게 이 두

과정의 내용을 생각해야 하고, 매주 모임의 결과를 꾸준히 재평가해야 한다.[514] 다음은 로버트 웨버가 구분한 전통적인 예배와 현대적인 예배와 블랜디드 예배의 모임 행위의 형식의 구조이다.

표 5) 모임 예전의 흐름과 음악의 사용[515]

진행순서	전통적	현대적	블랜디드
・모임 임재로 이끌림	・오르간 서곡 ・행렬찬송 ・환영인사 ・예배로의 부름 ・기원	・밴드 서곡 ・모임을 성취하는 찬양들 ・적절한 말씀, 교훈, 기도로 섞어 짜여짐	・모임송 ・행렬찬송 ・환영인사 ・예배로의 부름 ・기원
・하나님 찬양	・찬양 Gloria in Excelsis Deo	・찬양곡들	・찬송, 찬송가, 합창단
・관계 세우기	・고백 ・사죄선언	・고백과 확신의 찬양곡들	・고백 ・찬양 ・확신의 응답
・말씀으로 이동	・대표기도(준비된)	・대표기도(즉흥적)	・대표기도 (준비된 혹은 즉흥적)
・평가	전통적인 예배에서 모임은 말씀 지향적	'현대적 예배'에서 모임은 음악 지향적	블랜디드 예배에서 모임은 말씀과 찬양의 조합

2) 모임의 기획에서의 유의사항 [516]

① 모임의 기획으로서 주된 관심은 내용과 구조를 생각하는 것이며 예배자의 경험에 주의를 기울이는 것이다. 스타일의 문제는 그 이후 이어지는 관심사항이다. 인도자는 패턴을 연구하고 영적인 여정이 하나님의 임재로의 여정인지를 기록하고, 모임의 행위에 의해 순서를 잡아야 한다.

• 모임 행위: 서곡, 입례찬송, 환영인사, 예배로의 부름, 기원
  예배자들은 하나님께로 부르심과 천상에서의 하나님의 임재 앞에 서는 느낌을 경험한다. 공동체는 예배하는 공동체가 되도록 부르심을

받는다. 그리고 하나님의 임재의 기원을 드린다. 여기서 예배자는 그의 영적인 생각을 훈련할 필요가 있다.

- 찬양 행위: The Gloria in Excelsis Deo[517] 혹은 찬송가 세트, 하나님 특히 삼위일체 하나님을 칭송하는 노래. 여기서 예배 공동체는 천상에서의 하나님의 그 임재 속으로 인도된다. 예배자는 영적인 상상력을 표현할 필요가 있다.
- 고백과 사죄선언: 용서의 말씀과 함께 역사적인 참회의 기도, 노래와 합창단에 의한 사죄의 말씀, 침묵의 시간과 공동의 고백 등이 있다. 고백과 용서의 시간은 예배자들이 그의 죄를 고백하고 용서와 용납의 말씀을 듣는다. 예배자의 경험은 기쁨의 느낌을 동반한 자유하게 되는 느낌을 받아야 하는 목회적인 특별한 시간이다.
- 대표기도: 준비된 기도문을 사용하거나 즉흥적인 기도로 기도한다. 기도의 내용은 말씀을 섬기기 위한 주제로 이동한다. 하나님 앞에 나아감과 용서의 말씀을 들은 예배자는 이제 하나님이 말씀하시는 것을 들을 준비를 한다. 예배자의 경험은 하나님의 말씀에 열리고 자원하는 마음이어야 한다.[518]

② 내용과 구조 등의 과정에 유의사항은 움직임이 있는 내러티브라는 것을 유념하는 것이다. 프로그램이 되어서는 안 된다. 예배의 프로그램 방식의 접근은 연결이 없다. 영적인 여정이라기보다는 오락적이기 때문이다. 내용의 구조는 올라가는 ∧형태로 하나님의 임재로의 부르심에 대한 이야기로 연속된 흐름을 가지며 말씀을 들을 준비를 갖게 해야 한다. 이러한 이유 때문에 알림의 시간, 선교를 위한 시간, 아이들을 위한 설교, 기타 등등의 순서는 모임에서 나타나서는 안 된다.

③ 모임의 과정에서는 새로운 음악을 소개하는 것도 좋은 아이디어가 아니다. 모임의 행위는 집에서의 평안함의 행위와 유사한 관계를 세우는 과

정이다. 만약 새로운 찬양을 소개하려면 모임 행위가 시작되기 전에 그것을 가르쳐 회중이 그 노래에 평안함을 갖게 하는 것이 좋다.

④ 모임의 주된 주제는 단순히 모이기 위한 것임을 기억한다. 예배 기획자는 말씀의 주제를 모임의 행위에 넣지 않는다.

⑤ 모임의 길이는 모임의 스타일과 예배자의 연령에 따라 다양하다. 많은 교회에서 모임의 길이는 예배자의 경험에 영향을 미치기 때문에 거기에 맞도록 충분한 시간을 갖는다. 여기서 주의할 사항은 비록 모임 행위에서 서 있는 자세가 유용할지라도 모임 순서가 길면 연로한 회중은 불편할 수 있으니 앉도록 허락하는 것이 불편 없이 과정을 경험할 수 있다.

⑥ 개 교회 예배에 맞는 모임의 순서를 전통적, 현대적, 블랜디드 형식 등의 특징에 따라 정한다.

⑦ 교회에서 행했던 최근 예배의 모임 행위를 평가한다. 예배자들의 경험을 평가표와 비교하며 평가하고, 내용과 구조와 경험이 흐름이 있는 내러티브였는지, 주제가 모임에 적절했는지, 예배자를 초월적인 하나님의 임재로 나아가도록 갈망을 돕고 하나님의 말씀으로 이행하도록 했는지 등을 묻는다.

⑧ 교회를 위해 모임 행위를 준비한다. 다음의 양식에 따라 각각의 내용에 따른 예배 행위와 경험의 기대를 준비한다.

내용과 구조	예배의 행위	예배자의 경험
• 모임의 행위	_____	_____
• 찬양의 행위	_____	_____
• 죄의 고백과 사죄의 확신	_____	_____
• 말씀으로 이행	_____	_____

3) 제안을 위한 질문

그 밖의 다음 질문들은 모임 예전에서의 예배 기획을 위해 도움을 줄 수 있다.

- 예배로 부르시는 하나님의 음성이 말씀에서 회중의 영혼에 들려지기 위해 예배 인도자는 어떻게 해야 하는가?
- 예배 기원에서 하나님의 임재를 갈망하는 회중의 마음이 잘 표현되도록 하려면 어떠한 내용으로 표현되어야 하는가?
- 하나님의 '거룩송'에 대한 노래가 초월적인 하나님을 노래하는 천상의 노래의 자리로 회중을 어떻게 이끌게 되는지 그 경험을 디자인할 수 있는가?
- 거룩한 하나님의 영광 앞에 앞도당한 죄인이 어떻게 하나님 앞에서 자신을 숨길 수 없게 되는지를 '고백'에서 표현하고자 할 때 어떻게 해야 하는가?
- 철저하게 좌절하는 인간에게 한량없이 자비로우신 하나님은 인생을 어떻게 만지시고 회복하시는지를 묻고 그러한 체험이 일어나도록 사죄의 말씀을 선포하고 있는가?
- 기도에서 용서받은 회중이 다시 죄인의 자리로 되돌아가지 않게 하려면 어떻게 해야 하는가? 뿐만 아니라 이제 이어지는 말씀 예전으로 들어가는 마음의 준비에 적합한 기도문을 작성하고 있는가?
- 자연스러운 예배의 흐름을 방해하는 불필요한 행동과 예배 요소들은 없는가?
- 예배 인도자와 예배 음악 악기 연주자들이 기술적인 테크닉을 뛰어넘어 하나님을 예배하기 위한 도구로 쓰이고 있는지 묻고 적절히 응답하고 있는가?

3. 말씀 예전

1) 말씀 예전의 다양한 예배 형식

말씀의 예전은 모임 예전에서와 같이 과정이나 여정이 아니다. 선포와 응답의 신학에 기초한 대화이다. 하나님은 말씀하시고 사람들은 응답하는 하나님과 예배자 간의 교환으로 주인과 손님 간의 거실에서의 대화와 같다. 아래의 구조는 보통 교회들은 잘 사용하지는 않지만 말씀 예전에서 수세기 동안 발전된 선포와 응답이라는 두 국면을 담고 있다.

표 6) 말씀 예전의 선포와 응답의 구조[519]

선포	응답
1. 구약성경 봉독	2. 시편 응답(송)
3. 서신서 봉독	4. 알렐루야(송)
5. 복음서 봉독	6. 빛의 기도 혹은 빛의 노래
7. 설교	8. 초대, 교훈송, 사도신경송, 대화식 설교
	9. 합심기도(기도송 후)
	10. 평화의 인사

말씀 예전의 스타일은 특별한 회중을 고려하여 교회마다 전통적인 스타일, 현대적인 스타일, 블랜디드 스타일의 다양한 형식을 취하며 영적인 경험을 그려낸다.

(1) 전통적인 예배

전통적인 교회에서는 초대교회의 선포와 응답의 대화적 접근을 따른다. 전통적인 예배에서 본문을 읽고 그 응답으로 회중은 꾸준히 시편을 노래하고 사도신경과 기도, 평화의 인사를 행한다.[520] 전통적인 말씀 예전은 4

개의 본문을 읽는다. 최근 이에 대한 강조로 성서일과의 회복이 일어나고 있다. 주별 성경읽기의 조직은 교회력에 기초한다.

(2) 현대적인 예배

현대적인 예배에서는 메시지가 예배의 우선적인 행위이다. 일반적으로 목회자는 사람들이 세상에서 그리스도인의 삶을 살도록 어떻게 도울지 말씀을 붙들고 가르친다. 메시지는 종종 실제적이고 자극적이고 도전적이며 드라마를 메시지 앞에 표현하기도 한다. 내용은 그리스도를 구원자로 혹은 하나님께서 치유하시는 말씀을 담고 있다. 그리고 흔히 기도로 끝을 맺는다. 메시지 후에는 솔로 혹은 워십팀의 그리스도께 대한 헌신의 노래가 이어진다.[521] 현대적인 교회의 주된 관심은 예배자들이 삶을 변화시키는 결단을 하도록 도전하는 방식으로 소통한다. 그것의 강점은 매일의 삶에의 즉각적인 적용에 있다. 그것이 오늘날 현대적인 교회에 그토록 많은 사람들이 찾게 되는 가장 중요한 이유이기도 하다.[522]

(3) 블랜디드 예배

전통적인 예배가 형식적이고, 현대적인 예배는 비형식적이라면, 블랜디드 예배는 형식적이기도 하고 비형식적이기도 하다. 모든 다른 예배에서와 같이 블랜디드 예배도 선포와 응답의 형식을 따른다. 블랜디드 예배의 독특한 특징은 말씀을 예배 순서상에서 보다 중심의 자리로 되돌리고 있다. 예를 들어 전통적이고 예전적인 교회에서는 말씀 후에 성만찬이 이어진다. 반면 현대적인 교회에서 말씀은 기도로 마치며 그렇게 예배를 끝맺기도 한다. 블랜디드 예배는 성만찬 혹은 말씀에 응답하는 감사를 대체하는 시간을 포함한 4중 형식을 따른다. 말씀의 4중 형식의 특별한 장점은 하나님께 대한 특별한 감사와 예배자의 필요를 위한 사역의 시간을 제공한다는 것이다. 말씀 예전에서 개인과 가족과 공동체의 삶에 자유와 치유와 전환을 경험하게 한다.[523] 우리는 말씀이 보다 효과적으로 커뮤니케이션할 수 있는 방법을 탐구해야 한다. 말씀에 복종하는 삶을 위한 의지는 말씀의 역동적인 경험으로부터 나오기 때문이다.

2) 말씀 예전의 기획을 위한 제안

(1) 평신도 말씀 봉독 그룹

20세기 커뮤니케이션 혁명의 영향으로 교회가 커뮤니케이션을 더 잘하여 말씀이 살아있게 하려는 필요에 보다 민감하고, 참여의 차원도 높였다. 효과적인 커뮤니케이션을 위해 평신도 말씀 봉독 그룹을 세우는 것이다. 커뮤니케이션의 행동이라 할 수 있는 말씀 봉독 사역에 참여하는 그룹은 말씀을 소통하는 창조적인 방법을 개발해야 한다. 평신도에게 말씀을 봉독하게 하는 전통으로 돌아가는 교회는 평신도들이 실로 얼마나 창조적인지를 발견하게 되고, 말씀 예전에 새로운 깊이를 더하게 된다. 평신도들은 은사를 사용할 기회를 얻고자 하는 좋은 커뮤니케이터들이다. 그들은 말씀이 살아있는 말씀이 되도록 도전한다. 효과적으로 말씀을 전달할 수 있게 하는 방법에도 여러 가지를 생각할 수 있다. 로버트 웨버는 말씀의 효과적인 커뮤니케이션의 역할로서 봉독의 네 가지 방법을 제안했다. 그것은 좋은 봉독, 드라마, 스토리텔링, 무언극이다.[524]

첫째, 좋은 봉독이다. 말씀을 잘 봉독하기 위해서는 적절한 준비로부터 시작된다. 가장 효과적인 봉독은 세 가지 차원에서 그것을 준비하는 것이다. 첫째는 본문을 읽기 위해 기도한다. 그들은 그 주간 매일 기도하며 하나님이 그들에게 말씀하시는 것에 귀를 기울이며 말씀을 반복해서 천천히 읽는다. 둘째는 본문을 연구하고 역사적인 배경에 대해 이해하고 말씀의 다양한 의미와 거기에서 발견된 신학적인 아이디어를 얻는다. 그들이 마음으로 본문을 알고 느낄 때, 그들의 목소리는 확신을 가지게 될 것이며 본문에 대한 보다 명확한 통찰을 얻게 될 것이다. 셋째는 다른 평신도

그룹들과 말씀 읽기를 연습한다. 그리고 그룹의 평가를 듣고 꾸준히 그들의 기술을 향상시킨다.[525]

둘째, 드라마를 통해 본문을 전달하는 것이다. 16세기 르네상스는 드라마를 교회에서 잡아채서 그것을 세속화시켰다. 현대 교회는 최근까지도 드라마의 사용을 꺼려했다. 하지만 드라마의 복원은 다양한 형식으로 여러 교회에서 취해지고 있다. 대부분의 예전적 교회들은 종려주일에 고난의 이야기를 드라마로 표현한다. 현대적인 교회에서는 설교배열 상의 드라마가 설교의 서문으로서 종종 사용된다.[526]

셋째, 스토리텔링(Storytelling)이다. 스토리텔링은 또한 교회에서 새로운 자리를 차지했다. 후기 계몽주의는 커뮤니케이션과 스토리텔링을 통해 이야기, 비유, 유비, 그림으로 표현된 생각을 복음의 도구인 그 자리로 환원시켰다. 복음의 교훈에 관한 스토리텔링은 설교로도 표현된다.[527]

넷째, 무언극이다. 본문을 전달하는 드라마의 또 다른 형식인 무언극을 동반한 말씀읽기이다. 행동으로 나타난 교훈은 이야기를 시각적으로 전달하고 그림이 지속적인 인상을 만들어내는 효과가 있다.[528]

(2) 설교 형식의 변화

설교의 다양한 접근은 '예배 갱신'을 일으켰다. 좋은 예배 기획자들과 분석가들은 꾸준히 커뮤니케이션의 향상을 위해 매주 모여 토론하고 각자의 예배를 평가한다. 예배는 하나님과의 커뮤니케이션의 행동으로 좋은 커뮤니케이션은 좋은 예배의 열쇠가 된다. 말씀 예전의 성공의 열쇠는 하나님과 회중의 효과적인 대화이다. 우리 사회의 커뮤니케이션 방법들은 참석자의 몰입에 초점을 둔 보다 주관적 형식으로 이동했다.[529] 사람들이 그들의 전 존재로 응답하려거든 하나님에게서 오는 커뮤니케이션, 즉 설교 전달의 중요성은 필수적이다. 또한 효과적인 설교 커뮤니케이션은 참석자들이 분리된 청중으로서의 관객이 아니라 개인적 참여자의 상태에 이르게 한다. 그리스도의 사건에 적극적인 참여자가 됨으로써 예배자의 경험은 급진적으로 책임적이 된다.

(3) 설교 후 대화

작은 교회의 경우 설교가 끝난 후 설교자는 모든 회중이 보이는 곳에 준비된 의자에 앉아 회중에게 다음과 같이 질문한다. "하나님이 당신에게 본문과 설교를 통해 오늘 무엇을 말씀하셨나요? 일어나서 모든 사람들이 들을 수 있도록 말씀해 주세요?" 사람들은 여기에 간략하게 응답한다. 이러한 개인적인 응답은 설교 형태가 아닌 증언의 형태이며 그들이 영적 순례에 어떻게 적용할 것인지에 관한 것이어야 한다.[530]

(4) 참여하는 기도

참여하는 기도는 갱신하는 예배에서 사용된 것으로 설교 전 기도, 연도, 이끄는 기도, 원형기도 등을 포함한다.[531] 여기서 이끄는 기도는 설교자가 여는 기도로 사람들을 이끌고 기도의 다양한 영역을 두루 언급한다. 그 후에는 회중의 특별한 필요에 관해 기도하는 형식을 취한다.[532]

(5) 평화의 인사

평화의 인사는 말씀에 응답하는 행위다. 회중이 다른 사람에게 손을 흔들어 인사하거나 포옹하여 표한다. 이 시간은 상징적으로 그리스도께서 우리를 위해 만드신 화해의 장이다. 즐거움의 시간이며 서로에게 사랑의 느낌으로 물리적인 행동을 취해 인사하는 것이다. 자유를 독려하고 친절을 표하며 신앙 공동체의 따뜻함과 사랑을 표현하도록 한다.[533]

표 7) 말씀 예전과 음악의 순서[534]

전통적	현대적	블랜디드

· 구약성경 교훈
· 응답적 시편송
· 서신서 교훈
· 알렐루야
· 복음서 교훈
· 설교
· 사도신경
· 교우들의 기도
· 고백과 결단
· 평화의 인사
	· 말씀 봉독
	· 시편 코러스송, 알렐루야송,
	  (몇 명의 봉독자에 의해)
	· 드라마
	· 메시지
	· 복음서 봉독
	· 솔로나 찬양팀에 의해
	  응답 찬양
	· 평화의 인사
		· 구약성경 봉독
		· 시편송(전통적, 현대적 모두)
		· 서신서 교훈
		· 알렐루야(전통적, 현대적 모두)
		· 빛의 기도송
		· 설교
		· 응답송
		· 교우들의 기도
		· 평화

(6)말씀 예전의 음악

말씀 봉독 사이에 부르는 말씀 봉독송은 시편을 노래하는 초대교회 회당 형식에 기원하고 있다. 오늘날 시편과 같은 노래들은 성가대와 회중에 의해 불린다. '현대적 예배' 운동에서 시편이나 다른 본문의 많은 합창곡들이 말씀 봉독에 대한 응답송으로 사용된다.[535] 그리고 말씀 예전에서 음악의 주요한 역할은 모임 예전에서 찬양을 부르던 '목소리'로부터 이제 하나님의 말씀을 집중하는 '귀'로 이동한다. 그 이동은 말씀을 듣는 중에 있는 회중을 돕는 묵상적인 형식으로 옮겨져야 한다. 말씀 예전의 음악에는 그 구성에 따라 다음의 것들을 포함할 수 있다.

- 성경적 교훈에 관한 노래: 성경적 교훈을 노래하는 것은 회당에서 사용되어 초대교회로까지 전해진 것이다. 말씀송은 일반적으로 고교회(high liturgical church)에서만 발견된다.
- 노래는 말씀 봉독에 응답한다(일반적으로 시편으로).
- 복음서를 읽기 전에 알렐루야송은 봉독을 영광스럽게 하고 회중에게 적절한 중요성을 느끼게 해준다.
- 믿음의 표현을 노래한다. 믿음의 응답은 설교를 잇따른다. 니케아 신조, 사도신경, 믿음의 찬양을 사용한다.

- 초대 혹은 교훈의 노래를 부른다. 믿음을 받고 믿음으로 전환하는 응답은 설교 후에 불린다.
- 교우들의 기도 전에 기도송을 부른다.
- 기도를 노래한다. 챈트 음악은 기도의 분위기를 가장 잘 표현한다.

일반적으로 이러한 기도의 노래는 고교회 예전에서만 찾아볼 수 있다. 말씀 예전에서 음악적 도구는 절제하여 사용하여야 하고 챈트일 때는 거의 사용하지 않는다.[536]

3) 제안을 위한 질문

그 밖의 다음 질문들은 말씀 예전에서의 예배 기획을 위해 도움을 줄 것이라 기대하며 제시한다.

- 말씀 봉독은 평이한가? 하나님의 경이로움을 표현하고 있는가?
- 말씀 봉독에서 회중이 '듣는 말씀'으로가 아닌 '보고 느끼는 말씀'이 되게 하려면 어떠한 예술적 도구와 은사로 표현할 수 있는가?
- 말씀에서 무엇이 증언되어야 할지를 묻고 있으며, 메타 내러티브가 선포되고 있는가?
- 내러티브에 어떠한 성서적이고 그리스도적인 사건이 들리고 보이게 할 것인가?
- 설교를 위해 현대 설교학 운동을 비롯한 변화하는 설교 패러다임에 대한 연구가 이루어지고 있는가?
- 말씀을 돕는 찬양곡은 말씀을 어떻게 돕고 있는가?
- 말씀에 회중과의 커뮤니케이션이 잘 이루어지고 있는가?
- 말씀은 교리적인가, 교훈적인가, 실용적인가, 아니면 하나님의 사건이 이야기되고 있는가에 대한 평가가 행해지고 있는가?

- 교회력과 성서정과가 말씀 예전에서 적용되고 있는가?

4. 성찬 예전

1) 성찬 예전의 형식[537]

예배 기획자들은 성찬 예전의 내용과 구조를 이해할 때 성만찬 예전의 형식은 다양한 문화적이고 상황적인 회중 참여와 병치시킨다. 스타일의 문제는 공간과 음악, 다양한 기도의 형식과 관련된다. 아래의 표는 성찬 예식의 전통적, 현대적, 블랜디드 형식이 어떠한 구조와 내용으로 구성하고 있는지에 대한 대조표이다.

표 8) 성찬 예전과 음악[538]

전통적	현대적	블랜디드
· 찬양의 찬미 · 마음을 드높이 주를 향하여 (Sursum Corda) · 서언기도 · 상투스(Sanctus) · 감사의 노래 · 제정의 말씀 · 환호(Acclamation) · 기념 · 성령의 기원 · 주기도 · 떡을 뗌 · 하나님의 어린양 노래 · 초대와 받음 · 성찬 찬송 · 후주송 (post communion song) · 송영기도로 닫음	· 성찬에 초대하는 노래 · 권고와 양심의 고백 · 감사의 기도 · 아버지의 노래로 찬양 · 아들의 노래로 감사 · 성령의 노래로 기원 · 제정의 말씀 · 떡을 뗌 · 하나님 아들 어린양 노래 · 초대와 받음 · 성찬 합창 · 후주송 (post communion song) · 송영기도로 마침	· 찬양의 찬미 · 마음을 드높이 주를 향하여 (Sursum Corda) · 서언기도 · 상투스(Sanctus) · 감사의 노래 · 제정의 말씀 · 환호(Acclamation) · 기념 · 성령의 기원 · 주기도 · 떡을 뗌 · 하나님의 어린양 노래 · 초대와 받음 · 성찬 찬송 · 후주송 (post communion song) · 송영기도로 닫음

블랜디드 교회의 성찬 예전은 내용과 구조는 유사하지만 전통적인 교회보다는 덜 예전적이며 현대적인 교회보다는 덜 활기찬 형식상의 차이가 존재한다. 예전적인 예배가 주로 기도서를 사용한다면 현대적인 예배는 흔히 합창의 형태를 띤다. 블랜디드 성찬 예전은 기도서와 자유기도를 병행하거나 성가와 합창 모두를 사용한다. 또한 말씀과 찬양의 형태에서 떡과 잔의 강력한 가시적인 이미지를 동반한 형식을 취한다. 따라서 커다란 빵과 잔은 지극히 상징적이다. 빵은 집례자의 손에 들려 올려지고 "이것을 행하여 나를 기념하라."는 말씀과 함께 극적으로 쪼갠다. 그런 다음 잔이 담긴 용기를 모든 사람들이 볼 수 있도록 높이 들어 커다란 잔에 이것을 부어 모두가 보고 듣게 한다. 집례자는 그것을 취하여 "마시라. 이것은 많은 사람의 죄를 위하여 흘리는 용서의 피 곧 언약의 피니라."라고 선언하신다. 그리고 사람들은 화답하여 "이것은 승리의 축제라." 혹은 "이 떡을 먹으라."와 같은 내용으로 노래한다. 노래하는 동안 집례자는 떡과 잔을 그 섬기는 사람들에게 나눈다.[539] 떡과 잔을 나눌 때 합창단과 워십팀이 부르는 성찬송은 고전적인 찬송과 현대적인 노래를 종종 결합하여 부르며, 이러한 음악은 부활의 상징으로 옮겨간다. 그렇게 십자가와 부활을 경험한 예배자들을 그리스도와의 친밀한 관계로 이끈다. 사람들은 떡과 잔을 받고, 희망하는 사람에게는 도유(기름부음)와 손 안수까지를 받는다. 다 받은 후 회중은 찬양을 마치고 침묵 속에서 무릎을 꿇고 부활하신 그리스도와 함께 가졌던 경험을 묵상한다. 그리고 송영기도로 성찬 예전을 마친다.[540]

2) 성찬 예전의 현대적인 변화 [541]

최근 성찬 예전에 대한 학자들의 연구는 성찬 예전의 성서적인 내용과 역사적이고 신학적인 형태와 기쁨과 감사의 표현을 성찬 예전에 복원했다. 이것은 예전의 흐름을 회복하는 것이며 말씀과 떡과 잔의 상징을 적절한 위치에 두는 것이다. 갱신된 성찬 예전은 성서적인 충분한 내용을 아는 것으로부터 시작하여 네 개의 성서적 용어-십자가를 기념하는 주의 만찬(Lord's Supper), 부활을 축하하는 떡을 뗌(Breaking of Bread), 친밀한 관계의 교제인 성찬(Communion), 감사의 성찬(Eucharist)-를 회복하는 것이다.

사실 최근까지 개신교는 'Eucharist'(감사의 성찬)를 거의 사용하지 않았다. 아마도 그것이 가톨릭이 사용하는 단어이고, 개신교가 가톨릭과 얼마나 다른가를 보여주기 위한 의도에서인 듯하다.[542] 결과적으로 개신교는 성찬 예전의 중심인 그 단어가 의미하는 충분한 '감사'를 상실했다. 그러나 감사의 기도에 대한 연구를 통해서 아버지에게 찬양하고 아들에게 감사하고 성령의 임재를 기원하는 이러한 삼위일체적 구조가 성찬에 새로운 활기를 띄게 되었다. 개신교는 또한 떡과 잔을 회중석에 앉아서 받는 수동적인 행동이 앞으로 나와서 받는 상징의 가치를 상실케 했다. 앞으로 나와서 성찬을 받는 행동은 성찬의 참여적인 차원을 증가시켰다. 또한 떡을 뗌(Breaking of Bread)에서 경험되는 부활하신 그리스도의 임재에 대한 새로운 강조는 성찬의 극적인 본질로 이끌었다. 이 모든 발견은 감사의 성찬(Eucharist)에 대한 새로운 경험, 예배의 본래의 즐거움과 치유의 능력을 회복하는 경험으로 이끈다.

개신교는 또한 가톨릭과 거리를 두기 위한 다른 변화를 만들었다. 그들은 예배 전에 성찬을 준비하여 말씀의 예전 내내 덮개를 씌어 둔 채 두게 했다. 이러한 변화는 예배 행위로서 떡과 잔을 가져오는 극적인 행동의 상실을 가져왔다. 예배 전에 식탁을 준비하는 것은 상징의 혼란을 일으키는 결과를 낳는다. 말씀 예전 동안은 본문의 말씀이 지배적인 상징이 된다. 성만찬이 예배 중에 보이게 되면 성찬의 주제는 말씀 예전 속에 섞이게 된다. 그렇게 되면 말씀 예전과 성찬 예전 둘 다의 충분한 의미를 잃게 된다.

'예배 갱신'의 가장 중요한 특징 중의 하나는 성찬 찬송의 회복이다.[543] 성찬송은 성찬에서 기쁨의 회복에 중요한 역할을 했다. 특별히 떼제 공동체로부터 소개된 많은 새로운 성찬 찬송들은 그리스도와의 관계에서 더 깊고 즐거운 참여의 새로움을 제공한다. 이러한 노래들은 공동체의 영혼을 천국의 승리하신 그리스도의 신비로 이끌며, 허물어지는 듯 보이는 세상에서 사람들을 즐거운 희망으로 채운다.

3) 성찬 예전의 새로운 기획

로버트 웨버는 다음의 질문들[544]을 통해 창의적인 예전을 기획할 수도 있다고 제안한다.

1. 당신의 현재 성찬 예전의 내용을 평가해 보라. 다음 중 성찬에 대한 당신의 정의는 신약성경의 어느 용어를 강조하는가?

•주의 만찬   •떡을 뗌   •친밀감   •감사

2. 당신의 성찬 예전은 신약성경 전체를 표현하고 있는가? 성찬의 의미 중 하나 혹은 그 이상에 있어서 부족한가? 표기해 보라.
•십자가에 대한 강조   예□ 아니오□
•부활에 대한 강조   예□ 아니오□
•친밀한 관계에 대한 강조   예□ 아니오□
•감사에 대한 강조   예□ 아니오□

3. 당신의 예배 스타일은 전통적인가, 현대적인가, 블랜디드 형식인가?

4. 성찬 예전의 개정된 계획에 관해 보다 명확한 생각을 갖도록 도움이 될 수 있는 방법으로 성찬 예전의 모든 요소의 목록을 적어 사용할 것들을 체크하고 기록해 보라.
•찬미의 말씀 _____
•성찬 찬송 _____

- 성찬 준비 _____
- 권고와 양심성찰 _____
- 마음을 드높여 주를 향하여(Sursum Corda) _____
- 상투스(Sanctus: 거룩 거룩 거룩) _____
- 감사의 기도 _____
- 성부에게 찬미의 기도 _____
- 성부에게 찬미의 노래 _____
- 성자에게 감사 _____
- 성령의 기원 _____
- 성령께 노래 _____
- 환호송 _____
- 떡을 뗌 _____
- 기념 _____
- 하나님의 어린양의 노래 _____
- 수찬기원 _____
- 성찬송 _____
- 기름부음 _____
- 성찬 후 노래 _____
- 영광의 기도 _____

5. 당신이 성찬 예전을 위한 가능한 내용과 구조와 형식을 결정하고 예배자에게 기대되는 경험을 생각하라. 왼쪽에는 제안하는 예전의 순서를 두고, 오른쪽에는 예배자의 경험을 기록하라.

- 새로운 예전 순서   - 기대되는 예배자의 경험

_____   _____

_____   _____

_____   _____

_____   _____

4) 제안을 위한 질문

그 밖의 다음 질문들은 성찬 예전에서의 예배 기획을 위해 도움을 줄 것이라 기대하며 제시한다.

- 성찬 예전에 나타난 하나님의 성사에 관한 성경적 연구를 토대로 다양한 의미가 전달되고 있는가?
- 성찬에서 떡과 잔을 가져오는 예식 행위에 대한 그 의미의 중요성을 깊이 생각하고 교회 회중과의 충분한 의미에 대한 공유가 깊이 이루어지고 있는가?
- 성찬에서의 상징이 회중과 충분한 소통이 이루어지고 있는가?
- 성찬을 회중이 직접 앞으로 나와서 받는 방식으로 이루어지도록 하기 위해서 고려할 사항으로 회중의 수가 많을 경우 어떠한 방법을 고안할 수 있는가?
- 떡을 떼고 잔을 나누는 성찬 참여의 시간에 천상의 하나님의 임재를 느낄 수 있도록 찬양대의 역할이 적절히 이루어지고 있으며, 찬양의 선곡은 잘 되어 있는가?
- 성찬 예전에서 치유의 기름부음과 치유를 위한 사역이 예전에서 행해지고 있는가?
- 성찬에서 상징에 담고 있는 감사의 예전에 대해 회중은 잘 이해하고 교감하고 있는가?
- 성찬 예전이 1년에 몇 회 행해지고 있으며, 성찬 예전의 회복을 위한 방안을 지속적으로 고민하고 있는가?
- 성찬 예전이 시행되지 못할 때 감사 예전으로서의 대체적인 예배 행

위는 무엇이고, 봉헌 예식과 같은 감사 예전이 더 깊고 진실한 고백으로 표현되기 위한 창의적인 행위에는 무엇이 있는가?

5. 파송 예전

1) 파송 예전의 새로운 인식

예배자들의 경험에서 파송은 비록 가장 짧은 행동이지만, 효과마저 적으리라 생각해서는 안 된다. 예배로 나아가는 행동이 그들이 이루고자 하는 행동이라면, 예배를 마치는 행동은 해결의 경험이어야 한다. 축도로 예배자는 하나님의 임재가 부어지는 경험을 하게 되고 그 임재 안에서 삶을 지속하기로 결단한다. 파송의 노래와 끝맺는 말로서의 파송의 말씀에서 그들은 우리와 함께하시는 하나님에 의해 보냄을 받는다는 의미의 표현을 반복하게 된다.[545] 그리고 이러한 파송에는 댄스, 특별한 음악, 박수와 같은 다양한 행동을 응용할 수 있다.[546]

2) 파송 예전의 새로운 기획

로버트 웨버는 파송 예전의 새로운 기획을 위한 아래와 같은 대조형식을 제안한다.[547]

- 보편적인 형식　　　• 최근의 형식　　　• 기획하려는 형식
- 축도　　　　　　　_____ _____
- 파송의 노래　　　　_____ _____
- 닫는 말씀　　　　　_____ _____

3) 제안을 위한 질문

그 밖의 다음 질문들은 파송 예전에서의 예배 기획을 위해 도움을 줄 것이라 기대하며 제시한다.

- 파송 예전은 어떠한 구조로 구성되어 있으며, 그 구조에 담긴 예배 행위적 표현을 고백해 보라.
- 파송 예전에서 세상으로 나아가는 회중의 삶의 해결에 대해 명확한 이해를 가지고 있는가?
- 축도가 파송하는 회중에게 적절한지 내용을 더 깊이 연구했는가?
- 파송의 말씀에서 회중을 세상에서 승리하는 그리스도인으로 무장시키고 있는가? 빛의 갑옷을 입고 승리의 전신갑주로 무장되어 있는지에 대한 고려가 이뤄지고 있는가?
- 파송의 노래의 선곡은 적절한가? 문화에 속한, 그러나 문화변혁적인 그리스도인으로서 선교지향적 삶에 적절한 축복을 담고 있는가?
- 파송의 찬송은 회중이 세상으로 향해 나아가기에 권세와 역동적인 힘을 싣고 있는가?
- 파송 예전에서 파송의 효과를 높이기 위해 예술적인 요소와 어떻게 결합할 수 있을까?

6. 예배 연구위원회 구성

1) 교회 연합적 연구

블랜디드 예배를 위한 지속적인 연구는 지역교회와의 예배의 소통과 교류의 확대를 위한 필수적인 요구조건이다. 꾸준한 연구를 통해 문화에 대한 해석이 이뤄지고 창조적인 아이디어를 상호 교류하여, 보다 창의적인 예배 기획을 위한 공조적인 노력은 매우 중요하다. 노회 안에 예배 연구 분과 위원회를 구성하거나 지역 시찰회 단위의 연구위원회를 구성하여 꾸준한 '예배 갱신'을 위한 논의와 교류와 연합활동이 그 일환이 될 수 있다. 이를 통해서 개 교회적인 갱신운동이 아니라 범 교회적인 갱신운동으로 뜻을 모을 때 교회는 변화에 대한 저항을 상쇄시킬 수 있으며 회중의 신뢰와 교회의 통일성에 대한 적극적인 의지를 이끌어낼 수 있다.

2) 개 교회적 연구

연구의 또 다른 접근은 교회 내 연구위원회를 통해 꾸준한 예배 연구와 평가와 개선의 노력을 필요로 한다. 한국교회 예배의 갱신을 위해서 개 교회 목회자의 독단적인 행동에 그쳐서는 단연코 한계에 직면하게 된다. 지속적으로 평신도 리더 그룹과 예배 회중과의 의사소통의 과정, 지역문화에 대한 많은 관심과 이해, 지역 교회 교우들 간의 교류 등도 중요한 역할이 될 수 있다. 변화하는 시대문화에 예배의 변화와 갱신을 위해 예배 초월성과 내재성, 예배 변혁과 교류의 균형 있는 연구는 사실 쉽지 않은 연구 과제이다. 이것을 위해서 교회는 예배 연구위원회를 구성하여 예배와 관련한 전문 사역자들과 교회의 평신도 리더 그룹을 예배 변화와 갱신을 위한 연구에 참여시키는 것이 필요하다. 특히 예배 연구를 위해서는 각 분야의 전문인들의 참여가 예배의 실질적이고도 효과적인 기획을 도울 수 있다.

3) 예배 연구위원회 구성

그 실질적인 구성에서 필요한 사항들을 정리해 보면 다음과 같다.

- ■ 예배 신학 연구위원
  - ·예배 신학
  - ·커뮤니케이션
  - ·문화인류학
- ■ 예배 예전 연구위원
  - ·모임 예전팀
  - ·말씀 예전팀
  - ·성찬 예전팀
  - ·파송 예전팀
- ■ 예배 음악 연구위원
  - ·전자악기
  - ·오케스트라
  - ·예전음악팀
  - ·현대적 찬양팀
  - ·전통적 성가대
- ■ 예배 공간 연구위원
  - ·건축
  - ·디자인
  - ·조형물

- ■ 예배 영상과 음향위원
  - ·영상
  - ·음향
  - ·조명
- ■ 예배 예술 연구위원
  - ·드라마
  - ·미술
  - ·행위예술
  - ·문학
  - ·나레이터
- ■ 예배 환경 연구위원
  - ·환경 준비
  - ·안내
  - ·주차
- ■ 지역문화 연구위원
  - ·계층
  - ·문화
  - ·민원

나가는 말

역사는 끊임없는 변화를 거듭해 왔다. 이러한 변화 속에서 교회는 그 변화에 다양한 모습으로 시대에 응답하고 시대를 리드하고자 그 방안을 모색해 왔다. 하지만 역사를 주목해 볼 때 교회가 문화에 대한 응답에 적절치 못했던 과오를 범한 적도 많다. 그렇다면 "현대를 살아가는 그리스도인과 교회는 변화하는 시대문화 속에서 적절히 하나님 앞에 응답하고 있는가? 하나님에 대한 응답적 행위로서 우리의 예배는 어떠한가?"라는 질문이 제기된다. 그 속에서 현대 문화적인 영향 아래 출현한 '현대적'이라 지칭되는 예배에 대한 반성적인 평가와 포스트모던시대 문화에 새로운 대안적 예배를 마련하고자 하는 데 목적에 두고 이 책은 급변하는 현대 사회·문화적 변용을 고려한 다변화 사회에서의 '예배 융합'과 '예배 갱신'의 한 유형으로서 블랜디드 예배를 제안하고 기획을 그 내용으로 기술하였다. 여기서 '예배 융합'이라 함은 '예배 전쟁'에 대한 상대적 개념으로서의 의미와 고대의 예배 정신이 살아있는 현대 예배를 일컫는 전통과 현대가 한 곳으로 모이는 수렴의 의미를 동시에 가진다. 그러한 블랜디드 예배는 예배 갱신의 목적을 가진다는 의미에서 현대 사회·문화에 대한 적절한 대안으로 제시하고 블랜디드 예배의 적용에 필요한 예배 기획에 대한 지침을 제시함으로 블랜디드 예배와 창의적 예배의 확대를 기하고자 했다.

블랜디드 예배를 교회에 적용하여 예배를 기획할 때 우리는 상호 의사소통적인 요소들을 충분히 고려해야 한다. 이러한 의사소통에 관한 중요한 사항들에 대해 몇 가지 제언으로 마무리하고자 한다. 왜냐하면 앞에서 살펴본 바와 같이 예배와 문화 사이의 의사소통에 대한 방법론적인 유형들은 교회가 감당해야 할 선교적 사명을 어떻게 효과적으로 감당할 수 있을지에 크게 영향을 미치기 때문이다. 또한 '현대적 예배'에서 우리가 확인한 바와 같이 예배를 통해 전달하고자 하는 메시지는 전달자가 의미한 것과 수용자가 의미한 것 간의 발생한 해석의 차이가 결국 '현대적 예배'에 대한 맹렬한 비판의 이유가 되기 때문이기도 하다. 게다가 새로운 형식의 블랜디드 예배에 대한 교회 예배 현장에서의 적용도 결국 회중과의 예배 신학의 의사소통에 관한 것이라는 점에서 볼 때, 결국 예배를 통해 하나님이 그의 백성들과의 의사소통적인 행위로서 성육신의 사건이 온전히 재현되기 위해서 우리는 커뮤니케이션의 중요한 원리를 다시 한 번 확인할 필요가 있다.

첫째, 예배 기획을 위해서 교회는 수용자인 회중과의 의미적 소통을 중시해야 한다. 현대 커뮤니케이션 학자들은 의사소통을 하고자 하는 사람에 대하여 그들이 수용자들에게 전달하고자 하는 것은 그들의 마음속에 있는 의미라고 말한다. 그러나 이러한 의미를 메시지로 형식화하여 수용자에게 전달하고 수용자들은 메시지를 듣고 자신들의 마음 안에 의미를 구성한다. 하지만 그것은 전달자들이 의도하는 의미와 일치할 수도 일치하지 않을 수도 있다.[548] 가령 문화를 예로 들 때 문화는 '문화적 형식들'로 구성되어 있다. 그 형식들 안에는 정치, 경제, 교육, 종교, 언어 등의 다양한 문화의 내용을 담고 있다. 그리고 그것은 매개체로서 기능한다. 그런데 이러한 문화적 형식들을 어떻게 이용하느냐 하는 것은 사람들이 그것에 대한 해석의 근거가 된다. 그래서 같은 음악 형식도 젊은 세대에게 의미하는 것과 나이 든 세대에게 의미하는 것은 다를 수 있다. 사람들은 상대방에게 의사를 전달할 때 이러한 의사소통적인 형식에 기초해서 그들의 언어 형식을 선택한다.[549] 복음을 의사소통함에 있어서도 수용자들의 해석은 매우 중요하다. 왜냐하면 사람들은 객관적인 실제에 따르기보다는 그들이 감지하는 실제에 의해 행동하고 반응하기 때문이다.[550] 예배에서 수용자로서 회중과의 의사소통 과정에서 전달자가 의도한 해석을 명확히 전달하기 위해서는 수용자인 회중의 수용적 해석이 충분히 고려되어야 한다. 뿐만 아니라 예배 회중이 집단을 구성하고 있고 그 집단에 대한 헌신이 새로운 의미의 수용에 장애물이 될 수도 있다. 그렇게 될 때 전달자와 수용자 사이에 큰 문화적 간격이 오해의 소지를 마련하게 된다. 따라서 아무리 좋은 메시지일지라도 그것을 회중과 의사소통하기 위해서는 회중의 문화와 관습을 재정의하고 그것을 적극 취하여 의사소통적 의미로 활용하는 것이다.

둘째, 새로운 예배 신학의 원리는 생산되어야 하지만 예배하는 과정에서 충분히 수신자가 인식하는 측면에서 의사소통되어야 한다. 슘클러는 "신학은 항상 새롭게 재해석하는 과정으로 새로운 세대와 새로 복음을 듣는 사람들과 그들의 새로운 사고방식과 문화 유형으로 대화하는 것이다."라고 주장했다.[551] 블랜디드 예배의 가치는 고대의 예배의 정신이 현대적으로 표현된다는 점에서 문화번역적인 속성을 가진다는 데 있다. 이것은 변화하는 시대문화 속에서 끊임없이 요구되는 의사소통의적 방법론의 대안이 된다. 찰스 크래프트는 이러한 효과를 역동적 등가로 표현하여 다음과 같이 그 효과를 이야기했다.

역동적 등가 교회는 먼저 교인들에게 참된 기독교적 의미를 전달하게 되며, 또한 그 사회의 절실한 필요에서 접촉점을 찾아 그 사회 안에서 1

세기 교회가 그 사회에 끼쳤던 것과 동일한 정도로 복음의 영향력을 나타내는 방식으로 기능하고, 가능한 한 거의 토착적인 문화형식들로 자신을 표현한다.[552]

셋째, 의사소통을 위해서는 가장 기초적인 대화의 필요성과 대화를 위한 기구 마련이 필수적이다. 재인 밴(Jane Rogers Vann)은 예배에 관한 대화의 필요성을 적시했다. 어원적으로 '예전'(liturgy)이라는 단어가 가진 '사람들의 일'이라는 의미와 연결지어 오늘날 예전이 교회에서 실재가 되기 위해서 목회자뿐 아니라 평신도 리더들, 예배 인도자들, 그리고 모든 회중이 예배에 관한 사명 및 책임감을 나누도록 해야 한다는 그의 제안[553]은 의사소통의 중요성에 대한 현실적 실천이 될 수 있다. 여기에 대해 대화의 세 가지 단계에 대한 내용을 제안한다. ① 예배에 관한 적합한 대화의 기회를 찾으라는 것이다. 찬양대, 안내위원, 예배위원, 예배보조위원, 성찬위원들과 같은 예배 지도자들의 모임은 물론이고 기타 교회 구성원들과의 모임에서 예배에 관한 대화의 기회를 찾는 것이다. ② 회중에게 예배를 전체적으로 분석할 수 있는 카테고리를 제공하라는 것이다. 카테고리는 우리로 하여금 예배를 '참여하는 사건'으로 이해하도록 도와준다. 이것들은 예배를 역동성 속에서 진행하도록 어떻게 회중이 참여하게 되는지를 알도록 도와준다. 또한 예배를 하나의 사건으로 만드는 예배 요소를 볼 수 있는 안목과 예배 요소가 예배 안에서 서로 상호작용하는 방법을 볼 수 있도록 관점을 제공한다. ③ 회중이 예배에 관한 대화 안에서 적절한 시점에 적절한 질문을 할 수 있는 기술을 갖게 도우라는 것이다. 회중은 참여와 반추를 통해 기독교적인 삶을 배우게 된다. 경험에 대한 반추의 과정은 과거의 사건들을 기술하고, 말씀과 전통의 관점에서 회상으로부터 의미를 분석하고 앞으로 일어날 미래의 사건을 소망하고 계획할 수 있게 한다.[554]

예배는 살아계신 하나님과의 생생한 만남이다. '예배 갱신'은 하나님과의 만남이자 하나님의 그리스도 안에서 행하신 사건의 연속이다. 그 과정에서 하나님은 예배하는 회중을 새롭게 갱신하신다. 그리고 그렇게 우리의 문화는 새롭게 갱신을 이루게 된다. 그래서 예배는 문화변혁적이다.

미주

1. Leonard I. Sweet, *SoulTsunami: Sink or Swim in New Millennium Culture* (Grand Rapids, Mich.: Zondervan, c1999), 17-22.
2. Leonard I. Sweet, *Carpe Manana*, 김영래 역, 『미래 크리스천: 시대 흐름에 뒤쳐지지 않고 변화를 주도하는 크리스천을 위한 미래 생존전략』 (서울: 좋은씨앗, 2005), 22-23, 39.
3. Kevin J. Wanhoozer, *Everyday Theology*, 윤석인 역, 『문화신학』 (서울: 부흥과개혁사, 2009), 49
4. 위의 책, 52-53.
5. 위의 책, 75.
6. Timothy Keller, *Center Church*, 오종향 역, 『센터처치』 (서울: 두란노, 2016), 189.
7. 위의 책, 41.
8. Jim Belcher, *Deep Church*, 전의우 역, 『깊이 있는 교회』 (서울: 포이에마, 2011), 104-05.
9. 교회 마케팅 관련 문헌에 따르면, 불신자를 칭할 때 비그리스도인, 비개종자, 구원받지 못한 자, 아버지와 아직 화해되지 못한 자, 믿음에 이르지 못한 자, 그리스도 밖에 있는 자라는 표현을 쓰는 대신에 교회를 경험하지 않은 자들일 뿐이다.
10. G. A. 프리차드, 『윌로우크릭교회 이야기』, 88-89.
11. Rick Warren, *The Purpose Driven Church*, 김현화, 박경범 역, 『목적이 이끄는 교회: 새들백 이야기』 (서울: 디모데, 2009).
12. 복음주의 목회. 마케팅에 물든 교회 7강. 교회 미경험자와 이미 들어온 사람.
13. Jim Belcher, 『깊이 있는 교회』, 186-87.
14. 위의 책, 190-96.
15. Robert Webber, *The Younger Evangelicals*, 이윤복 역, 『젊은 복음주의자를 말하다』 (서울: 죠이선교회 출판부, 2010), 187.
16. 조기연, "종교개혁자들의 개혁: 얻은 것과 잃은 것," 『신학과 실천』 12권(2007), 129-30.
17. Jim Belcher, 『깊이 있는 교회』, 261-81.
18. Timothy Keller, 『센터처치』, 530-35.
19. H. Richard Niebuhr, *Christ and Culture*, 김재준 역, 『그리스도와 문화』 (서울: 대한기독교서회, 1991), 19-37
20. 위의 책, 19-20.
21. 위의 책, 21.
22. 위의 책, 24-25.
23. 위의 책, 35.
24. 위의 책, 35-37.
25. 위의 책, 40-46.
26. 리차드 니버는 야콥 부르크하르트가 문화를 "물질생활의 향상 또는 정신적 도덕적 생활의 한 표현으로서 자연적으로 일어나는 모든 것의 총칭"으로 정의한 것과 관련하여 문화를 사회적 교류, 기술, 예술, 문학, 과학 등 다양하고 자유로운 영역에 속한 것으로 강제적 권위도, 보편적일 필요도 없는 것으로 이해했으며, 이러한 문화의 최첨단은 언어라 할 수 있고, 그러한 정신의 최전선은 예술에서 발견될 수 있다는 주장을 수용했다.
27. H. Richard Niebuhr, 『그리스도와 문화』, 40.
28. 위의 책, 40-46.
29. 강이 자연이라면 운하는 문화이다. 석영이 자연이라면 그것으로 만든 활촉은 문화이다. 고함지름이 자연적인 것인 반면 언어는 문화적이다. 문화는 인간의 마음과 손이 노력에 의해 고안하고 힘써서 만들어 성취하여 유산으로 물려줄 그것이다.
30. H. Richard Niebuhr, 『그리스도와 문화』, 46.

31. 위의 책, 48, 52.

32. 위의 책, 62-63.

33. 요한일서 2:15, 3:8, 4:10-12, 19-20, 5:4-5, 19 등에 결부되었음을 참조하라.

34. '12사도의 교훈', '헤르마스의 목자', '바나바의 서한', '클레멘트의 제1서한' 등은 그리스도를 문화에서 분리시키는 생활 방식을 말하고 있다. 위의 책, 56을 참조하라.

35. 위의 책, 59-62.

36. 위의 책, 66-70.

37. 위의 책, 89.

38. 위의 책, 91-96.

39. 리츨은 "자연과는 스스로 구별된 인간이라는 점과 자연을 대항 또는 극복함으로 자신을 유지해 가려고 노력하는 인간"을 기정사실화했다. 위의 책, 96-102.

40. 위의 책, 49.

41. 위의 책, 103-06.

42. 위의 책, 49, 124.

43. 위의 책, 125.

44. 위의 책, 128.

45. 위의 책, 131-32.

46. 위의 책, 132-33.

47. 위의 책, 138.

48. 위의 책, 49.

49. 위의 책, 50.

50. 위의 책, 158-59. 리차드 니버는 이원론자들의 역설을 구체적으로 설명한다. 율법 아래 있으나 율법 아래 있는 것이 아니라 은혜 아래 있다. 그는 죄인이지만 의롭다. 그는 의심하는 자 같으나 믿는다. 그는 구원의 확신을 가지고 있으나 마치 칼날 위로 걸어가는 것같이 불안하다. 그는 그리스도 안에서 모든 것이 새로워졌으나 모든 것은 맨 처음의 그것과 같은 것으로 남아있다. 하나님께서는 그리스도 안에 그 자신을 계시하셨으나 계시 안에 그 자신을 숨기고 계신다. 신자는 그가 믿는 이가 누구인 것을 알고 있으나 그는 믿음으로 말미암아 걸으며 보는 것으로 걷는 것이 아니다.

51. 위의 책, 62-63.

52. 위의 책, 166-67.

53. 위의 책, 171-74. 루터는 이에 관하여 '긴장성'이라는 표현을 사용하였다. 그 긴장은 자신이나 자기 소유물에 대한 책임에 있어서는 이웃사랑의 법을 실천할 것이나, 분노하는 대적에게서 타인들을 보호하기 위한 분노의 도구로 사용될 때에 이웃을 침해하는 자에게 폭력을 사용하여 그들을 방어하는 것이 하나님께 순종하는 것이라고 했다.

54. 위의 책, 175-76.

55. 위의 책, 179.

56. 위의 책, 50.

57. 위의 책, 191-95.

58. 위의 책, 200-03.

59. 위의 책, 207-14.

60. 위의 책, 216-17.

61. D. A. Calson, *Christ and Culture Revisited*, 김은홍 역, 『교회와 문화, 그 위태로운 관계: 리처드 니버의 『그리스도와 문화』를 재조명하다』 (서울: 국제제자훈련원, 2013), 30-36.

62. G. Marsden, "Christianity and Cultures: Transforming Niebuhr's Categories," *Insights: The Faculty Journal of Austin Seminary*, Fall, 1999, 1-5. 성석환, "다원주의 사회에서 기독교 문화 변혁에 대한 해석학적 연구" (미간행박사학위논문, 장로회신학대학교, 2009), 93-95.

63. James Gustafson, "Preface: An Appreciative Interpretation," in *Christ & Culture* (2001,

the 50th anniversary edition), xxxi. 위의 책, 95-96에서 재인용.

64. 임성빈, 『21세기 문화와 기독교』 (서울: 장로회신학대학교출판부, 2004), 49.

65. 성석환, "다원주의 사회에서 기독교 문화변혁에 대한 해석학적 연구", 141-45.

66. Geoffrey Wainwright, Doxology: *The Praise of God in Worship, Doctrine, and Life* (New York: Oxford University Press, 1980), 389-90.

67. 위의 책, 390.

68. 위의 책, 390-91.

69. 위의 책, 391.

70. 위의 책.

71. 위의 책, 392.

72. 위의 책.

73. 위의 책, 393.

74. 위의 책, 393-94.

75. 위의 책, 394.

76. 위의 책, 394-97. 제도적 교회는 많은 현실적인 질문에 직면해 있다. 이미 교회 유산으로 내려온 어떠한 면에서는 관행이 되어버린 유아세례에 대해서, 세례 받은 불신자에 관해서, 이혼이 일반화되고 성윤리와 가정윤리가 엉망진창인 사회 속에서 단지 통과의례라 할 수 없는 교회 결혼식에 관해서, 장례식과 추모식에 참석한 복음을 무시하고 거부하는 사람들에게 무슨 말을 해야 할지에 대해서 교회는 적절한 대답을 요구받고 있다. 한겨울의 축제가 되어버린 크리스마스, 성령강림절을 봄 공휴일로 공표한 영국국회, 추수감사절이 공예배에 가끔 참석하는 사람들에게 가장 인기 있는 예배가 되어버린 영국교회 오늘의 현실, 한여름의 테마는 흥하는 반면 세례요한의 탄생기념일은 시들해지는 스웨덴의 상황 등은 현재 서방 교회가 겪고 있는 해결과제의 일들이다.

77. 위의 책, 395.

78. 위의 책, 397-98.

79. Charles H. Kraft, *Christianity in Culture*, 임윤택, 김석환 역, 『기독교와 문화』 (서울: 기독교문서선교회, 2006), 189.

80. 위의 책, 192.

81. 위의 책, 193-94.

82. 문화인류학자들 대부분을 포함한 이 입장의 지지자들은 전 세계의 모든 문화권이 하나님에 대한 나름대로의 명칭이나 다른 표현을 가지고 있음을 그 근거로 제시한다. 위의 책, 195.

83. 위의 책, 195-96.

84. 위의 책, 196-97.

85. 위의 책.

86. 위의 책, 198-200.

87. 위의 책, 200.

88. 위의 책, 201.

89. 위의 책, 203.

90. 위의 책, 204-05.

91. 위의 책, 205-07.

92. 위의 책, 206-07.

93. 위의 책, 208-09.

94. 위의 책, 445.

95. 위의 책, 461.

96. 위의 책, 443-52.

97. 위의 책, 453-59.

98. 토마스 쿤(T, Kuhn)이 패러다임의 전환으로 초래된 '과학혁명'을 논할 때에도 "커뮤니케이션이 단절

된 상황에 처하여 있는 사람들이 할 수 있는 것은 다른 사람들을 각각 언어가 다른 공동체에 속한 사람들이라는 사실을 인식하고 스스로 번역자들이 되는 것"이라 했다.

99. Charles H. Kraft, 『기독교와 문화』, 519.
100. 위의 책, 552.
101. Charles H. Kraft, *Anthropology for Christian Witness*, 안영권, 이대현 역, 『기독교 문화인류학』(서울: 기독교문서선교회, 2005), 886.
102. 주종훈, "예배, 문화, 그리고 신학의 통합적 접근을 통한 예배신학의 새로운 발전", 『복음과 실천신학』제27권 (2013년 봄호), 53-54.
103. Anscar J. Chupungco, *Cultural Adaptation of the Liturgy* (New York : Paulist, 1982), 81.
104. 위의 책.
105. 위의 책, 82.
106. 위의 책, 83.
107. 위의 책, 84.
108. 위의 책, 85.
109. 실례로 민속혼례의 경우 사제의 축복을 받으며 올린 예식을 성사라고 선언했을 때의 충격이나 기독교 이전 예식을 로마전례 혼인 예식으로 토착문화화하여 혼인을 신학적으로 빈약하게 만들 위험 등을 예증으로 들 수 있다.
110. "Dichingham Report" in *World Council of Church*, Ditchingham, England (August 1994), no. 36-44. https://www.oikoumene.org/en/resources/documents/wcc- programmes/ecumenical-movement-in-the-21st-century/member-churches/special-commission-on-participation-of-orthodox-churches/sub-committee-ii-style-ethos-of-our-life-together/ditchingham-report-faith-and-order [2017. 9. 25. 접속]
111. "Dichingham Report," no. 38.
112. "Dichingham Report," no. 37.
113. "Dichingham Report," no. 38.
114. "Dichingham Report," no. 39.
115. "Dichingham Report," no. 41.
116. "Dichingham Report," no. 42
117. "Dichingham Report," no. 43.
118. "Dichingham Report," no. 44.
119. Gláucia Vasconcelos Wilkey, ed. *Worship and Culture: Foreign Country or Homeland?* (William B. Eerdmans, 2014), 137.
120. 위의 책, 141.
121. 위의 책, 138-39.
122. 위의 책.
123. 위의 책.
124. 위의 책, 139-41.
125. 위의 책.
126. 위의 책, 139-40.
127. 위의 책, 140.
128. 위의 책.
129. 위의 책.
130. 위의 책, 140-41.
131. 위의 책, 141.
132. 팀 켈러, 『센터처치』, 40.
133. Elmer Towns, *Putting an End to Worship Wars*, 이성규 역, 『예배 전쟁의 종결』(서울: 도서출

판 누가, 2009), 24.

134. 위의 책, 27-28.

135. Stanley J. Grenz, *Postmodernism*, 김운용 역, 『포스트모더니즘의 이해』 (서울: WPA, 2010), 27-28.

136. 위의 책, 28-29.

137. 위의 책, 135-38.

138. 위의 책, 32.

139. 여기에 해당하는 대표적 철학자로는 프랑스 철학자 자크 데리다(Jacques Derrida), 미셸 푸코 (Michel Foucault), 리처드 로티(Richard Rorty) 등이 있다.

140. Stanley J. Grenz, 『포스트모더니즘의 이해』, 158.

141. 위의 책, 33-37.

142. Ihab Hassan, "The Culture of Postmodernism," in *Theory, Culture and Society*, 2 (1985): 123-24; Gene Edward Veith, Jr., *Postmodernism*, 홍치모 역, 『포스트모더니즘의 세계: 도전 받는 크리스찬』 (서울: 아가페문화사, 2004), 51-52를 참조하라.

143. 이문균, 『포스트모더니즘과 기독교 신학』 (서울: 대한기독교서회, 2000), 79.

144. Stanley J. Grenz, 『포스트모더니즘의 이해』, 46-48.

145. 위의 책, 48-49.

146. 포스트모던적 다원론은 상대주의적 다원론의 특징을 가지며 이전의 다원론과는 달리 개인주의적 특성이 강하다. 이러한 경향은 개인적 취향과 선택이 모든 것이자 최종적인 것으로 '자신의 것', '자신의 권리'를 강조하게 된다.

147. Jean-Francois Lyotard, *The Postmodern Condition: A Report on Knowledge*, 이현복 역, 『포스트모던적 조건: 정보 사회에서의 지식의 우상』 (서울: 서광사, 1992), 14.

148. 위의 책, 90-96. 양자이론(quantum theory)과 상대성이론(relativity theory), 워너 칼 하이젠베르크(Werner Karl Heisenberg)의 불확정성의 원리와 같은 최근의 발전은 과학의 또 다른 한계를 드러내며 세계를 이해할 수 없는 신비로 받아들일 수밖에 없게 되었다. 이러한 과학적 메타내러티브의 상실에 관해 포스트모던인들은 한편 통일성보다 차이를 더 선호하는 포스트모던 사고의 경향으로 인해 모던시대의 지배로부터 벗어나는 자유를 기뻐하는가 하면, 의견의 불일치는 위대한 발명과 지식에 있어서의 혁명을 열게 되었다고 평가하기도 한다.

149. Stanley J. Grenz, 『포스트모더니즘의 이해』, 117-19.

150. 위의 책, 59-61.

151. 위의 책, 62-66.

152. 이문균, 『포스트모더니즘과 기독교 신학』, 62.

153. Stanley J. Grenz, 『포스트모더니즘의 이해』, 66-72.

154. 위의 책, 78-82.

155. 신국원, 『포스트모더니즘』 (서울: IVP, 1999), 138.

156. Nicolas RIOU, *Societe Postmoderne et Nouvelles Tendances Publicitaires*, 『포스트모더니즘 사회와 광고 놀이: 포스트모더니즘 사회와 새로운 광고의 경향』 (서울: 연극과 인간, 2003), 213-28.

157. Bryan D. Spinks, *The Worship Mall: Contemporary Responses to Contemporary Culture* (New York : Church Pub, 2011), xvii-viii.

158. 소비자사회란 소비라는 행위가 사회의 중심적 기능을 수행하고 사회적 관계를 형성하는 기본 매개 역할을 하는 사회를 의미한다. 대중소비사회는 일반대중이 소비의 적극적인 주체가 된다는 공통분모를 가지는 반면, 그들 각자는 사회공동의 목적이나 바람직한 지향을 위해서가 아니라 각자의 취향이나 만족, 경우에 따라서는 반사회문화적인 성향에 따라 소비하는 것을 의미한다. 소비자 문화란 큰 틀에서 소비문화에 속한 것으로 소비문화가 소비와 관련된 전반적인 문화를 의미한다면, 소비자문화는 소비자가 전략적으로 소비를 구성하는 주체의 존재로 인식되며 구매행위를 주

체적으로 재구성한다는 저항의 의지가 내포된다. 김민정, 김성숙, 『소비문화와 트렌드』 (대구: 태일사, 2005), 13-24.

159. 위의 책, 17-18.

160. Mike Featherstone, *Consumer Culture & Postmodernism*, 정숙경 역, 『포스트모더니즘과 소비문화』 (서울: 삼광인쇄, 1999), 31-32.

161. 김민정, 김성숙, 『소비문화와 트렌드』, 20.

162. Mike Featherstone, 『포스트모더니즘과 소비문화』, 174.

163. 사람들은 다른 사람과의 차별화를 위해 소비를 확대하는데, 이러한 소비확대과정은 동질화, 모방, 차별화라는 단계가 시간차를 두고 심리적 반응에 의해 형성된다.

164. 여기에 대해서 Douglas Kellner, *Media Culture: Cultural Studies, Identity, and Politics Between the Modern and the Postmodern*, 김수정, 정종희 역, 『미디어 문화』 (서울: 새물결, 2003)을 참조하라.

165. James B. Twitchell, *Adcult USA* (New York: Columbia University, 1996). 최승근, "소비주의 문화에서의 교회력 사용", 『복음과 실천신학』 (2013년 봄호), 155에서 재인용. 소비주의 문화 속에서 광고의 역할은 역사 속에서 종교가 해왔던 역할과 유사하다. 광고와 종교 모두 인간의 욕망에 대한 본성, 그 욕망을 표출하는 방법, 무언가와 관계를 세우는 것, 구원에 대한 의미 등을 제공한다는 점에서 그러하다.

166. Bryan D. Spinks, *The Worship Mall: Contemporary Responses to Contemporary Culture*, xvi.

167. 김민정, 김성숙, 『소비문화와 트렌드』, 20.

168. 위의 책, 24-25.

169. Mike Featherstone, 『포스트모더니즘과 소비문화』, 135.

170. 위의 책, 172.

171. 위의 책.

172. 위의 책, 173.

173. 여기에 대해서 Dell deChant, *The Sacred Santa: Religious Dimensions of Consumer Culture* (Cleveland: Pilgrim, 2002)를 참조하라.

174. 최승근, "소비주의 문화에서의 교회력 사용", 『복음과 실천신학』 (2013년 봄호), 155-56.

175. John F. Kavanaugh, *Following Christ in a Consumer Society*, 박세혁 역, 『소비사회를 사는 그리스도인』 (서울: 한국기독교학생회출판부, 2011), 90, 94.

176. 김운용, 『예배, 하늘과 땅이 잇대어지는 신비』 (서울: 장로회신학대학교출판부, 2015), 62.

177. 황진주, 여정성, "근거이론적 접근을 통한 소비자중심경영 연구", 소비자정책교육연구(2014. 3) 제10권 1호, 47-48, 65.

178. 김민정, 김성숙, 『소비문화와 트렌드』, 16.

179. 황진주, 여정성, "근거이론적 접근을 통한 소비자중심경영 연구", 65.

180. 위의 책, 47.

181. 김운용, 『예배, 하늘과 땅이 잇대어지는 신비』, 63-66.

182. Marva J. Dawn, *Reaching Out Without Dumbing Down*, 김운용 역, 『예배, 소중한 하늘 보석』 (서울: WPA, 2017), 60-62.

183. Bill McKibben, "Returning God to the Center: Consumerism and the Environmental Threat," in *The Consuming Passion: Christianity and the Comsumer Culture*, ed. Rodney Clapp (Downers Grove. IL: InterVarsity Press, 1998), 47.

184. John F. Kavanaugh, 『소비사회를 사는 그리스도인』, 48-49.

185. 위의 책, 56.

186. 위의 책, 52.

187. Rodney Clapp, "The Theology of Consumption and Consumption of Theology: Toward a

Christian Response to Consumerism," in *The Consuming Passion: Christianity and the Comsumer Culture*, ed. Rodney Clapp, 169-204.

188. M. Dawn, *A Royal 'Waste' of Time*, 김병국, 전의우 역, 『고귀한 시간 '낭비'』 (서울: 이레서원, 2004), 161-62.

189. 위의 책, 26.

190. Marva J. Dawn, 『예배, 소중한 하늘 보석』, 64.

191. Marva J. Dawn, 『고귀한 시간 '낭비'』, 41-42.

192. 최창섭, 『교회커뮤니케이션』 (서울: 성바오로출판사, 1993), 25-26.

193. R. Applebaum, *Fundamental Concepts in Human Communication* (Canfield Press, 1973), 부록. 위의 책, 26에서 재인용.

194. W. F. More, "What is Communication?," in *Communication-Learning for Churchmen*, ed. B. F. Jackson. Jr., (Nashville and New York: Abingdon Press, 1968), 28.

195. 최창섭, 『교회커뮤니케이션』, 13-15.

196. W. F. More, "What is Communication?," 13.

197. 위의 책, 24-29.

198. 최창섭, 『교회커뮤니케이션』, 54-56. 비언어적 커뮤니케이션은 유사언어, 기호언어, 제스처와 몸짓, 대상언어, 접촉언어, 커뮤니케이션으로서의 공간과 시간으로 구분된다. 유사언어라 함은 말 속에 숨어 있는 정보로서 목소리의 톤이나 어떤 단어에 대한 강조, 억양, 문장에서의 쉼 등을 들 수 있다. 기호언어는 제스처에 의한 말의 보충설명이나 숫자, 구두점 등 모든 형태의 기호화된 행위가 포함되며, 행동언어에는 모든 제스처나 자세와 태도, 얼굴 표정, 즉 옷의 차림새나 방의 장식, 머리 스타일 등이며, 접촉 커뮤니케이션은 신체적 접촉에 의한 커뮤니케이션으로 가장 원초적이고 기본적인 형태이고, 커뮤니케이션으로서의 공간과 시간은 문화가 창조하는 거리와 시간에 대한 의미를 말한다.

199. 언어적 커뮤니케이션과 비언어적 커뮤니케이션의 %에 대한 내용.

200. 최창섭, 『교회커뮤니케이션』, 54-56.

201. 위의 책, 56-57.

202. 위의 책, 58.

203. M. McLuhan, *Understanding Media*, 박정규 역, 『미디어의 이해: 인간의 확장』 (서울: 커뮤니케이션북스, 2002), 478-82.

204. 위의 책, 1-2, 23-25.

205. 최창섭, 『교회커뮤니케이션』, 28.

206. Pierre Babin, 『종교 커뮤니케이션의 새 시대』, 21-24.

207. Marva J. Dawn, 『예배, 소중한 하늘 보석』, 56-60.

208. 최창섭, 『교회커뮤니케이션』, 98.

209. 위의 책, 96-98. 무비판적 텔레비전의 시청이 인간의 기호를 말살하고, 무비판적인 도로의 건설이나 자동차의 제작은 보행의 가치를 상실하게 하며, 무비판적인 컴퓨터의 이용이 프라이버시(privacy)에 대한 인간의 자유를 말살시키는 결과와 같은 것이다.

210. 위의 책, 95. 자크 엘룰(Jacques Ellul)은 이러한 기술적 변용에 의한 사회적 선전효과를 세 가지로 구분지어 말한다. 먼저, 매스 미디어 밑에서 인간은 이렇듯 비판 능력을 상실하고, 비판 능력을 상실한 사회에서 그들이 수행하는 임무가 좋은 것이라고 확신시켜 줌으로써 '선량한' 사회적 양심이 나타나며, 그리고 이러한 커뮤니케이션 기술과정은 그 자체로 신성한 것이 되어간다는 것이다.

211. Pierre Babin, 『종교 커뮤니케이션의 새 시대』, 73-74.

212. Harvey Cox, *The Seduction of the Spirit*, 김민수 역, 『영혼의 유혹』 (서울: 동호서관, 1980), 249.

213. M. Dawn, 『고귀한 시간 '낭비'』, 122-24.

214. 위의 책, 126.

215. 위의 책, 185-86.

216. Pierre Babin, *The NEW ERA in Religious Communication*, 유영난 역, 『종교 커뮤니케이션의 새 시대』 (서울: 분도출판사, 1993), 222.

217. 위의 책, 21-22.

218. 위의 책, 23-24.

219. 위의 책, 24-25.

220. 위의 책, 31. 앤디 랑포드는 이 책에서 고전적 예전 전통에는 알렉산드리아 전통, 서방 시리아 전통, 동방 시리아 전통, 바실리아 전통, 비잔틴 전통, 로마 전통, 갈리아 전통 등 기원지나 창시자에 따라 분류된 일곱 가지의 전통이 있으며, 개신교 전통으로는 재세례파 전통, 개혁교회 전통, 성공회 전통, 루터교 전통, 퀘이커 전통, 청교도 전통, 감리교회 전통, 프론티어 전통, 오순절 전통 등 최소 아홉 가지 전통이 존재한다고 소개한다.

221. William M. Easum, "Worship in a Chnging Culture," in *Contemporary Worship: A Sourcebook for Spirited-Traditional, Praise and Seeker Services*, ed. Tim and Jan Wright (Nashville: Abingdon Press, 1997), 32.

222. 유재원, 박사학위논문을 참조하라.

223. Daniel Benedict, Craig Kennet Miller, *Contemporary Worship for the 21st Century: Worship or Evangelism?* (Nashville: Disciples Resources, 1994), 18-20.

224. 블랜디드 예배(Blended Worship)가 '혼합예배' 혹은 '통합예배' 등으로 다양하게 번역되고 있어서 필자는 본고에서 이를 '블랜디드 예배'로 통일시켜 명명하기로 한다.

225. Andy Langford, *Transitions in Worship*, 전병식 역, 『예배를 확 바꿔라』 (서울: 도서출판 kmc, 2005), 31.

226. Paul A. Basden, ed., *Exploring the Worship Spectrum: 6 Views* (Grand Rapids: Zondervan, 2004). 이 책은 폴 잘(Paul Zahl), 해롤드 베스트(Harold Best), 죠 호네스(Joe Horness), 단 윌리엄스(Don Williams), 로버트 웨버, 샐리 모겐셀러(Sally Morgenthaler) 이상 여섯 명에 의해 각기 하나의 예배 유형에 관하여 저술한 글을 폴 바스덴이 편집한 책이다.

227. Andy Langford, 『예배를 확 바꿔라』, 65-66.

228. 위의 책, 68.

229. William M. Easum, "Worship in a Chnging Culture," in *Contemporary Worship: A Sourcebook for Spirited-Traditional, Praise and Seeker Services*, ed. Tim and Jan Wright, 17.

230. Elmer Towns, 『예배 전쟁의 종결』, 39-40.

231. Michael S. Hamilton, "The Triumph of the Praise Songs: How Guitars Beat Out the Organ in the Worship Wars," in *Worship at the Next Level: Insight from Contemporary Voices*, ed. Tim A. Dearborn, Scott Coil (Eugene, OR: Wipf & Stock, 2015), 76-77.

232. 위의 책, 77-82.

233. Andy Langford, 『예배를 확 바꿔라』, 40-42.

234. Joe Horness, "A Contemporary Worship Response," in *Exploring the Worship Spectrum: 6 Views*, ed. Paul A. Basden, 80.

235. 팀 라이트는 만일 '현대적 예배'의 중심이 복음에 뿌리를 두고 있지 않다면 '현대적 예배'는 단지 쇼(show)가 될 것이라고 했다. 하지만 만일 '현대적 예배'가 복음을 나누는 수단으로 보인다면 '현대적 예배'는 사람들에게 다가가기 위한 역동적이고 강력한 수단이 될 것이라고 했다. 효과적인 '현대적 예배'란 드럼이나 팝음악, 드라마가 아니라 그것들은 메시지를 나누는 수단에 불과할 뿐 예수의 메시지가 적절히 소통됨을 통해 사람을 움직이게 된다는 것이다. Tim Wright, "Historic truths in contemporary Packaging," in *Contemporary Worship: A Sourcebook for Spirited-Traditional, Praise and Seeker Services*, ed. Tim and Jan Wright, 28.

236. Tim Wright, "Defining Contemporary Worship," in *Contemporary Worship: A Sourcebook*

for Spirited-Traditional, Praise and Seeker Services, ed. Tim and Jan Wright, 23-26.

237. 이를테면 구속, 칭의, 은혜, 사죄선언과 같은 추상적인 개념의 친숙하지 않은 종교적 언어나, 키리에 (Kyrie)와 같은 기도문구나 신조, 예복 등의 그들이 알지 못하는 종교적 전통, 우리가 부르는 그들이 이해할 수 없는 종류의 찬송들이 해당된다.

238. Tim Wright, "Making the Gospel Accessible Through Worship," in Contemporary Worship: A Sourcebook for Spirited-Traditional, Praise and Seeker Services, ed. Tim and Jan Wright, 21-22. 여기에 대한 타당성으로 히브리서 2장 14절 "자녀들은 혈과 육에 속하였으매 그도 또한 같은 모양으로 혈과 육을 함께 지니심은…."에 지칭된 예수를 주목할 것을 요구한다.

239. John M. Frame, Contemporary Worship Music: a Biblical Defense (Phillipsburg, N.J. : P&R Pub, 1997), 47-48.

240. 팀 라이트는 이러한 특징과 관련하여 프리젠테이션 예배(Presentation Worship)라는 용어를 사용했다. 이는 대부분의 행동이 무대에서 이뤄지는 예배로 청중은 예배 활동적인 참여가 매우 적고 음악, 드라마, 인터뷰, 메시지가 방문자에게 그들의 필요에 맞게 전해진다. 여기에 청중은 박수, 웃음, 눈물을 통해 메시지에 반응하게 된다. 여기에 대해 Tim Wright, "Defining Contemporary Worship" in Contemporary Worship: A Sourcebook for Spirited-Traditional, Praise and Seeker Services, ed. Tim and Jan Wright, 26을 참조하라.

241. William M. Easum, "Worship in a Changing Culture," in Contemporary Worship: A Sourcebook for Spirited-Traditional, Praise and Seeker Services, ed. Tim and Jan Wright, 18.

242. Daniel Benedict, Craig Kennet Miller, Contemporary Worship for the 21st Century: Worship or Evangelism?, 7.

243. 위의 책, 10.

244. 위의 책, 40-41.

245. 위의 책, 10-16.

246. Joe Horness, "Contemporary Music-Driven Worship," in Exploring the Worship Spectrum: 6 Views, ed. Paul A. Basden, 105-06.

247. 위의 책, 102.

248. 위의 책, 105.

249. Andy Langford, 『예배를 확 바꿔라』, 35.

250. 위의 책, 44-45.

251. 앤디 랑포드는 전통적인 찬송가와 찬양예배에서 불리는 현대 가스펠송과의 차이를 나눠 말했다. 그에 따르면, 전통적인 찬송가는 풍부하고 복잡한 음악적 틀 속에서, 성경에 대한 강렬하고도 시적인 가사들에 초점을 맞출 뿐만 아니라 누구에게나 친숙한 기존의 신앙과 성경을 신자들에게 전해준다는 것이다. 그리고 이러한 전통적인 찬송가의 가사와 곡은 신자들의 묵상과 진지한 신학적 숙고를 위한 도구가 된다. 반면에 그런 부분에 관심이 없는 현대적인 가스펠송은 대개의 경우, 가사가 짧고 성경에서 직접 인용된다. 대부분 사성부의 화음이 없을 뿐 아니라, 전통적인 찬송가의 평박보다는 당김음을 많이 사용하는 등 아프리카계 미국인들의 영성, 천막 부흥집회의 찬양, 19세기 가스펠송, 히스패닉 찬양 등과 같은 음악 전통에 서 있다고 할 수 있다. 그런데 예전적인 교회들이 점차로 가스펠송을 예배 속으로 활용함에 따라 새롭게 만들어지는 찬양들 중에는 성만찬, 세례, 교회력의 절기 등을 위한 곡들도 많다. Andy Langford, 『예배를 확 바꿔라』, 46-48을 참조하라.

252. Joe Horness, "Contemporary Music-Driven Worship," in Exploring the Worship Spectrum: 6 Views, ed. Paul A. Basden, 102-03.

253. Cathy Townley, "Selecting Songs and Choruses for Contemporary Worship Service," in Contemporary Worship: A Sourcebook for Spirited-Traditional, Praise and Seeker Services, ed. Tim and Jan Wright, 85-88.

254. Andy Langford, 『예배를 확 바꿔라』, 46.

255. Joe Horness, "Contemporary Music-Driven Worship," in *Exploring the Worship Spectrum: 6 Views*, ed. Paul A. Basden, 109.

256. 위의 책, 110.

257. 위의 책.

258. Ronald P. Byars, *The Future of Protestant Worship: Beyond the Worship Wars* (Louisville, London: Westminster John Knox, 2002), 17-18.

259. Joe Horness, "Contemporary Music-Driven Worship," in *Exploring the Worship Spectrum: 6 Views*, ed. Paul A. Basden, 106.

260. Willow Creek Community Church, *Willow Creek Community Church Leader Handbook*, 강정진 역, 『이것이 윌로우크릭 커뮤니티 교회이다』 (서울: 한국로고스연구원, 1996), 82-83.

261. 위의 책, 83.

262. 위의 책, 76.

263. 위의 책, 220.

264. 위의 책, 78.

265. 불신자들은 예배가 어떻게 믿는 자들을 격려하고 힘을 주며 변화시키는지를 감지할 수 있다. 또한 하나님께서 예배 중에 초자연적으로 역사하실 때 그들이 그것을 설명할 수는 없어도 느낄 수는 있다. 위의 책, 272.

266. 위의 책, 270-80.

267. 위의 책, 78-80.

268. Elmer Towns, 『예배 전쟁의 종결』, 100-01.

269. Rick Warren, 『목적이 이끄는 교회 새들백교회 이야기』, 283-310.

270. Willow Creek Community Church, 『이것이 윌로우크릭 커뮤니티 교회이다』, 80-81.

271. Rick Warren, 『목적이 이끄는 교회 새들백교회 이야기』 (서울: 디모데, 1995), 285. 또한 릭 워렌은 음악을 선정하는 기준을 비롯한 몇 가지 지침을 제시한다. ① 전도의 대상에게 맞는 음악을 선택하라. ② 새 노래를 부르라. ③ 음악스타일을 선정하는 원칙으로 교리적인 건전성과 비교인이 이해할 수 있는 가사와 곡인지를 점검하고, 밝은 분위기의 노래로 단조로 된 노래는 거의 부르지 않으며, 인도자가 아닌 전도 대상이 음악스타일의 결정 요소가 되도록 하라. ④ 음악을 미디(MIDI) 밴드로 대신하라. ⑤ 음악이 가진 영향력을 사용하라. 위의 책, 311-26.

272. 위의 책, 286-87.

273. Rick Warren, 『목적이 이끄는 교회 새들백교회 이야기』, 327-43.

274. Andy Langford, 『예배를 확 바꿔라』, 56-57.

275. Daniel Benedict, Craig Kennet Miller, *Contemporary Worship for the 21st Century: Worship or Evangelism?*, 19.

276. 위의 책, 88.

277. Andy Langford, 『예배를 확 바꿔라』, 57.

278. 위의 책, 54-55.

279. 새들백교회 담임목사인 릭 워렌(Rick Warren)은 구도자 중심 예배에 세 가지 불변의 요소가 있다고 했다. ① 믿지 않는 사람들을 사랑과 존경으로 대하라. ② 예배를 그들의 필요에 연결시켜라. ③ 실제적이고 이해하기 쉬운 방법으로 말씀을 나눠라. Rick Warren, "Worship Can Be a Witness," in *Worship Leader 6* (January-February 1997), 28. Andy Langford, 『예배를 확 바꿔라』, 56에서 재인용.

280. Andy Langford, 『예배를 확 바꿔라』, 58.

281. 위의 책, 60.

282. 위의 책, 54-59.

283. Joe Horness, "Contemporary Music-Driven Worship," in *Exploring the Worship Spectrum: 6 Views*, ed. Paul A. Basden, 107.

284. Rick Warren, 『목적이 이끄는 교회 새들백교회 이야기』, 276.

285. 위의 책, 280.

286. Greg L. Hawkins and Cally Parkinson, *Reveal: Where Are You?*, 김창동 역, 『당신은 지금 어디에 있는가?』 (서울: 국제제자훈련원, 2008), 48-58.

287. Marva J. Dawn, 『예배, 소중한 하늘 보석』, 519.

288. Elmer Towns, 『예배 전쟁의 종결』, 88.

289. Ronald P. Byars, *The Future of Protestant Worship: Beyond the Worship Wars*, 10.

290. 위의 책, 10-11.

291. Elmer Towns, 『예배 전쟁의 종결』, 91-92.

292. John M. Frame, *Contemporary Worship Music: a Biblical Defense*, 48-49.

293. 이 운동의 대표적인 인물은 조지 바나(George Barna)이다. 조지 바나의 '현대적 예배'에 관한 내용에 대해서는 George Barna, *User Friendly Churches: What Christians Need to Know About the Churches People Love to Go To* (Ventura, Calif.: Regal Books, 1991)를 참조하라.

294. John M. Frame, *Contemporary Worship Music: a Biblical Defense*, 68-71.

295. Bryan D. Spinks, *The Worship Mall: Contemporary Responses to Contemporary Culture*, xxiii.

296. Andy Langford, 『예배를 확 바꿔라』, 50-52.

297. Andy Crouch, "Amplified Versions: Worship Wars Come Down to Music and a Power Plug," in *Worship at the Next Level: Insight from Contemporary Voices*, ed. Tim A. Dearborn, Scott Coil (Eugene, OR: Wipf & Stock, 2015), 128-30.

298. Harold Best, "A Traditional Worship Response," in *Exploring the Worship Spectrum: 6 Views*, ed. Paul A. Basden, 121.

299. Robert Webber, "A Blended Worship Response," in *Exploring the Worship Spectrum: 6 Views*, ed. Paul A. Basden, 129.

300. 위의 책, 129-30.

301. Michael S. Hamilton, "The Triumph of the Praise Songs: How Guitars Beat Out the Organ in the Worship Wars," in *Worship at the Next Level: Insight from Contemporary Voices*, ed. Tim A. Dearborn; Scott Coil, 83-85. 그가 말한 기능적인 검증이란 지역교회의 역할이 예수 그리스도의 복음과 커뮤니케이션하는 데 있기에 하나님과의 살아있는 관계를 이끄는 것으로 평가된다는 것이다. "나무는 열매로 안다."라는 말이다. 예수를 따르는 사람들은 너무도 다양하기에 어떠한 예배와 예배 음악도 환영하지만 그것이 교회로 하여금 예수 그리스도의 제자를 낳아야 한다는 것이 그 핵심이다.

302. Daniel Benedict, Craig Kennet Miller, *Contemporary Worship for the 21st Century: Worship or Evangelism?*, 42.

303. 여기에 대해 세 가지 단계를 설명했다. 첫 번째 단계는 신학은 진리의 핵심 또는 본질로 하나님의 실제적 성품의 나타나심이며 이 땅에서의 하나님의 방법들이라는 것이다. 이러한 신학의 본질을 기초하고, 두 번째 단계인 원칙들이 있다고 말한다. 그 원칙은 모든 시대 모든 인류에게 모든 세대 안에서 항상 진리를 지칭한다. 하지만 세 번째 단계인 방법들은 변화 가능하다. 그것들은 한 시대에 나타나며 한 문화에서 다른 문화까지 다양하다. 방법이란 문화에 대한 원칙의 적용이다. 예배의 차이점을 다루는 것은 방법을 다루는 것이지 원칙이 아니다. 그 방법에 따라 예배는 다양할 수 있다. Elmer Towns, 『예배 전쟁의 종결』, 98-113.

304. Elmer Towns, 『예배 전쟁의 종결』, 102.

305. 위의 책, 103-04.

306. 위의 책, 105-09.

307. 위의 책, 110-11.

308. 위의 책, 111.

309. 위의 책, 102-13.

310. 위의 책, 113-14.

311. Dan Kimball, *The Emerging Church*, 윤인숙 역, 『시대를 리드하는 교회』 (서울: 이레서원, 2007), 86-87.

312. Dan Kimball, *The Emerging Worship*, 주승중 역, 『하나님께서 영광받으시는 고귀한 예배』 (서울: 이레서원, 2009), 74-75.

313. 위의 책, 37.

314. Roger Oakland, *Faith Undone*, 황스데반 역, 『이머징 교회와 신비주의』 (서울: 부흥과 개혁사, 2010).

315. Roger Oakland, 『이머징 교회와 신비주의』, 29-30.

316. 위의 책, 28. 오클랜드는 피터 드러커가 이머징 교회에 대한 글을 쓴 때가 이머징 교회 지도자들이 태어나기도 전인 1950년대라고 말한다.

317. Peter Drucker, *Landmarks of Tomorrow* (New York, NY: Harper & Brother, 1959).

318. Roger Oakland, 『이머징 교회와 신비주의』, 38.

319. Leith Anderson, *A Church for the 21st Century* (Minneapolis, MN: Bethany House Publishers, 1992).

320. Roger Oakland, 『이머징 교회와 신비주의』, 38-40.

321. 위의 책, 50-55.

322. Eddie Gibbs, Ryan K. *Bolger, Emerging Churches*, 김도훈 역, 『이머징 교회』 (서울: 쿰란출판사, 2008), 68-71.

323. Dan Kimball, 『시대를 리드하는 교회』, 21-22.

324. Eddie Gibbs, Ryan K. Bolger, 『이머징 교회』, 68.

325. 위의 책, 64-67.

326. 위의 책, 71.

327. 위의 책, 67.

328. Jim Belcher, 『깊이 있는 교회』, 64-66.

329. 미네소타 주, 노쓰필드에 있는 St. Olaf college에서 음악교육학을 전공하였다. 현재 예배 코디네이터로서, 경배에 관한 강의를 맡고 있다. 여러 편의 잡지 글들을 썼으며, 그 중 Worship Leader지에 두 번에 걸쳐 "Worship Evangelism: Bring Down the Walls(워십 에반젤리즘: 장벽들을 무너뜨려라)"라는 제목으로 기고한 것은 유명하다.

330. Sally Morgenthaler, "Emerging Worship," in *Exploring the Worship Spectrum: 6 Views*, ed. Paul A. Basden, 122-23.

331. 예배가 어둡고 의도적인 거무칙칙한 예배 공간, 초, 향, 디지털로 상영된 렘브란트의 작품들, 무반주에 따라 부를 수 없는 찬양 합창곡들로 이뤄진다. 위의 책, 122.

332. 위의 책, 223.

333. Eddie Gibbs, 『이머징 교회』, 212.

334. 위의 책, 213.

335. 위의 책, 214.

336. 위의 책, 216-20.

337. 위의 책, 214-15.

338. 위의 책, 122.

339. 위의 책, 123.

340. 위의 책, 262-63.

341. 위의 책, 263.

342. Sally Morgenthaler, "Emerging Worship," in *Exploring the Worship Spectrum: 6 Views*, ed. Paul A. Basden, 229-30.

343. 위의 책, 229

344. Eddie Gibbs, 『이머징 교회』, 125.

345. 위의 책, 154.

346. Dan Kimball, 『시대를 리드하는 교회』, 185-86.

347. Eddie Gibbs, 『이머징 교회』, 258-60.

348. Dan Kimball, 『시대를 리드하는 교회』, 176-78.

349. Eddie Gibbs, 『이머징 교회』, 258-62.

350. 위의 책, 264-66.

351. 위의 책, 270.

352. Doug Pagitt. *Reimagining Spiritual Formation: A Week in the Life of an Experimental Church* (Grand Rapids: Zondervan, 2004), 85-99를 참조하라.

353. Eddie Gibbs, 『이머징 교회』, 274-75.

354. 위의 책, 117-18.

355. 위의 책, 119.

356. 위의 책, 277-78.

357. Dan Kimball, 『시대를 리드하는 교회』, 154-58.

358. 댄 킴볼은 여기에 대한 성경구절들을 제시하며 다감각적 예배가 성경적 예배 방법임을 말한다. 후 각(출 25:6; 말 1:11; 마 2:11; 빌 4:18; 고후 2:14-15), 촉각(행 6:6; 시 47:1; 행 8:38), 미각(시 34:8, 119:103; 고전 11:23-26; 계 10:10), 청각(시 150; 마 26:30; 행 2:14), 시각(출 25:3-7, 26:1-2; 왕상 6:29-30)

359. Sally Morgenthaler, "Emerging Worship," in *Exploring the Worship Spectrum: 6 Views*, ed. Paul A. Basden, 224.

360. 위의 책, 225.

361. Dan Kimball, 『시대를 리드하는 교회』, 160-67

362. 위의 책, 170-72.

363. 위의 책, 179.

364. 위의 책, 178-79.

365. 위의 책, 223-24.

366. 위의 책, 226.

367. 위의 책, 226-27.

368. 위의 책, 211.

369. 위의 책, 208-221.

370. 위의 책.

371. 위의 책, 194-96.

372. 위의 책.

373. Eddie Gibbs, 『이머징 교회』, 195.

374. 위의 책, 195.

375. 위의 책, 374.

376. Dan Kimball, Emerging Worship, 『하나님께서 영광 받으시는 고귀한 예배』, 244-50.

377. Kevin DeYoung, Ted Kluck, *Why We're Not Emergent*, 이용중 역, 『왜 우리는 이머징 교회를 반대하는가』 (서울: 부흥과개혁사, 2010), 24.

378. 위의 책, 29.

379. 위의 책, 48.

380. 위의 책, 49.

381. David F. Wells, *Above all earthly powers*, 윤석인 역, 『위대하신 그리스도』 (서울: 부흥과개혁 사, 2010), 182.

382. Kevin DeYoung, Ted Kluck, 『왜 우리는 이머징 교회를 반대하는가』, 51-53.

383. 위의 책, 55.

384. 위의 책, 54-55.

385. 위의 책, 55.

386. 위의 책, 55-57.

387. 위의 책, 55-56.

388. McLaren and Campolo, *Adventures in Mission the Point*, 84. 위의 책, 59에서 재인용.

389. 위의 책, 60-61.

390. 위의 책, 63.

391. 위의 책, 66-74.

392. 위의 책, 135.

393. D. A. Carson, *Becoming Conversant with Emerging Church*, 이용중 역, 『이머징 바로 알기』 (서울: 부흥과개혁사, 2010), 58.

394. Gary E. Gilley, *This Little Church Stayed Home*, 김세민 역, 『포스트모던 신비주의와 이머징 교회의 도전』(서울: 부흥과개혁사, 2011), 228-29.

395. 위의 책, 216-20.

396. 위의 책, 220-21.

397. D. A. Carson, 『이머징 바로 알기』, 246.

398. 위의 책, 224-26.

399. 위의 책, 226-29.

400. 위의 책, 229-30.

401. 위의 책, 226.

402. Gary E. Gilley, 『포스트모던 신비주의와 이머징 교회의 도전』, 244.

403. 위의 책, 278.

404. 위의 책, 291-94.

405. Ronald P. Byars, *The Future of Protestant Worship: Beyond the Worship Wars*, 15-16.

406. 위의 책, 16-17.

407. 위의 책, 18.

408. Robert E. Webber, *Blended Worship: Achieving Substance and Relevance in Worship*, 김세광 역, 『예배가 보인다 감동을 누린다』(서울: 예영커뮤니케이션, 2004), 5-6.

409. 위의 책, 19.

410. 위의 책, 26.

411. 위의 책, 27.

412. Robert Webber, *Planning Blended Worship: The Creative Mixture of Old and New* (Abingdon Press, 1998), 15.

413. 위의 책.

414. 위의 책, 15-16. 앤디 랑포드는 블랜디드 예배를 구세대와 신세대를 함께 섬길 수 있는 최상의 해결책으로 제안했다. 하지만 그는 이러한 예배를 기획할 때 몇 가지 사실을 물어야 한다고 했다. 먼저는 "이 행위와 언어가 복음을 제시하는가?" 그리고 "이 예배 행위가 누구에게 필요한가?"이다. 또한 어떤 변화나 교묘한 기술이 성공으로 이끌지 않는다는 것을 기억할 것을 권했다. 강대상과 회중석을 나눈 것이 반드시 성례전적 생명력으로 연결되지 않았고, 예배 순서의 변화가 반드시 '예배 갱신'으로 연결되지 않았으며, 가스펠송이 살아있는 찬양으로 연결되는 것은 아니라는 말이다. 그것은 어떤 변화라도 메시지와 메시지를 듣는 청중의 상황 속에서 만들어져야 하기 때문이다. 여기에 대해서는 Andy Langford, 『예배를 확 바꿔라』, 197-98을 참조하라.

415. Robert E. Webber, *Worship Leader Partnership*, 가진수 역, 『예배란 무엇인가?』(서울: 워십리더미디어, 2014), 55-56.

416. Robert E. Webber, *Worship Leader Partnership*, 양정식 역, 『예배의 미래를 준비하라』 (서울: 워십리더미디어, 2015), 95-97.

417. 위의 책, 84-85.

418. 위의 책, 85-87. 먼저, 현재를 비판적으로 바라본다는 것은 죽은 예배에 대한 예언자적 선언을 말한다. 지루한 단순 반복적 암기, 따분하고 상상력이 부족한 형태의 예배는 더 이상 도전하지 않는다. 또한 과거를 돌아본다는 것은 하나님께서 모든 세기에 교회들에게 주신 선물이 오늘에 이르기까지 교회에 전해져 내려왔기에 과거를 열린 생각과 마음으로 연구하고 적용할 수 있어야 한다는 것이다. 끝으로 예배의 미래에 대한 설계를 위해서는 겸손과 열린 생각으로 지난 과거 앞에 서서 돌아보는 것이다.

419. Robert E. Webber, 『예배의 미래를 준비하라』, 107-08.

420. John D. Witvliet, "Beyond Style: Rethinking the Role of Music in Worship," in *Worship at the Next Level: Insight from Contemporary Voices*, ed. Tim A. Dearborn, Scott Coil, 167-79.

421. Robert E. Webber, *Worship Old and New: A Biblical, Historical, and Practical Introduction*, rev. ed. (Grand Rapids: Zondervan, 1994), 195; John D. Witvliet, "Beyond Style: Rethinking the Role of Music in Worship," in *Worship at the Next Level: Insight from Contemporary Voices*, ed. Tim A. Dearborn; Scott Coil, 169에서 재인용.

422. Robert E. Webber, *Singns of Wonder: The Phenomenon of Convergence in Modern Liturgical and Charismatic Churches* (Nashville: Abbort Martyn, 1992), 83; John D. Witvliet, "Beyond Style: Rethinking the Role of Music in Worship," in *Worship at the Next Level: Insight from Contemporary Voices*, ed. Tim A. Dearborn, Scott Coil, 171에서 재인용.

423. Frank Burch Brown, *Religious Aesthetics: A Theological Study of Making and Meaning* (Princeton, NJ: Princeton University Press, 1989), 152-54; John D. Witvliet, "Beyond Style: Rethinking the Role of Music in Worship," in *Worship at the Next Level: Insight from Contemporary Voices*, ed. Tim A. Dearborn, Scott Coil, 174에서 재인용.

424. 여기에 대해서는 Anscar J. Chupungco, *Liturgies of the Future: The Process and Methods of Inculturation* (New York: Paulist Press, 1989)를 참조하라.

425. 위의 책, 179.

426. Robert E. Webber, "The Crisis of Evangelical Worship: Authentic Worship in a Changing World," in *Worship at the Next Level: Insight from Contemporary Voices*, ed. Tim A. Dearborn, Scott Coil, 87; Robert E. Webber, 『예배의 미래를 준비하라』, 7-10.

427. 그의 이러한 통합은 1987년에 시작되었다. 당시 그는 음악의 연구와 발전에 기여하는 '마라나타'에서 사역하고 있을 때 전문경영자인 척 프롬(Chuck Fromm)과 미래 예배에 대한 브레인스토밍에서 전통적인 예전적 예배 운동과 현대적인 예배 운동의 통합에 대한 가능성에 대한 확신으로 시작했다. 양측의 리더들과의 캘리포니아 어바인(California Irvine)에서 열린 국제적 컨퍼런스 워크숍에서 블랜디드 예배가 탄생했다.

428. 그 밖에도 다수의 국내 번역본 저술들로 『예배란 무엇인가』(*Worship leader partnership*), 『(그리스도인 형성을 위한) 기독교 사역론』(*Ancient-future evangelism: making your church a faith-forming community*), 『살아 있는 예배』(*Worship is a verb: eight principles for transforming worship*), 『예배가 보인다 감동을 누린다: 다양한 예배 스타일의 통합과 신선한 예배 경험』(*Blended worship: achieving substance and relevance in worship*), 『살아 있는 예배를 위한 8가지 원리』(*Worship is a verb: eight principles for transforming worship*, 2. ed.), 『기독교 사회운동: 그 본질과 한계』(*Moral majority*), 『예배학』(*Worship-old and new*), 『그리스도교 커뮤니케이션: 커뮤니케이션의 성서적 조명』(*God still speaks*), 『기독교 문화관』(*The secular saint*) 등이 있다. 또한 미 번역본으로는 "*Rediscovering the missing jewel: a study in*

worship through the centuries," "worship: journey into his presence," "Planning blended worship: the creative mixture of old and new," "The Services of the christian year," "The complete library of christian worship," "God still speaks: a Biblical view of Christian communication," "The secular saint: a case for evangelical social responsibility" 등을 저술했다.

429. Robert E. Webber, 『예배의 미래를 준비하라』, 16.

430. 로마인의 기도언어는 단순하고 직접적인 반면, 그리스인은 감정이 풍부하고 정교한 언어를 사용한다. 따라서 서방교회의 정확하고 간결한 언어에 비해 동방교회는 폭넓고 시적이며 신비하다. 동방교회에 대한 그리스의 영향은 교회 인테리어에 프레스코화법과 성상과 성화가 사용된 것을 보면 알 수 있는 것에 반해, 서방교회는 단순하고 깨끗한 고딕양식이 그 특징이다. 많은 의례적 차이점들에서는 특히 성경과 성만찬에서 나타나는데, 서방교회에서는 그리스도의 임재를 나타내기 위해 복음서가 교회의 중심에서 읽히고 성만찬의 떡과 포도주는 공동체 중 누군가에 의해 테이블로 옮겨진다. 한편 동방교회에서는 '소입례'(little entrance)라 해서 사람들이 복음서에 존경을 표하며 계속해서 그 내용을 읊조리면서 복음서를 들어 제단까지 옮기는 것과 '대입당'(great entrance), 즉 많은 사람들의 행렬이 음악과 향과 종소리가 울려 퍼지는 가운데 제단 뒤에 숨겨진 성화의 문에서부터 제단 주변까지 빵과 포도주를 세 번씩 옮긴 후 신부의 성별 기도문의 기도와 분배가 이루어진다. 위의 책, 85-87.

431. Robert E. Webber, 『예배의 미래를 준비하라』, 97.

432. Robert E. Webber, 『예배가 보인다 감동을 누린다』, 30-34.

433. 위의 책, 36-40.

434. 위의 책, 40-42.

435. 위의 책, 45-47.

436. Robert E. Webber, 『예배의 미래를 준비하라』, 157.

437. Robert E. Webber, 『예배란 무엇인가?』, 146-48.

438. 위의 책, 151.

439. A. W. Tozer, Tozer on Worship and Entertainment: Selected Excerpts, 이용복 역, 『예배인가, 쇼인가』 (서울: 규장, 2004)를 참조하라.

440. Robert E. Webber, 『예배란 무엇인가?』, 152.

441. 위의 책, 152-53. 기술은 그 기술을 통해 사람들이 하나님의 임재를 경험하는 자리로 초대될 때 명확한 역할을 가진다는 사실을 인지해야 한다.

442. Robert E. Webber, 『예배의 미래를 준비하라』, 159-60.

443. 위의 책, 160-61.

444. 위의 책, 137-38.

445. Robert E. Webber, 『예배란 무엇인가?』, 144-47.

446. Robert E. Webber, "The Crisis of Evangelical Worship: Authentic Worship in a Changing World," in Worship at the Next Level: Insight from Contemporary Voices, ed. Tim A. Dearborn, Scott Coil, 97-98.

447. 로버트 웨버의 이러한 분석과 접근은 레너드 스윗의 포스트모던시대의 고대-미래적 예배에 대한 모델과도 매우 흡사하다. 레너드 스윗은 포스트모던시대의 교회의 교회는 현대적이기보다 중세적이어야 하며, 교부적이기보다는 사도적이어야 한다고 했다. 또한 고대와 미래, 역사와 현대가 공존하는 신앙에 대한 이야기, 과거의 관점에서 교회가 어떻게 미래 속에 자리를 잡는지에 대한 시도에서 성경에 기초하고 문화에 상응하는 고대-미래적 예배로 "EPIC"모델을 소개했다. 그것은 경험(Experiential), 참여(Participatory), 이미지(Image-driven), 관계(Connected)이다. 여기에 대해서 Leonard Sweet, Post-modern Pilgrims: First Century Passion for the 21st Century World, 김영래 역, 『영성과 감성을 하나로 묶는 미래교회』 (서울: 좋은씨앗, 2002); Leonard Sweet, "A New Reformation," in Worship at the Next Level: Insight from Contemporary

Voices, ed. Tim A. Dearborn, Scott Coil, 104-106을 참조하라.

448. Te Deurn laudamus로 시작하는 처음 두 글자를 따서 불린 찬가로 "오, 하나님이시여 당신을 찬미하나이다."라는 뜻의 말로 시작하는 성부 하나님과 성자 그리스도에 대한 라틴 찬송가이다. 전통적으로 축제 때 불린 곡이다.

449. Robert Webber, *Planning Blended Worship: The Creative Mixture of Old and New*, 36-38.

450. 위의 책, 46-47.

451. Robert E. Webber, 『예배란 무엇인가?』, 65.

452. Robert Webber, *Planning Blended Worship: The Creative Mixture of Old and New*, 38-40.

453. 물체의 시작점에서부터 종료점까지 가장 짧은 거리를 의미하는 물리학적인 용어이다.

454. 위의 책, 43-45.

455. 위의 책, 17-18.

456. Robert E. Webber, 『예배가 보인다 감동을 누린다』, 52.

457. 위의 책, 55.

458. 위의 책, 94. 로버트 웨버는 회중에게 이 복음을 명확하게 이해시키기 위해서 다음의 세 가지 질문을 권한다. "그리스도께서 사탄의 권세를 멸하셨다는 것을 안 후에 여러분의 삶에 어떤 변화가 있습니까? 그리스도께서 여러분의 죄 때문에 죽으셨다는 것을 알고 난 후에 여러분의 삶에 어떤 변화가 있습니까? 예수님께서 여러분이 그를 본받아 살기를 원하신다는 것을 안 후에 여러분에게 어떤 변화가 있습니까?" 이를 통해 회중이 세상의 권세와 능력에 갈등하고 좌절하고 삶의 방향을 잃고 있을 때 그리스도의 승리케 하시는 능력에 집중할 수 있도록 도움을 준다.

459. Robert E. Webber, 『예배가 보인다 감동을 누린다』, 55-56.

460. 위의 책, 56, 59.

461. 위의 책, 60.

462. Robert E. Webber, 『예배의 미래를 준비하라』, 117.

463. Robert E. Webber, "The Crisis of Evangelical Worship: Authentic Worship in a Changing World," in *Worship at the Next Level: Insight from Contemporary Voices*, ed. Tim A. Dearborn, Scott Coil, 93-94.

464. 위의 책, 94-95.

465. 위의 책, 95-96.

466. Robert E. Webber, 『예배의 미래를 준비하라』, 123.

467. Robert E. Webber, *Worship Old and New: A Biblical, Historical, and Practical Introduction*, rev. ed. (Grand Rapids: Zondervan, 1994).

468. 위의 책, 50-52.

469. 시편 120-134편은 표제어에 '쉴 함마아롯', 즉 '올라가는 노래'라는 표제어가 공통으로 붙어 있는 노래들이다.

470. 위의 책, 52.

471. 위의 책, 50-51.

472. 위의 책, 53-54.

473. 위의 책, 53-54.

474. 위의 책, 83-84. 계몽주의는 실증적인 방법에 의해 성취된 욕망과 이성에 의해 지배된 시대로 예배에 부정적인 충격을 가했다. 보수적인 영역에서는 성경이 증명되어야 할 필요가 있는 책이 되었고, 보수적인 학교는 성경의 초자연적인 이야기들을 합리주의의 도구들을 사용하여 증명하려 했다. 이러한 학교는 신앙을 위한 논쟁을 가지고 세상의 강단으로 나아갈 학생들을 배출했고, 그 결과 말씀의 예전은 가르침, 설득, 성경의 타당성에 대한 증명의 시대로 돌변하게 되었다. 자유주의 영역에서는 성경이 해석되어야 할 필요가 있는 책이 되었다. 초자연적인 이야기들은 사실이 아닐

수 있다는 주장이 일었고, 이성과 과학의 도구를 사용해서 성경적 내러티브를 신화로 치부해 버렸다. 그들은 그 이야기의 이면의 진리를 찾아 인도주의적인 진리 혹은 가치와 같은 선한 삶을 지도하게 되어 자유주의 설교자들은 성경적 내러티브를 인간의 정신적 성장을 위한 고무적인 교훈으로 바꿔놓게 되었다.

475. 구원 행위의 이야기는 우리가 어떻게 하나님의 형상으로 창조되었으며, 어떻게 죄에 빠졌고, 어떻게 하나님께서 역사 속에서 우리의 관계를 회복하시기 위해 일하셨는지에 대한 성경이 줄곧 하신 말씀이다.

476. Robert Webber, *Planning Blended Worship: The Creative Mixture of Old and New*, 84-85.

477. 위의 책, 88-89.

478. 위의 책, 129.

479. 위의 책, 130.

480. 위의 책.

481. 위의 책, 130-31.

482. 위의 책, 131-32.

483. 위의 책, 132-37.

484. 위의 책, 132-33.

485. 위의 책, 133-34.

486. 위의 책, 134.

487. 위의 책, 135.

488. 위의 책, 135-37.

489. 위의 책, 183-84.

490. 위의 책, 183.

491. 위의 책, 184.

492. 위의 책, 184-85.

493. 위의 책, 185-86.

494. Leonard Sweet, "A New Reformation," in *Worship at the Next Level: Insight from Contemporary Voices*, ed. Tim A. Dearborn, Scott Coil, 104-106.

495. Robert E. Webber, *Worship Old and New: A Biblical, Historical, and Practical Introduction*, 175-76.

496. Robert E. Webber, 『예배의 미래를 준비하라』, 40.

497. Charles H. Kraft, 『기독교와 문화』, 291.

498. Charles H. Kraft, 『기독교와 문화』, 258.

499. 위의 책, 294.

500. 위의 책, 296.

501. 위의 책, 295-303.

502. 위의 책, 313.

503. 고전 11:26, "너희가 이 떡을 먹으며 이 잔을 마실 때마다 주의 죽으심을 그가 오실 때까지 전하는 것이니라."

504. William Skudlarek, *The Word in Worship: Preaching in a Liturgical Context* (Nashville: Abingdon, c1981), 34.

505. 한재동, "'예배 갱신'의 내포적 의미와 그 실현 범위", 『신학과 실천』 (2009. 2), 43-44.

506. 바울은 고린도전서 9장 20-23절을 통해 이를 고백한다. "[20] 유대인들에게 내가 유대인과 같이 된 것은 유대인들을 얻고자 함이요 율법 아래에 있는 자들에게는 내가 율법 아래에 있지 아니하나 율법 아래에 있는 자 같이 된 것은 율법 아래에 있는 자들을 얻고자 함이요 [21] 율법 없는 자에게는 내가 하나님께는 율법 없는 자가 아니요 도리어 그리스도의 율법 아래에 있는 자이나 율법 없는 자와 같이 된 것은 율법 없는 자들을 얻고자 함이라 [22] 약한 자들에게 내가 약한 자와 같이 된 것은 약한

자들을 얻고자 함이요 내가 여러 사람에게 여러 모습이 된 것은 아무쪼록 몇 사람이라도 구원하고자 함이니 [23] 내가 복음을 위하여 모든 것을 행함은 복음에 참여하고자 함이라."

507. 여기에 대한 자세한 내용은 김강산, "'송구영신예배'에 대한 역사적 연구" (미간행석사학위논문, 장로회신학대학교, 2012)를 참조하라.

508. Robert E. Webber, *Worship Old and New: A Biblical, Historical, and Practical Introduction*, 195.

509. 위의 책, 175-76.

510. K. Barth, "Living Congregation of the Living Lord Jesus Christ," in *Man's Disorder & God's Design*, ed, W. A. Visser't Hooft (New York: Harper 1948), 67.

511. M. Kinnamon, ed., *Signs of the Spirit: Official Report Seventh Assembly, Canberra, Australia*, 7-20 February 1991 (Geneva: WCC, 1991), 173.

512. 김세광, "현대교회 예배 변화의 흐름에서 본 한국장로교회 예배 원리의 오늘과 내일", 『신학과 실천』 제13권 (2007), 28.

513. Robert Webber, *Planning Blended Worship: The Creative Mixture of Old and New*, 192-96.

514. 위의 책, 54.

515. 위의 책, 63.

516. 위의 책, 77-82.

517. "하늘 높은 데에서는 하나님께 영광"이라는 뜻의 대영광송을 말한다.

518. Robert Webber, *Planning Blended Worship: The Creative Mixture of Old and New*, 78-79.

519. 위의 책, 85.

520. 위의 책, 90-91.

521. 위의 책, 91.

522. 위의 책, 91-92.

523. 위의 책, 93-94.

524. 위의 책, 94-97.

525. 위의 책, 96.

526. 위의 책.

527. 위의 책, 97.

528. 위의 책.

529. 위의 책, 98.

530. 위의 책, 115.

531. 위의 책, 116.

532. 위의 책, 118.

533. 위의 책, 121.

534. 위의 책, 87.

535. 위의 책, 108.

536. 위의 책, 86-88.

537. 위의 책, 149.

538. 위의 책, 144.

539. 위의 책, 147-49.

540. 위의 책, 149.

541. 위의 책, 149-52.

542. 대부분의 개신교에서의 성찬 예전의 형식이 로마 가톨릭의 성찬 예전의 반동에서 기원했다는 인식에서 비롯된다.

543. 성찬 찬송의 목적은 삼중적이다. 먼저는 교회의 일치를 표현하고, 둘째는 그리스도의 죽음과 부

활에 사람들을 이끌어 회중의 영적인 경험을 조직하고, 셋째는 믿음의 신비감을 지속시켜 준다.
Robert Webber, *Planning Blended Worship: The Creative Mixture of Old and New*, 164.

544. 위의 책, 168-70.
545. 위의 책, 186.
546. 위의 책, 188-89.
547. 위의 책, 189.
548. Charles H. Kraft, *Appropriate Christianity*, 김요한, 백신종 역, 『말씀과 문화에 적합한 기독교』 (서울: 생명의 말씀사, 2007), 258.
549. 위의 책, 254-55.
550. 위의 책, 268.
551. 위의 책, 503.
552. 위의 책, 519.
553. Jane Rogers Vann, *Worship Matters: A Study for Congregations*, 신형섭 역, 『예배를 디자인하라』 (서울: 한국장로교출판사, 2015), 35.
554. 위의 책, 21-24.